복음 전도

데이비드 왓슨 지음
박영호 옮김

기독교문서선교회

I believe in Evangelism

Written by
David Watson

Translated by
Young-ho Park

Korean Edition
Copyright © 1980 by Christian Literature Crusade
Seoul, Korea

편집장 서문

　복음전도란 단어는 교회의 여러 진영들 속에서 조차 여전히 하찮은 말로서 간주되고 있다. 복음전도는 또한 그것에로의 전향(轉向)함에 대한 비웃음과 거대한 집회들에 대한 조소 그리고 유명하기는 하지만 아마도 대단하지 못하면서 말 솜씨만 좋을 뿐인 부흥설교자들에 대한 조롱을 아울러 받고 있다. 그것은 불법적인 심리적 압박을 연상케 하기도 한다.
　그리고 만일 그것이 특별히 현저한 영향력을 가진다면, 아마도 그것은 대규모의 병적 흥분을 생각하게 만들고 있다. 그러나…… 그렇다면 복음전도란 도대체 복음을 전파하는 것이 아니란 말인가? 그리고 만일 당신이 복음을 발견 했었다고 했을 때, 당신이 그것을 당신 자신에게만 국한시켜 붙잡고 있는다는 것은 너무도 야비하고 인색한 짓이다. 만일 당신이 그 복음에 대하여 전율을 느낄 정도의 감동을 받고 있다면, 어째서 당신은 그것을 열어 보여 주지 않고 있는가? 만일 당신이 다른 사람들도 그 복음을 소유할 필요가 있다는 것을 느끼고 있다면, 아마도 당신은 그들로 하여금 그것을 발견할 수 있도록 하기 위하여 당신 자신의 모든 수고와 희생을 아끼지 않게 되어야 할 것이다.
　복음전도는 근본에 있어서 진리의 문제이다. 오직 한 분이신 하나님이 계시며, 그 하나님은 완전히 거룩하시고 완전한 사랑의 하나님이시라는 것이 사실인가? 그리고 그 하나님이 어떤 분이신가를 스스로 보여 주시어 우리로 알게 하시려고 나사렛 예수의 인간의 몸을 입고 이 세상에 오셨던 것이 사실인가? 살아계신 하나님께서 오시어 인생 속에 거하시며 생활하실 수 있으시며, 그 사람을 완전히 변혁시키실 수 있음이 사실인가? 만일 그러한 것들이 사실이라면, 그리스도인이 그와 같은 복음을 전파하는 것은 하나의 허용된 사항을 훨씬 넘어서는, 하나의 의무로서 지워지는 사항인 셈이다.

이와 같은 견해는 데이비드 왓슨(David Watson)이 쓴 복음의 능력 속에서 가지는 자신감과 이러한 발견의 입장에서 나온 것이다. 더욱 나아가서 그는 엄청난 경험에서 온 견해들을 가지고 이것을 쓰고 있다. 그는 그가 한 사람의 뛰어난 부목사로서 섬기고 있던 걸링함(Gillingham)의 조선소 지역의 교구에서 불세례를 받은 후, 캠브리지(Cambridge)로 건너가서 대학생들 가운데서 한 동안을 전도하며 지냈는데 그 두 지역간의 환경의 차이는 독자들도 능히 상상할 수 있으리라고 믿는다.

그는 또한 요크(York)로 옮겨가 폐기처분을 받아서 거의 문을 닫게된 시내에 위치한 한 교회의, 말하자면 장례식 절차를 관장하는 일을 맡았던 셈이었다. 한 손에나 잡힐까말까 한 소수의 무리와 더불어 시작한 그는 복음의 능력이 헤아릴 수도 없이 많은 수의 평범한 요크(York) 시민들의 삶을 바꾸어 놓는 것을 목격하게 되었다. 그의 교회는 순식간에 가득찼다. 그래서 그 교회는 다른 건물에 폐쇄회로 방송망(봉쇄해서 방송하는 유성 TV 방송 체계) 텔리비전을 통하여 중계되는 시설을 갖추게 되었으며, 오래지 않아서 그는 거의 끝 무렵에 요크 민스터(York Minster)성당 바로 맞은 편에 훨씬 더 큰 교회를 짓는 책임을 부여 받았었다. 이제 거기도 사람들로 메워지고 있다. 그러나 그 교회는 완전한 교회라는 인상을 가져서는 안된다. 왜냐하면 그 교회도 문제들로 가득차 있기 때문이다. 그러나 그 교회는 그럼에도 불구하고 놀랄만치 훌륭한 교회임에는 틀림이 없다. 그 교회는 그 영향에 있어서 데이비드 왓슨에게 의존하지 않고 있다.

  만일 당신이 그에게 물어 본다면, 그는 실로 그 자신이 명령권을 가진 채 그 교회에 있을 때보다도 그가 세계의 어떤 다른 지역에 나가서 복음전도 여행 중에 있을 때가 훨씬 더 교회가 성장하는 정도가 크다고 대답할 것이다. 어째서 그러할까? 그것은 그가 다른 교회의 많은 지도자들은 입으로만 하고 있는 대표단과 위탁과 훈련과 감독의 원리들을 정확하게 수행하고 있기 때문이다. 그는 교회 안의 재정을 담당하는 일군들의 문제를 해결했던 적이 있었다. 그것은 아주 간단했다. 몇 명의 그리스도인들을 취해서 한 집에 함께 살게 했던 것이다. 말하자면 그들 가운데 절반은 나가서 일하도록 하여 그들 절반으로 하여금 무수한 방법들 즉 심방하는 일과 병자나 정신적인 환자들을 돌보는 일, 그리스도인 상점을 운영하는 일, 음악과 춤과 연극을 만들어 상연하는 일 등등으로서 그리스도인들을 위하여 모든 시간을 바쳐 무보수로서 일하는 다른 절반의 사람들의 생활을 돌보도록 했던 것이다.

  지금까지로 보아서 데이비드 왓슨이 복음전도에 대하여 저술할 수 있는 충분한 자격을 가졌음은 분명해졌을 것이다. 그는 실로 대중전도와 또 개인적인 대화를 통하여, 그리고 세계 도처에 있는 대학교 속에서, 범 도시적 캠페인과 학교들 내에서 그 자신을 복음전도에 바치며 헌신하고 있다. 그러나 그의 견해는 복음전도에 대한 전통적인 이미지와는 아주 판이함 역시 분명할 것이다. 그는 단 한 사람의 악단도, 결단을 촉구하는 어리석은 광포도, 아무런 감정적인 도전도 행하는 일이 없다. 사람들은 단지 그 설교 때문에가 아니라 전체 회중의 영향과 그 예배의 높은 수준과 사람들 삶 속에서 보여지는 변화들과 거의 200여명의 그리스도인들이 하나님의 축복을 간구하기 위하여 모여서 드리는 간구와 찬양을 위한 **수**요 예배의 기도들 등에 의하여 그의 회중 가운데서 날마다 즉각적이고도 자발적으로 믿음 속으로 들어서고 있다.

  나는 이 책이야말로 데이비드 왓슨이 이제껏 쓴 책들 가운데서 가

장 중요한 책이라고 말하고 싶다. 이 책은 내가 이전에 인쇄된 책자에서 결코 찾아 보지 못했던 복음전도에 대한 원리들을 비장하고 있다. 더우기 그것은 경험에 그 뿌리를 박고 있다. 그것은 성령의 능력과 생생함으로 생동하고 있다. 이 책은 세계 도처에서 성령의 감동을 받은 그리스도인들에 기초를 두고 예배를 중시하는 복음전도 속에 매우 엄청난 영향을 미칠 것이다. 나는 이 책을 독자들에게와…… 독자들의 친구들에게 추천하는 바이다.

편집장

마이클 그린(Michael Green)

역자 서문

'복음전도'(福音傳道)는 예수 그리스도께서 주신 최고의 지상명령이다. 이 복음을 선포하기 위하여 우리의 신앙의 선배들은 바다와 육지를 가로 지르며 많은 노력을 기울여 왔다.

본서 『복음전도』(I believe in Evangelism)의 저자 데이비드 왓슨(David Watson)목사는 영국에서 가장 촉망을 받고 있는 젊은 설교자요, 신학자이다. 그는 현재 요크시의 성 미카엘 레 벨프레(St. Michael-le-Belfrey)교회의 담임 목사로서 성공적인 목회를 하고 있을 뿐만 아니라 영국과 세계 도처에서 복음전도 집회의 강사로 수고하시는 전도자이다.

데이비드 왓슨 목사는 저술가로서도 인정을 받고 있다. 그의 저서 Towards Tomorrow's Church, My God is real, God's Freedom Fighters, One in the Spirit, In Search of God, Live a new life, I believe in the Church등은 영국과 구미에서 폭발적인 인기를 얻고 있는 복음전도를 위한 책들이다.

역자가 영국 유학생활 중에서 그의 저서를 읽을 때마다 내 마음에 소망과 기쁨을 주었다. 그리고 복음전도에 대한 강열한 열정을 심어 주었다. 본서는 역자가 총회신학교와 여러 신학교에서 전도학 강의의 부교재로 사용하던 중 학생들이 큰 용기와 기쁨과 소망을 얻는 것을 보고 번역하여 직접 읽을 수 있도록 했다.

본서의 특징은 그리스도의 복음이 들어가 있지 않는 지역이나 불신자들에게 생동력이 넘치게 전도할 수 있는 내용을 제시해주고 있다. 특히 신약성경에서의 복음전도와 그 선포에 대한 원리(原理)를 제시해주고 있다.

본사는 교회의 본질적인 임무는 선교적인 교회로서 복음전도를 위한 수행을 하는 것이며, 성도들이 하나님과 교제하며 영육간에 축복을 받을 수 있는 복음전도의 체험담을 기술하고 있다.

독자들이 본서의 첫장을 읽으면 계속 읽고 싶어지는 충동을 막을 수 없을 것이다. 참된 목회자, 신학생, 일반 성도들에게 도움이 될 수 있는 책으로 널리 추천하고 싶은 바이다.

또 본서 "I believe series"의 편집장 마이클 그린(Michael Green) 목사에게 하나님께서 더욱 능력을 주셔서 계속 좋은 복음주의책들이 선정되어 출판되기를 간절히 기도한다.

한달 동안의 세계선교 여행에서 갓 돌아와 마지막 본 교정지를 읽으려고 하니 아프리카의 케냐에 한국의 선교사를 보내야 한다는 영음이 들려온다. 이제 한국의 선교사들이 세계 방방곡곡에 복음을 수출해야 한다. 이 모든 일을 하나님께 영광을 드리기 위해서 해야 한다.

1980. 2. 26.

케냐 정글을 다녀와서

朴 英 鎬 識

목 차

편집장 서문 ··마이클 그린
역 자 서 문 ··朴　英　鎬

제 1 장　오늘날의 상황과 문제의 제기 ················11
제 2 장　복음전도란 무엇인가? ···························31
제 3 장　복음전도와 말씀 ···································50
제 4 장　복음전도의 메시지 ································84
제 5 장　복음전도의 동기 ··································108
제 6 장　개인 전도 ···127
제 7 장　새신자 육성 ··148
제 8 장　복음전도와 지역교회 ····························172
제 9 장　복음전도와 예배 ··································202
제10장　복음전도와 성령 ··································219

제 1 장
오늘날의 상황과 문제의 제기
(*The Moods and Questions of Today*)

□ 복음전도의 긴급성 □

오늘날 세계 전역에 걸쳐 그리스도인들에게는 한 가지 공통적인 의논의 제목이 있다. 그것은 소위 '카리스마틱(charismatic) 운동'이나 에큐메니칼(ecumenical) 운동에 의해서 제기된 문제들 보다 훨씬 더 심한 긴급성을 요구한다. 그것은 특히 교파나 신학적인 신조나 어느 교회에 다니고 있는가 하는 문제에 구애됨이 없이, 모든 진정한 그리스도인들을 포함한다. 그것은 그리스도에 의하여 교회에 주어진 분명한 명령, 즉 그리스도께서 하늘로 올라가시기 앞서 명하신 말씀과 연관성을 지닌다. 그리고 그것은 사복음서 전체와 사도행전에까지 기록되어 있을만큼 중요한 것이다. 그것은 교회가 가지는 사명 가운데서 예배 다음으로 막중한 것이다. 그 뿐만 아니라 지금까지의 세계 역사상 지금처럼 그것을 향해야 할 필요가 심각하게 절박했던 때가 없었다.

여기서 말하는 그것이란 물론 복음전도이다. 어떤 이가 그것을 가리켜 말한 바와 같이, "복음전도와 비교해 볼 때, 교회 안에서 일어나는 그 이외의 모든 일들은 집에 불이 났는데 가구를 옮기며 집안을 정돈하는 것과 같다."

ㅡ 복음전도 ㅡ

다음에 열거할 몇 가지의 단순한 사실들이 우리로 하여금 자세를 가다듬고 생각하게 만들어 줄 것이다. 무엇 보다도 먼저 우리는 경외케 만드는 듯한 세계의 요구에 직면하고 있다. 통계란 대개의 경우 별로 의미를 지니지 못한다. 그러나 우리가 다음과 같은 것들, 즉 한 시간 이내에 약 400 내지 500명이 이 세계에서 기아(饑餓)로 말미암아 죽어갈 것이고 또 다른 6,000명 가량이 다른 원인들로 인해 죽을 것이라는 보고를 읽었을 때, 그런 것은 기억해 놓는 것이 가치가 있다. 그것과 동시에 14,000명 이상의 어린아이가 태어날 것이다. 이러한 사실은 현재의 팽창율에 따르면 세계의 인구는 매시간 마다 대략 8,000명씩, 매일마다 200,000명씩 증가하고 있다는 것과 그 중에 대다수가 그리스도를 전혀 모르거나 거의 알지 못하는 지역에 태어날 것이라는 사실을 의미한다.

비록 세계에는 공식적으로 약 10억의 그리스도인이 있다고 하나, 이것은 동시에 약 20억 이상이 그렇지 못하다는 것을 말해 준다. 다른 말로 해서 교회가 직면한 일의 크기를 강조하자면, 세기가 끝날 무렵에는 오늘날 세계에 살고 있는 수의 두배 가량의 비그리스도인이 생기게 된다는 말이다. 더 나아가서 다음 세기가 끝날 무렵에는 세계인구 조차 배로 늘어날 것이다 !

둘째로 우리는 영국과 같은 몇개의 나라들에서는 아는 바와 같이 매년마다 교회에 나오는 신자의 수가 꾸준히 줄어들고 있다는 사실에 직면한다. 비록 우리가 한국과 라틴 아메리카의 일부에서 일어나고 있는 그리스도 교회의 놀라운 성장에 의해 격려를 받을 수 있다고 할지라도, 유럽에 있어서 그리스도인들의 비율은 겨우 5퍼센트에도 미달하며, 세계 인구의 거의 절반 이상이 살고 있는 광활한 아시아 대륙에서는 적어도 95퍼센트가 비그리스도인이다. 영국의 경우, 줄어드는 교인 숫자와 남아도는 교회 건물에 대한 이야기가 너무도 자주 들려오고 있다. 비록 약간의 지역에서는 성령의 부흥에 관한 징후가 보여 우리로 흥분하게 하지만, 교회에 대한 일반적인 이미지는 비애롭고 우울하기만 하다.

— 제 1 장 오늘날의 상황과 문제의 제기 —   13

『윅크엔드 텔리그래프』(*The Weekend Telegraph*) 지(紙)는 교회에 대한 세속적 견해를 다음과 같이 조롱투의 동정을 곁들여 종합했었다. "영국 성공회의 사제들은 대개 좌절한 인간들이며 저 임금에 시달리는 일단의 어릿광대들이다. 그들은 20세기가 낳은 가장 통절한 피해자들 가운데 얼마를 채우고 있다. 그들은 자금의 부족으로 인해서 신경질적인 파산 속에 시달리며, 시골길을 터벅거리면서 시간을 낭비하며, 회의론자들에게 신앙을 파는 행상을 하고 있으며, 잘 수리되지 못해서 형편없는 교회당 안에서 날로 줄어드는 늙은 그리스도인들에게 설교하는 가운데 말로 다할 수 없는 실망들을 거두어들이고 있다." 모든 풍자가 다 그러하듯이, 이 풍자스러운 희비극 (tragi-comedy)속에도 듣기 싫지만 상당한 진리가 내포되어 있다.

너무나도 많은 수의 성직자들과 목회자들이 자기들 전부의 존재이유(*raison d'être*)에 대해서 의문을 갖고 있으며, 이미 그들은 그리스도를 전파하는 자의 확신을 상실해 버렸다. 탈퇴율 역시 증가하고 있다. 이에 따라서 지난 50여년에 걸친 공산주의의 비상한 성장은 말할 것도 없고, 몰몬교, 신비주의, 여호와의 증인, 신빛집단 (Divine Light Mission)의 선교 등등의 많은 현대의 사이비 종교들이 괄목할 만한 성장을 기록하고 있다. 이와 같은 움직임들은 모두가 그리스도 교회의 무감동한 상태에 대한 질책인 동시에 교회들로 능력과 헌신한 제자의 직분이 어떠한 것임을 상기하도록 만들어 주는 것들이다. 한 번은 어떤 한 공산주의자가 그리스도인 한 사람에게 다음과 같이 도전해 왔던 적이 있었다.

    복음은 우리 마르크스주의자들의 철학보다 사회를 개혁하는데 있어서 훨씬 더 능력있는 무기이다. 그러나 결국 끝에 가서 너희를 굴복시킬 사람들이 우리라는 것도 사실이다……. 우리 공산주의자들은 말장난을 하지 않는다. 우리는 우리들의 목표를 달성하도록 결정을 받았으므로, 우리는 어떻게 그 수단들을 획득할 것인지를 알고 있다. 우리는 실질주의자들이다. 우리는 우리들의 봉급과 임금 가운데 오직 우리에게 불가결한 부분만을 취하고 우리의 자유시간과 우리의 공휴일도 포기했다.

그러나 너희는 그리스도의 복음을 전파하기 위해서 불과 조금의 시간과 매우 적은 돈을 투자할 뿐이다. 만일 너희가 이 복음을 실행치 않고, 그것을 전파하지 않고, 그것을 위해서 돈과 시간을 희생하지 않는다면, 어느 누구가 그 복음의 고귀한 가치를 믿을 수 있겠는가……? 우리는 우리 공산주의자들의 메시지를 굳게 믿고 있으며, 우리는 우리의 모든 것, 심지어는 우리의 생명까지라도 희생할 준비가 되어 있다……. 그러나 너희 그리스도인들은 그들의 손으로 하는 수고조차 두려워 하고 있다.

우리 그리스도인들이 우리들 자신을 부인하고 우리의 십자가를 지고 그를 따름으로써 우리 주님의 명령을 심각하게 실행하기 전에는, 그와 같은 도전에 대해서 한 마디도 대꾸할 수 없게끔 되어 있다.

한번은 브라더 앤드류(Brother Andrew)가 월남에서 그가 다른 그리스도인과 버스에 타고 갔던 이야기를 해주어 들은 일이 있었다. 그들은 한 남자가 버스 앞쪽에서 바구니를 들고 걸어가는 것을 보았다. 그 때는 치열한 전투와 항속적인 베트콩 게릴라들의 습격이 발생하고 있던 시기였다.

"조심하라구! 저 바구니 속에 폭탄이 들어있을지 알게 뭐야!" 같이 가던 그리스도인이 말했다.

"도대체 당신은 왜 그렇게 두려워 하나요?" 브라더 앤드류가 물었다.

"저 녀석이 혹시 육탄으로 바구니를 든 채 버스로 뛰어들 베트콩일지 모르기 때문이지"라는 대답이 흘러 나왔다.

"그 녀석들은 나처럼 자기가 죽을지 살지에 대해 도대체 신경을 쓰지 않는단 말이야!"

브라더 앤드류는 이 사건을 인용하여 "그것은 오늘날 교회가 그처럼 많이 갖고 있는 무능력성을 종합해서 말해 준다"라고 했다. 예수 그리스도를 위하여 그들의 생을 저버릴 각오가 되어 있는 그리스도인이 몇이나 될까? 확실히 많은 이들이 그렇게 해 왔었다. 금세기에만 해도 이제까지의 전체 그리스도 교회의 역사 속에 나오

— 제 1 장 오늘날의 상황과 문제의 제기 —

는 모든 순교자들을 합친 것보다 많은 수의 그리스도교 순교자들이 있었을 것이다. 수십만명이 그들의 신앙으로 말미암아 콩고, 케냐, 부룬디, 파푸아, 에쿠아도르, 중국, 소련, 루마니아 등지와 다른 여러 나라에서 죽어갔다. 그러나 오늘날 핍박이 그다지 심하지 않은 지역에서는 자기―희생정신 역시도 항상 분명한 것이 되지 못하고 있다.

얼마나 많은 사람들이 그들의 세계적인 야망과 그들의 돈이나 소유, 그들의 사생활이나 특권, 그들의 이기적인 욕망들과 그들의 안락함과 안정을 위해서라면 죽음 조차도 불사할 각오로 살고 있는가? 우리는 아주 긴급하게 "내가 모든 것을 해로 여김은 내 주 그리스도 예수를 아는 지식이 가장 고상함을 인함이라"[1]고 편지를 썼던 바울의 정신을 회복해야 할 필요가 있다. 또는 "나는 하나님의 나라와 맺어진 관련성을 제외하면 어느 것에도 가치를 부여하지 않는다"라고 말했던 데이비드 리빙스턴(David Livingstone)의 정신을 다시 찾아야 할 필요가 있다. 확실히 복음전도의 사명은 오늘날 세계에 편만해 있는 음울함과 실망들을 거두어 들임에 있어 긴급하게 요구되고 있음이 분명하다.

□ 오늘날의 상황과 문제의 제기 □

복음이 모든 그리스도인들이 믿을 수 있을 만큼 조리있게 되는 것만으로는 충분치 않다. 복음은 그것을 어떠한 형태로든 효과있게 전달하기 앞서 조리있는 것으로 보여져야만 한다. 윌리암 템플(William Temple)이 한번은 신학자를 가리켜 "아무도 묻지 않는 질문들에 대한 아주 정통적인 해답을 제시하면서 흠잡을데 없는 인생을 살아가는 사람"이라고 풍자한 일이 있었다. 오늘날 이 세대들이 교회를 그것이 격리되고 적절하지 못한 것으로 무시하고 있을 때, 우리는 템플이 말하고자 노력했던 바를 무시할 수 없게 된다. 그리스도께

---

1) 빌 3 : 8(J.B. Phillips).

서는 우리에게 화해의 사역을 위임하셨는데, 이 사역은 세상과 아주 밀접하게 관계를 유지해야 할 것과, 하나님과도 아주 밀접한 관계를 유지해야 할 것을 요구한다.

예수님께서는 단지 위대한 권위로서 듣는 이들을 놀라게 하며, 말씀하셨을 뿐만 아니라 평범한 사람들의 일상적 요구에 대해서도 극히 조화를 이루셨다. 이러한 이유로 해서 그가 적어도 처음에는 종교지도자들의 위선적인 경건에 의하여 배척을 당했던 세리와 죄인들에게 그와 같이 유명하셨던 것이다. 그의 메시지는 성공을 거두었다. 그것은 정말로 능력있는 말씀의 전달이었다. 그렇다면 오늘날의 상황은 어떠하며 여기서는 무엇이 문제되고 있는가?

아마도 우리들 대부분이 상황에 대해서 주의를 집중해야 할 필요를 느낄 것이다. 왜냐하면 상황은 아주 깊숙하게 느껴지지만, 이 시대가 안고 있는 좌절을 정확하게 집어내는 명백한 질문들이란 항상 제기되는 것이 아니기 때문이다. 이 시대는 '숨겨진 설득자들'의 시대이다. 전체적으로 사회는 아주 짧은 시간 내에 사람들과 국가들을 근본적으로 바꾸어 놓을 수 있는 삶의 철학과 가치들에 의해서 거의 대부분 잠재의식적으로나 무의식적인 방법으로 깊숙히 영향을 입는다. 대부분의 혁명들이 노동자들과 억압을 받는 계급의 상황을 조심스럽게 연구하여 그것을 표현했던 극히 고도로 지성적인 인물들의 작은 집단에 의해서 점화되어 왔다는 것은 매우 중요하다.

니체(Nietsche)의 철학은 히틀러와 나치즘 운동에 영향을 미쳤고, 마르크스(Marx)와 레닌(Lenin)은 공산주의 혁명을 유발시켰으며, 다시 공산주의 혁명은 근 50년 간이나 제3 세계를 휩쓸고 있다. 모택동의 사상은 30년 동안에 모든 상식을 뒤엎고 동양의 표정을 바꾸어 놓았다. 마찬가지로 장 폴 사르트르(Jean Paul Sartre)와 허버트 마르쿠제(Herbert Marcuse)등의 인물들은 많은 사람들이 알고 있는 것보다 훨씬 심원하게 그들의 사상으로 서구에 감화를 주어 왔다.

— 제 1 장 오늘날의 상황과 문제의 제기 —   17

또 그리스도의 교회가 겪었던 영적 혁명도 역시 그것과 거의 비슷한 형태를 밟아 왔다는 사실도 역시 중요하다. 하나님의 성령께서 가지신 주권적인 능력을 덮어 두고서라도, 거기에는 항상 사람들의 상황을 바로 판단한 능력과 사고능력을 함께 갖춘 지도자들이 있었다. 우리는 1세기에 유대인들에게나 이방인들에게 똑같이 복음의 진리와 그것의 적절함을 열어 보여 주었던 바울을 가지고 있다. 우리는 또한 종교개혁 시대에 살았던 루터(Luther), 칼빈(Calvin), 틴델(Tyndale), 라티머(Latimer), 크랜머(Cranmer) 등을 가지고 있다. 우리는 18세기에 살았던 웨슬리(Wesley)와 휫필드(Whitefield)도 가지고 있다. 이들은 비록 그들 자신들은 상당한 학문적 능력을 갖고 있었던 사람들이었지만, 그와 함께 평범한 노동자들과도 관계를 맺을 수 있는 능력의 소유자들이었으며, 그 당시 확고하게 정립되어 있던 영국국교회에 의해서 각성하게 되었던 사람들이었다. 그리고 우리는 19세기에 살았던 샤프트에스베리(Shaftesbury), 윌버포스(Wilberforce), 부츠(Booth), 하나 모어(Hannah More), 죠세핀 버틀러(Josephine Butler) 등을 가지고 있다. 이들은 19세기에 살면서 자신들이 여전히 산업혁명의 노예이거나 산업혁명의 죄악들에 사로잡혀 있는 동안에는, 사람들을 향해서 설교한다는 것이 얼마나 어리석은 일인가 하는 것을 간파한 사람들이었다.

여기에 성경 속에 담겨있는 하나님의 계시에 대해 성실성을 지키면서, 새로운 토양에서 출발하기를 즐겨하며, 과거의 교회적 전통에 의하여 속박당하는 것을 단호히 거절하면서, 복음이 그들 자신이 살고있던 세대에 직접적인 적절함을 갖도록 하는 일에 그토록 열렬한 관심을 기울였던 사람들이 있다. 오늘날 교회가 반드시 해야만 하는 일이 바로 이것이다. 사람들이 실제로 가지고 있는 실제적인 요구는 반드시 이해되어 그것을 채워 줄 방법까지도 모색되어야만 한다. 만일 그렇지 못할 때, 슬프게도 오늘날 이 시대가 교회와 연관짓는 대중적 이미지란 그것이 조만간에 죽어 버리고 화석화될 것이라는 사실이다.

오늘날에 편만해 있는 상황이 무감동한 것이라는 사실에는 의심의 여지가 거의 없다. "귀찮다, 알게 뭐냐, 날 끌어들이지 말라!" 등이 현대세계의 슬로건들이다. 키티 제노비스(Kitty Genovese)라는 28세의 여인이 1964년 3월에 뉴욕에 있는 국립 식물원에서 한 남자에게 추적을 당한 적이 있었다. 이 청년은 달려들어 그녀를 죽였다. 적어도 40여 명이 그녀의 비명소리와 구조를 요청하는 절규를 들었었으며, 그들 가운데 적지않은 사람들은 그녀의 죽음을 목격하기까지 했었을 것임에 틀림없다. 그러나 어느 누구도 그녀를 구출하러 달려오지 않았으며, 심지어는 경찰을 부르러 가는 사람 조차 없었다. 후에 한 목격자는 "말려들기 싫었기 때문이었노라"고 해명하는 것이었다.

1965년 오하이오(Ohio)주의 톨레도(Toledo)에서 어떤 트럭 운전사 한 사람이 전복된 채 불길에 휩싸여 타고 있던 자동차에 뛰어 들어 그냥 두었더라면 그 차에 갇혀 타죽고 말았을 여자 운전사를 끌어내온 일이 있었다. 안달이 난 구경군들은 그에게 "뭐… 뭘하러 그런 위험한 일을 하오"라고 묻는 것이었다. 그들은 적어도 하루 동안은 그의 유별난 진실성을 별 것이 아닌 것으로 만들어 버릴 수가 있었을 무시무시한 참상을 구경할 수 있는 기회를 사기 당하여 빼앗긴 것 같은 기분에 안달이 났던 것이 분명했다. 실로 무감동에서 오는 마비증상은 대개 폭력에의 전주(前奏)가 될 수 있다. 왜냐하면 무감동과 폭력은 모두 다 그 이면에 깊숙히 뿌리 박힌 좌절이 숨어있기 때문이다. 어떤 이들에게 있어서 그것은 오염이나 인구과잉, 또는 핵무기 경쟁의 해결하기 어려운 문제들 일 수도 있다.

전문가들이 아무리 자주 경고에 경고를 발하고, 재난에 재난을 예고한다 할지라도, 이와 같이 위압적인 문제들은 마치 어마어마하게 커다란 눈덩어리가 갈수록 커지며 속도를 빨리하여 굴러 오듯이 우리를 향하여 계속 굴러오고 있다. 문제들은 계속해서 분석되고 있으며, 그 분석결과들은 보도매체를 통하여 놀랍도록 확실하게 똑똑히 설명되고 있지만, 그것들은 실제적 해결책이 발견될 것이라는

— 제 1 장 오늘날의 상황과 문제의 제기 —　　　19

아무런 희망도 주지 못한 채, 사회에 공포와 좌절만을 가져다 주고 있다. 문제들은 갈수록 분명해지고 있지만, 해답들은 갈수록 멀기만 하다.

또 다른 사람들에게 있어서는 우리가 살고 있는 기술화된 도시사회 속에서 나날이 증가되고 있는 개인의 비인격화가 말없는 공포일 수 있다. 또한 폭력과 사회적 수탈행위 사이에도 놀라운 상관관계가 성립된다. 레슬리 폴(Leslie Paul)이 말한 것과 같이 만일 "수탈당하고 있다는 의식이 보다 더 강해지고, 이와 같이 붐비고 복잡하며 황량한 도시지역 속에서 존재조차 희미해지고 있다는 굴욕에 의해서 심한 압박을 더욱 받게 되면, 우리에게 닥친 것처럼 보이는, 인구폭발 속에서…… 도시들이 성장해 나감과 아울러 그와 같은 폭력도 함께 증가할 가능성이 있다"[2)]는 것이다.

분명히 좌절과 무력감이 커지면 커질수록(초기 단계에 있어서는 무감동이나 우울증으로 억압되는 것이 보통이지만), 내적인 분노도 커져가고, 닥치는대로 튀쳐나갈 가능성과 되받아 맞닥뜨릴 가능성도 점점 더욱 커져만 간다. 존 폴 스코트(John Paul Scott)는 『폭력의 분석』(*The Anatomy of Violence*)이라는 책 속에서 폭력사건은 거의 완전하게 그 도시의 크기와 상관관계가 있다고 밝히고 있다. 왜냐하면 대도시에서는 개인이 중요시 여겨지지 않고 있으며, 권태와 소외가 너무도 날카롭게 느껴지는 일이 자주 있기 때문이다.

그러므로 우리는 오늘날 세계에 있어서 그토록 특징을 이루고 있는 무감동과 폭력의 근본적인 원인들을 조금 더 가까이 관찰할 필요가 있다. 우리는 불가피하게 인간의 문제의 핵심은 인간의 마음의 문제라고 말씀하신 그리스도의 통찰력있는 분석에서 시작해야만 한다. 결국 사회가 가진 모든 악들은 타락한 인간의 성품이 지닌 본질적인 이기심으로 거슬러 올라갈 수 있다. 왜냐하면 "속에서 곧 사람의 마음에서 나오는 것은 악한 생각, 곧 음란과 도적질과 살인

---

2) "The Vogue of Violence", in *Christianity and Change*, ed. Autton(S. P. C. K.), 36.

과 간음과 음욕과 악독과 속임과 방탕과 흘기는 눈과 훼방과 **교만**과 광패"[3]기 때문이다.

바울 사도가 인간이 알려질 수 있는 하나님에 대한 진리에 그의 등을 돌렸을 때, 일어나는 일들을 서술하고 있는 로마서 1장의 후반부를 읽어보라. 그것은 상처투성이인 일요일 신문 가운데 하나의 앞 페이지와 같은 내용을 적어 놓고 있다. 그는 또 다른 곳에서 '육체의 일들' 또는 우리의 자연적인 자신의 삶을 다음과 같은 말로서 자세히 설명하고 있다. 즉 "음행과 더러운 것과 호색과 우상숭배와 술수와 원수를 맺는 것과 분쟁과 시기와 분냄과 당 짓는 것과 분리함과 이단과 시기와 술 취함과 방탕함과 또 그와 같은 것들"[4]이라고 말하고 있다.

우리가 일단 인간에 대한 성경적 견해를 받아들이기만 한다면, 우리는 오늘날 우리 사회를 주름잡고 있는 탐욕에 의해서 깜짝깜짝 놀라는 일이 없어질 것임에 틀림없다. 또한 우리는 보다 높은 임금을 얻어내기 위해서라면 그것이 국가경제에 미치는 장애적 효과에 구애됨이 없이 끝없는 파업을 일으키는 행위에 대해서도 놀라지 않게 될 것이다. 또한 우리는 돈과 소유물에 대한 끝없는 추구가 십지어는 그것이 인간의 가치를 부정하고 인간의 인격적 관계들을 파괴한다 하더라도 계속되고 있는 사실에 대해서도 놀라지 않게 될 것이다. 정치가들은 하나 같이 '생활수준의 향상'을 약속하지만, 그 '생활'이란 말은 사실상 '돈벌이'와 같은 말로 은연 중에 통하고 있다. 여러가지 직업의 가치를 결정하는 것도 거기서부터 내가 얻을 수 있는 것을 현금으로 계산하여 판결되고 있다.

"부하려 하는 자들은 시험과 올무와 여러가지 어리석고 해로운 정욕에 떨어지나니 곧 사람으로 침륜과 멸망에 빠지게 하는 것이라. 돈을 사랑하는 것이 일만 악의 뿌리가 되느니라."[5] 이 말은 여전히

---

3) 막 7 : 21f.
4) 갈 5 : 19—21(*Living Bible*).
5) 딤전 6 : 9f.

— 제 1 장 오늘날의 상황과 문제의 제기 —   21

신랄한 진리이다. 물론 그 때나 지금이나 항상 물질주의자들의 꿈은 실현되고 있다. 얼마나 많은 시청자들이 그 프로그램이 끝날 무렵에 스쳐 지나가는 20개 이상의 사치품들을 보고난 후에, 만일 45초 이내에 그것들 모두를 기억해 낼 수 있다면 그것들 전부를 상품으로 주고 있는 텔리비젼의 세대게임(Generation Game)에 출연하여 그 자리에 앉아 볼 수 있기를 고대하고 있는가? 더구나 물질주의자들로 하여금 계속해서 망상을 갖도록 격려하고, 도박사들로 하여금 계속해서 도박하게 자극하며, 아버지들로 하여금 몽땅 갖기 경품권에 계속 돈을 집어넣도록 고무하게끔 상당수의 망상이 실현되고 있는 것이다. 돈은 자기 성취에 있어서 궁극적 목표인 것처럼 알려져 있다. 오늘날에 대한 어떠한 상황분석도 만일 그것이 인간의 근본적인 이기심과 탐욕에 초점을 맞추지 못한다면, 그것은 전혀 핵심을 파악하지 못한 분석이 되고 말 것임에 분명하다.

그러나 만일 인간의 마음이 바꾸어 지기만 하면, 모든 문제들이 다 해결될 것이라고 말하는 것은 우리의 복음전도 사역을 너무도 단순하게 생각하는 견해이다. 그것을 그렇게도 쉽게 생각할 수는 없다. 예를 들어 인간이 가진 자연적인 자기 중심성은 넓게 퍼져있는 모든 차원에서의 의사소통의 붕괴로 말미암아 오늘날 더욱 극심해지고 있다. 특히 도시권 지역에서는 공동체 생활이란 거의 존재하지 않거나 미미하다.

우리가 살고 있는, 날로 복잡해져 가는 과학화되고 산업화된 이 사회 속에서 우리가 만족을 누릴 수 있는 직업이란 거의 없다. 대개의 사람들이 커다란 비인격적 기계 속에서 돌아가고 있는 작은 톱니바퀴들 보다 별로 나을 것이 없는 상태로 적소에 배치되어 있을 따름이다. 심지어 어떤 이들에게 있어서는 그들이 작은 톱니바퀴들이라는 비정한 위로조차 결여되어 있다. 찰스 라이치(Charles Reich)는 그의 유명한 『미국의 녹화』(*The Greening of America*)라는 책에서 다음과 같이 기록하고 있다.

"미국을 건설했던 기술과 조직이 가진 막대한 장비들은…… 환경을 파괴하고, 인간의 가치를 말살시키고, 그것의 주체가 가진 생명과 마음을 지배하는 힘을 장악하는 어리석은 불가항력이 되고 말았다. 합중국은 19세기의 불의와 착취에, 그것이 모든 의미와 모든 생명을 파괴하려는 위협을 가하기까지, 비인간화와 의미상실과 억압을 보태왔었다."[6]

처음부터 끝까지 자기의 작업을 바라보는 즐거움을 가진 직공들의 창조적인 기술이란 대부분 이제는 흘러간 옛날의 일이 되고 말았다. 이제 일이란 아이들을 위해서 비싼 장난감과 의복을 사주고, 집에 카피트를 깔고, 아내를 위해 따로 차를 사주고, 관계를 맺거나 대화하는 수고를 하지 않아도 어느 누구에게나 환대를 베풀어 주는 칼라 텔리비전을 사기 위한 하나의 필요악 보다 별로 나을 것이 하나도 없게 되었다. 사회학자들은 결혼이 깨어지는 여러 가지 이유들을 다음과 같이 제시하고 있다.

(1) 이사 : 남편이 35살 이하인 가정의 3분의 1 가량이 매년마다 이사를 하고 있다. 이것은 불안정과 불안을 낳는 수가 있다.

(2) 우리의 컴퓨터화된 사회 속에서의 인간의 비인격화 : 결과적으로 기인되는 고독과 소외, 좌절, 절망, 자기연민 등은 확실히 성공적인 결혼생활에 도움을 주지는 못한다.

(3) 성적인 혁신 : 혼전관계나 혼외관계는 오늘날 결혼을 위협하는 것들 중에 가장 치명적이고 파괴적인 힘을 가지고 있다.

(4) 부요함 : 우리의 물질주의적 문화는 행복한 가정에 가장 필요한 의미가 넘치는 인간 상호간의 관계를 실질적으로 말살시켜 버린다.

(5) 어린아이 교육에 있어서의 수동성의 증대 : 우리는 성공적인 가정을 세우기에는 너무도 빈약하게 준비된 젊은이들의 훈련받지 못한 세대를 배출하고 있다.

(6) 라디오와 텔리비전 : 이것들이 제공하는 사랑에 대한 피상적인 묘사와 시간에 대한 탐닉적인 전제는 효과적인 가정생활을 가장 어렵게 만들고 있다.[7]

---
6) *Op. cit.*, 23.
7) R.L. Strauss, *Marriage is for love*(Tyndale), 10.

— 제 1 장 오늘날의 상황과 문제의 제기 —

의사전달에 있어서 이러한 실패는 자연히 권태를 이끌어 낸다. 이 세대는 구경군의 세대다. 아주 손쉽게 텔리비전을 켜서 아이들에게 순간적인 즐거움을 주기란 매우 쉽다. 그러나 집안 식구들 여러명이 참여할 수도 있는 창조적이며 상상력을 증진시켜 주는 놀이나 취미들을 고안해 내기란 너무도 어렵다. 대서양 양쪽 편에서 모두 포사이트 전설(Forsyte Saga)과 펠리져스(The Pallisers)와 같은 텔리비전 연속극들이 두드러진 성공을 거두는 원인 가운데 하나는 그러한 연속극들이 상당히 안정되어 있고 의미있는 인간 관계가 존재하던 시대에 대해서 이야기를 펼쳐가고 있으며, 가정생활과 행운이 그것의 본질을 이루던 시대에 대한 이야기이며, 거기에 나오는 시간과 공간과 모든 의도가 모든 크고 작은 줄거리들을 모아 결론으로 이끌어 가고 그 종국에 있어서는 전체의 체계가 의미있게 완성되는 이야기들을 소재로 하고 있기 때문이라는 점에는 의심의 여지가 없다.

이것들과는 정반대로 오늘날의 생활은 빠르고 당황하게 만들며, 불완전하다. 불과 소수의 문제들에만 결론이 주어지고 있으며, 텔리비전 연속극의 환상세계 밖에서 여전히 '항상 행복하게 사는' 사람들은 더욱 적다. 그 대신에 엄청난 유행성 노이로제를 야기시키는 압박들이 있을 뿐이다. 텔리비전은 순간적인 탈출구이긴 하지만 가정에 있어서나 이웃 사람들 사이에 있어서 사람들간의 의사소통을 불통케 만들기 시작하는 탈출구이다. 개인들은 점차로 자기 자신 속에서 상실되어 간다. 그렇게 해서 세계는 점차로 나의 세계가 되어가고, 그 세계에서는 내 이익과 내 관심만이 오로지 근심하고 걱정할 가치가 있는 것이 되고 만다.

각자가 자기의 분리된 작은 상자 속에 갇혀 있으므로, 고독이 오늘날 사회적인 커다란 문제 가운데 하나로 대두되고 있다는 사실은 전혀 놀랄만한 일이 아니다. 개방적이고 사랑에 넘치는 포용성 있는 모임에 속하고자 하는 절실한 요구가 있으나 실제로 참가하게 되는 경우에도 개인적인 부적응에 대한 모든 두려움이 앞서곤 한다. 더구나 보도매체들에 의한 젊음과 아름다움과 유행과 성적인 매력에 대한 막대한 집중은 이런 면 전체에 있어서나 일부분에 있어서 부족함을 느끼는 사람들의 고립감정을 한층 더 예리하게 만들고 있다.

과잉과 그것에 대한 위협조차도 반발의식과 쓸데 없다는 감정을 증대시킨다. "나는 살 아무런 의미도 찾을 수 없어"라는 말은 내가 너무도 자주 듣는 말이기 때문에 그것을 가벼운 마음으로 넘겨 버릴 수 없을 정도이다. 12번이나 자살을 기도했던 한 소녀는 내게 말하기를 자기는 사는 것도 두렵고 죽는 것 또한 두렵다고 했다.

거의 이와 같은 완전한 좌절의 분위기 속에서 자기 연민과 자기 증오가 구더기 같이 알에서 깨어난다. 오늘날 일어나고 있는 반항들이나, 말에 있어서와 육체적인 폭력들, 서로가 서로에게 퍼부어대는 비판과 판단들은 대개가 우리들 자신의 자기 증오에 대한 투영물이다. 이와 같은 괴로운 자기 정죄와 더불어 의식적으로 살아 간다는 일은 정말 참을 수 없는 일임을 알게 될 것이다. 따라서 우리는 그 증오를 다른 사람에게나 다른 무엇에게 내어던지는 것이다. 사람들의 모임과 개인의 마음 속에 깊숙히 자리를 잡고 있는 이 신랄함은 암적이고 파괴적이다. 그것은 때때로 제멋대로의 좌절감에 젖어서 납치와 비행기 탈취, 사람으로 병신이 되게 하거나 죽이는 일 등에 전심하는 북 아일랜드(Nothern Ireland)와 다른 여러 해방기구들 속에서 무시무시한 폭력과 무의미한 파괴로 나타나곤 한다. 이런 극단론자들을 대상으로 해서 연구하고 있는 심리학자 하나가 그들은 그들의 폭력의 대상물을 증오하는 것만큼이나 그들 자신을 증오하고 있는 것을 발견했다고 언급한 일이 있었다.

사실상 그들은 이러한 자기 증오를 어느 방향으로건 뿜어낼 수 있는 것이다. 더욱 나아가서 육체적인 폭력이란 저주를 받을 짓으로 생각하고 있는 많은 수의 젊잖고 존경할 만한 시민들의 겉모양 밑에서, 말로 표현되는 폭력과 험악한 관계를 결과로 가져 오지만 그

— 제 1 장 오늘날의 상황과 문제의 제기 —

럼에도 불구하고 상당한 정도의 자기 증오로부터 마음 속에 생겨나는 날카로운 감정의 개인적인 원한들과 오랫동안 변함 없이 지속되는 분노가 자주 발견된다. 여기에서 소외감은 가장 압도적인 것일 수가 있다. 우리는 어떻게 다른 사람들과 함께 살아 가는지를 잊어 버렸고, 우리는 우리들 자신의 삶도 감당할 수가 없게 되었다.

오늘날 많은 사람들이 떳떳치 못한 양심과 죄책감으로 고통을 받고 있다는 것도 놀랄 일이 아니다. 이것은 특히 최근에 누군가를 사별(死別)한 사람들을 상담할 때에 특히 두드러지게 나타난다. 그러한 경우에는 고인의 덕을 극구 칭송하려는 것과 "내가 그를 위해서 할 수 있는 모든 것을 해드렸고", 고인이 일생동안 언제나 그와 같은 대접을 받았다는 사실을 정당화하려는 본능적인 성향이 나타나곤 한다. 철학자들이 "절대란 존재하지 않는다"라고 말하여서, 옳은 것도 없고 틀린 것도 없으며, 모든 것은 상대적이라고 주장하는 것과 하나님께서 우리의 일부로 주신 바된 우리가 양심이라고 부르며 침묵을 지키는 것은 전혀 다른 것이다. 이와 같이 오늘날 많은 사람들이 혼동을 일으키며 죄책감을 갖고 있다.

실존주의 철학이 사회의 체계 속으로 매우 깊이 침투해 있기 때문에 거의 모든 방향으로부터 개인적인 경험이라고 말할 수 있는 것은 어느 것이라도 정당화 시킬 수 있을 것이라는 인상을 받게 되었다. 과거에는 부도덕, 동성애, 도색문학, 부정직, 기만행위 따위로 불리워졌던 일들이 지금은 뻔뻔스럽게도 공공연하게 행해지고 있다. 그것과 동시에 양심의 가책은, 만일 계속해서 무시당함으로 그것이 주는 고통을 약화시켰다 할지라도, 그것을 완전하게 제거한다는 것은 불가능한 일이다.

그 고통과 좌절에서 벗어나는 한 가지 방법은 다른 사람의 행동에 대해서 더욱 심하게 판단을 내리는 일이다. 당신이 개 몇마리가 있는 가운데 돌을 던졌을 때, 그 중에서 가장 큰 소리로 짖어대는 그 개가 바로 돌에 맞은 개인 것이다! 나는 절대란 존재하지 않노라고 주장함으로써 그들의 행위들을 정당화시키려고 애쓰는 이들이

— 복음전도 —

어떤 개인이나 사회의 어떤 일부에서 행한 행동에 대해서 가장 소리를 높여 그것이 절대적으로 틀렸노라고 아우성을 쳐대는 사람들인 것을 매우 자주 보아 왔다. 아마도 그들은 그들의 양심이 그토록 자주 얻어맞기 때문에 이런 식으로 가장 크게 아우성을 치는 것 같다! 여기에서 다시 한번 그것은 우리의 잘못을 타인에게 뿜어내는 문제로 대두된다. 예수님께서 우리에게 말씀하신 바, 우리가 다른 사람의 눈에서 티끌을 빼낼 정도로 뚜렷하게 볼 수 있기에 앞서 우리들 자신의 눈에 있는 들보에 대해 주의하라고 하신 것은 얼마나 바른 것이었던가?

이와 같이 다른 여러가지 상황들과 짝을 이루며 영적인 굶주림이 존재하고 있다는 사실은 의심할 여지가 없다. 그것은 하나님을 향한 굶주림이거나 아니면 우리들보다 위대하여 우리들을 우리들 자신의 외부로 끌어 올려서, 개인적인 체험 속의 의미심장하고 적절한 모든 것들 속으로 인도해 줄 어떤 종류의 영적인 실체나 능력이나 또다른 무엇을 향한 굶주림이다. 우리는 이것을 지난 10년간에 걸쳐 일어난 부적, 점치는 카드, 점술(占術), 점성술, 백색마술, 흑색 마술, 마법 등의 신비주의의 극적인 성장에서 찾아 볼 수 있다. 그와 같은 분야에 대해 추구하는 값비싼 서적들이 폭리를 올리고 있다는 사실이 영적인 체험에 대한 대중적 요구와 그것의 갈망을 잘 나타내 보여 준다.

1975년 8월에 세계 마술대회가 3천명의 마녀와 요술사들 그리고 강신술사들이 참석한 가운데 콜롬비아(Colombia)의 보고타(Bogota)에서 열렸었다(로쟌〈Lausanne〉에서 세계 복음전도 대회가 1974년에 열렸을 때, 거의 비슷한 수효의 그리스도교의 사역자들이 모였었다). 거기에서는 점성술, 관상학, 귀신 쫓아내기, 부우두우교 마술, 초자연적인 치료술 등에 대한 연수회도 있었다. 그러나 사람들이 장난삼아 신비주의에 손을 대건 안대건 간에, 하나의 '법 세계적인' 종교에 대한 갈망이 점차 증가되고 있음이 사실이다. 이것에 대한 한 가지 세속적인 실례로서 축구에 대한 광적인 헌신을 들 수

— 제1장 오늘날의 상황과 문제의 제기 —

있다. 여러 나라에 있어서 축구는 국민들의 종교가 되어 버렸다. 축구는 이제 찬양과 팀과 선수에 대한 숭배와 호화스러운 개막식과 더불어 개중에는 폭력적인 의식으로서 완성되어 가고 있다. 종교적인 믿음의 맥락 속에서 다른 한 가지 실례는 오늘날 증대하고 있는 화해의 분위기이다. 그러한 화해의 분위기는 혼합주의적 종교를 고취시키고 있으며, 그 속에서 모든 날카로운 모서리들은 둥글게 깎여지고, 그리스도교가 지닌 독특하고 배타적인 주장들은 사라져 버리고 만다. 대개 교회가 성경의 분명한 권위를 가지고 말하는 일에 있어 너무도 자주 실패하고 있기 때문에, 대부분의 사람들이 소위 '전문가들의 말'에 의해 동요를 받는다. 마치 옛날에 아덴 사람들처럼 가장 '새로'되는 것을 말하는 이외에는 그들의 기간을 쓰지 않으려고 노력하는 일요일 신문에 실린 기사들과 텔리비젼에 나오는 피상적인 종교 논쟁에서 얻어듣고 추측하곤 하는 것이다. 문제는 모든 것을 믿는 것에서 아무 것도 믿지 않는 것으로 옮기기란 매우 쉽다는 사실에 있다.

만일 모든 것이 진실이라면, 아무 것도 진리가 아니다. 만일 모든 종교적인 시도들이 동등하게 확실한 것이라면, 거기에서는 아무런 객관적인 확실성이나 실체가 발견되지 못할 것이다. 모든 것이 주관적이라는 주관주의는 실상 무신론에서 한 걸음 밖에 떨어져 있지 않다. 그러므로 참된 영적인 것을 찾고자 하는 탐구가 그토록 자주 더욱 극심한 실망과 환멸 속에서 끝장나곤 하는 것이다.

> 자기들의 멋진 작은 세계들 속에 살고 있는 그 사람들과,
> 나를 전혀 알지 못하는 그 친구들로 하여,
> 옴싹달싹도 할 수 없게 앉아있는 그 세계를 바라보며,
> 나는 바깥쪽 추위 속에 서 있다.
> 내가 거기에 있다는 그것은 그들 세계에 아무런 차이도 가져다 주지 못하는구나.
> 내가 거기에 있어도, 그것은 계속 되고,
> 내가 거기에 없어도, 그것은 계속 될 것을.

서성대며, 방황하며, 의심에 가득차 있을 동안에,
나의 마음 그것은 뒤죽박죽이 되어 버린 하나의 기계뭉치.
갈등과 해답없는 의문들로 박살난 기계뭉치.
나는 세계가 정말 존재하는가 라고 묻지는 않는다——
세계는 저기 그 기초 위에 세워져 있어,
안정되고, 든든하며, 돌과 같고, 진정하다.
그러나 나는 실재하는 것이 아니니——
혹 내가 존재하는지, 아니면 나란 있어서는 안되는 존재인지도 몰라.
그들은 "웃어요. 하나님께서는 당신을 사랑하십니다"라고 대답해 준다.
그러나 난 정말로 웃을 수가 없다.
나는 안에서나 밖에서 추위에 의해 한정되어 버렸다.
그 네모진 벽돌 건물 속의 열기라 하더라도,
오직 내 이 몸 하나만을 데울 수 있을 뿐, 다른 아무 것도 데울 수 없다.
춥고 무감각한 세계 속에서 추위에 떨고 무감각하게,
내 자신 속에 갇힌 채 홀로 외롭게 떨어져,
나는 사람으로 가득찬 세계 속에서 홀로 서 있다. [8]

　물론 오늘날 인간에게 있어서 의미심장하게 새로운 것이란 아무 것도 없다는 주장이 제기될 수도 있을 것이다. 그러나 그것과 똑같은 좌절은 신약시대에도 있었다. 심지어 전도서가 쓰여졌던 시대에도 있었다. 비록 이 기술문명 시대가 가지는 직접적인 원인들 가운데 몇개가 자연스럽게 다른 것일 수 있다 하더라도, 그것이 만들어 내는 결과적인 상황인 무감동, 폭력, 이기심, 관계의 단절, 권태, 고독, 자기연민, 자기증오, 죄책감, 영적 굶주림 등은 놀랍게도 비슷하다. 그러나 우리가 복음전도를 생각하게 될 때에는, 그 상황들과 그 상황을 만들어내는 원인들을 분명하게 이해하는 것이 무엇보다도 가장 중요하다. 만일 우리의 복음이 오늘날의 남녀 모두의 절실한 요구들에 대해서 뭔가 이야기 하지 않는다면, 결국 그것은 그

---

8) 휘튼(Wheaton) 대학의 휘셔 홀(Fisher Hall)에 있는 빈 책상 위에 놓여있던 잉크압지 위에 낙서로 써놓은 저자 미상의 글이다.

— 제 1 장 오늘날의 상황과 문제의 제기 —

들에게 아무 말도 하지 못하게 될 것이다. 더군다나 하나님께서는
자기 자신을 여러가지 방법으로 풍부하게, 그리고 항상 적절하게 인
간에게 전달하셨다. 예를 들자면, 우리는 우리의 설교와 가르치는
일에 있어서, 성경 뿐만이 아니라 신문들과 우리 주변의 도시들에
서의 일들 까지도 연구하는 일을 게을리 해서는 안된다.

우리는 우리가 사랑에 넘치는 단결된 교회를 세우고자 애쓰고 있
을 때에, 단절된 관계들이 고침을 입을 수 있다. 고독한 사람들이
하나님의 가족 안에서 나무램 없는 친교를 발견할 수 있는 실제적
인 방법에 대해서 연구해야만 한다. 아마도 무감동이 깨어지고 문
제들이 해결되기 시작하는 것은 기사와 이적들을 통하거나 찬양과
기도를 통한 것일 수가 있다. 만일 의미있는 사회적 행동과 봉사가
존재한다면, 교회 안에서는 어떤 기도로 가득찬 재조직이 있어야만
할 것이다. 무엇이 이웃 사람들이 가진 좌절들인가? 어떻게 하면
그리스도인들이 모든 사람들에 대하여, 그들이 하나님의 이름을 인
정하던 그렇지 않던 간에, 사랑에 넘치는 하나님의 관심을 보여 줄
수 있는 방법으로서 하나님의 나라 밖에 있는 그들을 봉사할 수 있
을까?

모든 교회마다 그 지도자들은 각기 그나름대로의 독특한 상황 속
에서, "말과 일이며, 표적과 기사의 능력이며, 성령의 능력으로서…
그리스도의 복음을 편만하게 전하였노라"[9]는 말이 진정 의미하는
뜻이 무엇인지를 조심스럽게 숙고하는 것은 말로 할 수 없이 가치
있는 일일 것이다. 지나간 과거의 전통적인 방식에 집착하는 것은
대개 그리스도인에게 그리스도교의 설교를 들려 주는 일과 함께 돈
과 정력을 낭비케 하는 결과를 초래하기 마련이다. 어제에는 적합
했던 것이 오늘에는 전혀 부적당한 것이 될 수 있기 때문이다.

비록 본질적인 복음은 결코 변경될 수 없는 것이지만, 그것을 선
포하고 증거하는 방법은 오늘날 우리가 현재의 하나님과 나누고 있
는 사건들을 드러내 보여 주는 것이어야만 한다. 오늘날…… 사람

---
9) 롬 15 : 18f.

들이 하나님의 음성을 듣는 것은 우리가 그들의 마음을 굳게 하도록 만들 때가 아니다. 그들로 하여금 하나님을 향하여 참된 회개와 믿음 속에서 돌아 오게끔 그리스도의 이름으로 촉구할 수 있을 때에만이 일어날 수 있다.

제 2 장
복음전도란 무엇인가?
(*What is Evangelism?*)

지난 50년간 수많은 정의(定義)들이 제창되곤 해 왔다. 그러나 아마도 그것들 가운데 1918년에 대주교 의원회(Archbishop's Committee)가 교회의 복음전도사역에 대한 보고서 속에서 제시한 바의 다음과 같은 내용이 가장 유명한 정의일 것이다. 즉 "복음을 전파한다는 것은 성령의 능력 안에서 예수 그리스도를 전파하여 사람들로 하여금 예수 그리스도를 통하여 하나님을 믿도록 하고, 예수 그리스도를 그들의 구세주로 받아들이도록 하고, 그의 교회의 친교 속에서 예수 그리스도를 그들의 왕으로 섬기도록 하는 일이다."[1]

이 정의에 내포된 몇가지 세목들은 몇몇 사람들의 비판을 받아 왔다. 그들은 복음전도를 다른 사람의 삶 속에서 이룩된 어떤 효과로서 정의해서는 안되며, 오히려 신약적인 복음전도의 요점은 단지 복음을 선포하는 것이었다고 말하고 있다. 예를 들면 패커(J. I. Packer)박사는 1918년의 정의를 재조정하여 이와 같이 말했다. "복음을 전파한다는 것은 성령의 능력을 통하여 죄인들에게 그리스도

---

1) 교회의 복음전도 사역에 대한 연구를 위한 대주교 의원회(Archbishop's Committee of Enquiry on the Evangelistic Work of the Church).

예수를 전하여, 그들로 하여금 그리스도 예수를 통하여 하나님을 믿으러 나아올 수 있게끔 하는 일이다."[2]

보다 최근의 것으로는 1974년에 로쟌(Lausanne)에서 모였던 세계 복음전도에 대한 국제대회(*International Congress on World Evangelism*)에서 복음전도의 의미를 다음과 같은 말로 정의내린 바 있다.

복음을 전파한다는 것은 예수 그리스도께서 우리의 죄를 위해서 죽으시고 또 성경에 따라 죽은 자들 가운데서 살아나셨으며, 이제는 통치하시는 주님으로서 모든 죄에 대한 용서와 자유롭게 하는 성령의 은사를, 믿고 회개하는 자들 모두에게 주시고 계신다는 좋은 소식을 전하는 일이다. 우리 그리스도인들이 이 세상 속에 존재하는 것은 복음전도에 있어 필수불가결한 일이며, 이해하기 위하여 세심한 주의를 기울여 듣는 것을 목적으로 하는 그와 같은 종류의 대화 역시 그러하다. 그러나 복음 전도 그 자체는 사람들을 개인적으로 그리스도께로 나아와 하나님과 더불어 화목하게 되도록 설득할 의도로서 역사적이며 성경적인 그리스도를 구세주와 주님으로 선포하는 일이다. 복음의 초대를 발함에 있어서 우리는 제자직분에 따르는 희생을 은폐할 수 있는 자유를 갖지 못한다. 예수님께서는 여전히 그를 따르는 자는 모두 자신을 부인하고 자기의 십자가를 지고 그가 속한 새로운 사회 속에서 동일하게 생활하면서 따라 오라고 말씀하며 부르고 계신다. 복음전도의 결과들에는 그리스도께 대한 순종과 그리스도의 교회 안에서의 협력과 세계 속에서의 책임감있는 봉사가 모두 포함된다.[3]

마찬가지로 복음전도에 대한 복음주의 연맹 의원회의 보고서 (*The Report of the Evangelical Alliance Commission on Evangelism*) 역시 말로서 전파하는 일의 우위성을 강조하고 있다. "우리의 복음전도란 말이 파생된 동사는 신약에 있어서 대개 듣는 사람들의 신적인 중생을 예상하고 말로서 복음을 전하는 일을 가리키는 뜻으로

---

2) *Evangelism and the Sovereignty of God* (I.V.P.), 40.
3) 로쟌서약(The Lausanne Covenant), from *Let the Earth hear His Voice*(World Wide Publications), 4.

— 제 2 장 복음전도란 무엇인가? —

사용되곤 했었다. …… 그러므로 복음전도란 단어는 구원의 메시지를 발한다는 의미에 국한시켜야만 한다."[4] 물론 우리의 출발점은 신약 그 자체이어야만 한다. 따라서 복음전도의 참된 성격을 이해하기 위하여 성경에 나오는 단어 몇 개를 조사해 볼 필요가 있다. 조사해 보아야 할 필요가 있는 말에는 '복음전도'를 나타내는 어군(語群)과 '복음선포'를 나타내는 어군의 두 가지 종류의 어군이 있다.

I. 복음전도

□ 복음을 전하다 □

이 유앙겔리젯다이($\epsilon\upsilon\alpha\gamma\gamma\epsilon\lambda\iota\zeta\epsilon\theta\alpha\iota$)라는 동사는 신약성경 가운데 52번이나 나오는데 거기에는 누가의 글 속에 나오는 25번과 바울의 글 속에 나오는 21번이 포함되어 있다. '복음을 전한다'라는 이 동사는 간단하게 말해서 좋은 소식을 전하거나 선포하거나 가져오는 행위를 의미한다. 구약의 70인경(LXX)에서는 이것이 가끔 승리의 소식을 가져오는 사자(使者)에 대해서 쓰여지거나, 시편 속에 두번 나오는 것[5] 처럼 하나님의 신실하심과 그의 구원을 선포하는 의미로도 사용되고 있다.

그러나 신약에 들어서면 그 단어가 여러가지 다양한 문맥 속에서 자주 사용되고 있는데, 이것을 이상하게 생각할 필요는 없다. 예를 들어 누가복음 4장 18절 이하에서 예수님께서는 나사렛에서 자기의 규례대로 안식일에 회당을 방문하셨을 때, 이사야 61장에서 다음 구절들을 찾아 읽으셨다. "주 여호와의 신이 내게 임하셨으니, 이는 여호와께서 내게 기름을 부으사 가난한 자에게 아름다운 소식을 전하게 (유앙겔리삿다이, $\epsilon\upsilon\alpha\gamma\gamma\epsilon\lambda\iota\sigma\alpha\sigma\theta\alpha\iota$)하시려고 내게 기름을 부으시고 나를 보내사 포로된 자에게 자유를, 눈 먼 자에게 다시

---
4) *On the Other Side*(Scripture Union), 61.
5) 시 40:10; 96:2.

보게 함을 전파하며, 눌린 자를 자유케 하고 주의 은혜의 해를 전파하게 하심이라."

우리는 여기서 즉시 아름다운 소식의 전파가 그 아름다운 소식의 실질적인 입증과 직결되어 있는 것을 보게 된다. 예수님께서 그의 아버지로부터 파송을 받으신 것은 단지 전도 여행만을 하려 하심이 아니라 사람들의 개인적인 필요들을 그처럼 능력있게 채워 주셨던 방법으로서 살아계신 하나님의 참된 실체를 보여 주심에 그 목적이 또한 있었다. 이와 같이 비록 '복음을 전한다'라는 동사가 엄격하게 번역되면 아름다운 소식을 전한다는 것 이상의 뜻을 가질 수 없지만, 그와 같이 활동적인 동사를 그 말이 주어진 그 행위에서 분리시킨다는 것은 적어도 예수님의 사역 속에서는 생각할 수 없다.

실제로 이것이 그와 같지 않았더라면, 예수님의 말씀들은 거짓 선지자들의 전형적인 헛된 자랑이요, 공허한 헛소리가 되고 말았었을 것이다. 그러므로 세례 요한의 경우 그가 자신의 피할 수 없는 처형만을 기다리며 헤롯의 옥 중에서 고달픈 나날을 보내고 있었을 때, 예수님의 '아름다운 소식'이란 결국 말 뿐인 것처럼 보였었다. 그래서 그는 사람을 보내어 "오실 그이가 당신이오니까, 우리가 다른 이를 기다리오리까?"라고 물었던 것이다. 그러한 사람에게 예수님께서는 뭐라고 대답하셨던가? 또 다른 설교를 장황하게 하셨던가? 아니었다! "마침 그시에 예수께서 질병과 고통과 및 악귀 들린 자를 많이 고치시며 또 많은 소경을 보게 하신지라." 여기에 그가 전파하시던 아름다운 소식에 대한 명백한 증거가 있었다. 그리하여 요한에게 주신 그의 대답은 이러했다. "너희가 가서 보고 들은 것을 요한에게 고하되 소경이 보며 앉은뱅이가 걸으며 문둥이가 깨끗함을 받으며 귀머거리가 들으며 죽은 자가 살아나며 가난한 자에게 복음이 전파된다(유앙겔리존다이 $\varepsilon\dot{v}\alpha\gamma\gamma\varepsilon\lambda\iota\zeta o\nu\theta\alpha\iota$)하라."[6]

누가복음 8장에서도 이와 마찬가지로 우리는 똑같은 복음전도의 씨줄과 날줄을 볼 수 있다. 초두에서 우리는 예수님께서 하나님의

---

6) 눅 7 : 19—22.

— 제 2 장 복음전도란 무엇인가? —

나라를 반포하시며(케류숀, $\kappa\eta\rho\acute{\upsilon}\sigma\sigma\omega\nu$) 그 복음을 전하실 쌔(유앙겔리조메노스, $\epsilon\grave{\upsilon}\alpha\gamma\gamma\epsilon\lambda\iota\zeta\acute{o}\mu\epsilon\nu o\varsigma$)"라는 구절을 보게 된다. 그리고 8장의 나머지 부분에는 무슨 내용이 뒤따라 오고 있는가?

첫째로는 씨뿌리는 자의 비유를 통한 강력한 설교가 있으며, 그 다음으로는 갈릴리 호수에서 풍랑을 잠잠케 하신 일과, 군대라는 귀신을 쫓아내신 일과, 혈루증으로 앓던 여인을 고치신 사건과 아이로의 딸을 죽은 자 가운데서 살리신 사건이 뒤따라 나온다. 얼마나 놀라운 방법으로 갈릴리의 각 성과 촌에 복음을 전하셨던가! 이것이야 말로 실로 예수님의 복음전도 가운데 놀라웁게 능력있는 한 부분이었다. 그것은 복음전도의 전주곡도 아니고 더군다나 결과는 더우기 아니었다. 그것이 바로 복음전도였다. 바울이 로마서 15장 18절 이하에서 다음과 같은 말로서 자기 자신의 사역을 설명했던 것과 같이 그것이 바로 "말과 일이며, 표적과 기사의 능력이며, 성령의 능력으로" 복음을 가져다 전하는 것이었다. 바울은 즉시 말하기를 그러한 방법으로서 그는 "그리스도의 복음을 편만하게 전하였노라"고 했다.

오늘날의 교회는 이미 '말씀'에는 많은 경험을 갖고 있으며, '행위'에 대한 경험도 증가하고 있으나, 기사와 표적이 갖는 능력이나 성령의 능력에 대한 증거를 너무나도 적게 가지고 있다.

실로 복음서의 기록들은 예수님의 복음전도 사역에 있어서 전파와 입증, 설교와 행동, 말함과 행함을 분리할 수 없음을 명백하게 만들어 준다. 우리는 마가복음 1장에서 예수님 생애 가운데 평범한 하루에 대한 기록을 보게 된다. 그 장은 "하나님의 아들 예수 그리스도 복음(유앙겔리온, $\epsilon\grave{\upsilon}\alpha\gamma\gamma\epsilon\lambda\iota o\nu$)의 시작이라"는 말로서 시작된다. 그리고 우리는 1장 14절 이하에서 예수님께서 "하나님의 복음을 전파하여 가라사대, 때가 찼고 하나님 나라가 가까왔으니, 회개하고 복음을 믿으라"고 하시는 것을 본다.

그리고는 그가 복음의 실체와 그 능력을 입증하시는 일련의 사건들이 뒤따라 나온다. 즉 한 사람이 더러운 영에게서 놓임을 받으며,

시몬의 장모가 고침을 받으며, 다른 많은 이들이 그들의 병을 고침 받으며, 많은 귀신들이 내쫓음을 당하고, 문둥병자가 깨끗함을 입으며, 예수님께서 '말씀을 전하고' 계셨을 때, 한 중풍병자가 자기 발로 일어나 걸어 갔다. 이 일은 특히 그를 낫게 하심이 죄를 사하는 권세가 그리스도께 있다는 예수 그리스도의 주장을 증명하는 것으로서 매우 중요한 것이었다. 누구나가 "너의 죄 사함을 받았느니라"라고 말할 수 있다. 그러나 누구나가 한 중풍병자로 하여금 자기 발로 일어나서 놀란 군중들 앞을 걸어서 나갈 수 있도록 만들 수 있는 것이 아니다.

그 후에 기록되어 있는 사건들 속에서도, 우리는 예수님께서 자기는 죄인들을 위해서 왔노라고 단지 말로만 하신 것이 아니라, 세리와 죄인들로 더불어 실제로 식사를 나누심으로 인해서 그의 비판자들 사이에 한 차례의 물의를 일으켰던 사실을 보게 된다. 계속해서 우리는 그가 자신이 하신 말씀들을 실제로 보여 주시는 살아 있는 증거들을 보게 된다. 그는 복음을 실제로 증명하셨었다.

이미 앞에서 살펴본 것과 마찬가지로, 우리는 그 의미를 손상시키지 않고는 '복음을 전한다'라는 동사를 여러가지 활동적인 문맥에서 뽑아낼 수가 없다. 그것은 결코 말뿐인 전파가 아니었다. 그것은 항상 행동 속에 설정된 행동이었다. 물론 그것은 단지 '표적과 기사들' 뿐만 아니라, 복음을 전하고자 온 사람이 보여 준 사랑과 돌보아 줌과 애정이 나타나는 많은 실례들 속의 행동이었다. 그러므로 누가가 그 첫번째 책에 대하여 "내가 먼저 쓴 글에는 무릇 예수의 행하시며 가르치시기를 시작하심부터 …… 기록하였노라"[7]고 말한 사실에 놀랄 것이 하나도 없다. 심지어 여기서는 행하심이 가르치심 앞에 나오기까지 한다! 그 위에 누가의 말에 담긴 의미는 예수님께서는 그의 몸인 교회를 통하여 행하시며 가르치시기를 계속 하신다는 뜻도 있다.

실제로 우리는 이것을 바로 발견하게 된다. 우리는 바울이 자신

---

7) 행 1:1.

— 제 2 장 복음전도란 무엇인가? — 37

에 대해서 변명하며 방어하는 부분만을 제외한 사도행전의 전체 거의 모든 장들 속에서 복음의 전파에 실제적인 증거가 수반되는 것을 볼 수 있다. 한 가지 실례를 들어 보자. 사도행전 8장을 보면 예루살렘의 박해 후에 흩어진 제자들이 '두루 다니며 복음을 전했음' (유앙겔리조메노이)이 나온다. 전도자 빌립은 사마리아로 가서 그리스도를 전했다. "무리가 빌립의 말도 듣고 행하는 표적도 보고 일심으로 그의 말하는 것을 좇더라. 많은 사람에게 붙었던 더러운 귀신들이 크게 소리를 지르며 나가고 또 많은 중풍병자와 앉은뱅이가 나았더라." 잠시 후에 누가는 말하기를 사마리아인들은 "빌립이 하나님 나라와 및 예수 그리스도의 이름에 관하여 전도함(유앙겔리조메노, $εὐαγγελιζόμενο$)을 믿었다"[8]라고 했다. 여기에서는 강력한 복음전도가 하나님의 나라에 대한 복음을 충성스럽게 전했기 때문만이 아니라, 그 복음에 수반된 아름다운 행위로서도 일어났다.

아마도 모든 구절들 가운데 가장 중요한 것은 사도행전 10장 36—38절일 것이다. 여기서 베드로는 그가 전혀 상상도 할 수 없었던 상황 속에서, 이방인인 고넬료의 집에서 이방인들에게 복음을 설명하고 있다. 바로 뒤에 따라오는 메시지는 유대인과 이방인 사이의 가로막힌 담을 넘어서는 이 놀라운 사건으로서 그 진정성이 입증되고 있다. 더구나 베드로는 아주 놀라운 어조로서 예수 그리스도로 말미암아 화평의 복음을 전하며(유앙겔리조메노스, $εὐαγγελιζόμενος$) 하나님에 대하여 이야기했다. 그리고 그는 하나님께서 예수님으로 말미암아 선포하신 말씀을 다음과 같이 설명해 나갔다. "너희도 알거니와 하나님께서 나사렛 예수에게 성령과 능력을 기름붓듯 하셨으매 저가 두루 다니시며 착한 일을 행하시고 마귀에게 눌린 모든 자를 고치셨으니 이는 하나님께서 함께 하셨음이라." 그리고는 예수님의 죽으심과 부활에 대한 이야기를 짧고 간략하게 덧붙였다.

이 일은 그의 아들 예수 그리스도를 통해서 복음을 전파하시는 하나님의 활동이었다. 그것은 단지 육신이 되신 그의 말씀의 전파

---
8) 행 8 : 6—7, 12.

가 아니라 궁핍한 백성들의 생활 속에서 활동하는 능력있는 말씀의 전파였다. "착한 일을 행하시고 병을 고치는 것"은 아주 명백하게 그의 아들을 통하여 이 세상 가운데서 행하시는 하나님의 복음전도 사역의 중요한 한 부분이었다. 복음을 보여주는 어떤 구체적인 실체가 없다면, 말씀은 결국 공허하고 의미없는 것이 되고 만다.

그러므로 "교회는 말로 질식당했고, 경험으로는 굶어 죽었다"라던가 "세계가 교리에 대해서는 포만되어 있으나, 사람들은 생명에 굶주려 있다." "말씀, 말씀, 말씀들── 나는 말씀으로 병들었다… 나를 보라"등등의 똑같은 교회에 대한 불평들이 사면에서 터져 나오고 있다는 사실은 놀라운 일이 아니다. 어떤 마을에서의 전도를 준비하던 중에, 나는 오늘날의 거의 모든 사람들이 '말씀 거부 증상'에 걸려 있다는 사실을 의원회로부터 알게 된 일이 최근에 있었다. 우리는 이 주제에 대해서 다음 장에서 보다 충분하게 다루게 될 것이다. 그러나 신약시대로부터 20세기에 이르기 까지, 만일 성령의 능력이 나타나지 않는다면, 복음의 전파는 헛되이 끝나고 만다는 사실은 진리로 남아 있다. 그것은 복음전도가 되지 못할 것이다.

아마도 내가 주도하는 특권을 가졌었던 가장 놀라운 복음전도 사역은 이 진리를 아주 생생하게 예증해 줄 것이다. 나는 예배들과 가정예배, 청소년 모임 등을 통하여 공식적으로 또는 비공식적으로 '그리스도 예수의 복음을 전할 것'을 부탁받았었다. 그러나 말씀들을 이렇게 전파하는 맥락은 실로 매우 다양했었다. 두 교회가 연합한 가운데 하나님의 성령께서 은혜 속에 능력으로 역사하셨었다. 그리하여 그 운동은 기도에 불을 붙여 많이 기도하게 만들었다. 그리고 이제까지 알지 못하고 있었던 예언, 병고침, 방언과 방언의 통역 등과 같은 성령의 은사들 가운데 몇가지를 체험하는 일이 늘어났다. 소규모의 친교 모임이 정규적으로 모이게 되고, 모임 내에 있어 보다 건전한 참여가 일어났다.

무엇보다도 하나님의 백성들 사이에서 따뜻하고, 사랑으로 가득차고, 서로 보살펴 주는 친교가 일어나 그리스도의 능력있는 몸이

— 제장 복음전도란 무엇인가? — 39

되어지는 역사가 일어나게 되었다.

그 역사가 있었던 간 주말 동안에 거두어진 영적인 추수는 정말 놀라운 것이었다. 단 하루만에 거의 100여명의 남녀가 그리스도를 믿는 믿음을 고백하였다. 그들은 후일에 수일간에 걸친 양육을 위한 모임에도 100퍼센트 출석했을 뿐 아니라, 그 두 교회 속에서 하나님의 사역은 점점 더 힘에 힘을 더해 가는 것을 깨달았다. 비록 우리가 어떤 외적인 '성공'을 가지고 복음전도를 측정해서는 안된다는 것이 사실임에 확실하지만, "말과 일이며 표적과 기사의 능력이며 성령의 능력으로 예수 그리스도의 복음에 대한 충만하고도 능력있는 전파"가 여기에 있었음도 똑같이 확실한 사실이었다. 그리스도께서 그토록 많은 자들 가운데서 '순종을 거두실' 수 있었을 것임에 틀림없다!

그리고 나는 다른 복음전도 예배나 복음전도 사역을 해오는 가운데, 보다 형식을 갖춰 복음에 대해 이야기하기에 앞서 드려지는 예배와 찬양의 어마어마한 능력을 누누히 보아 왔다. 특히 하나님을 향하여 예배드리는 내용의 찬송들을 20분 내지 30분간 부른 후에는 사람들로 하여금 하나님의 말씀을 듣고 받아들일 수 있게끔 놀라웁게 역사하시는 하나님의 임재의식이 감돌곤 했다. 우리는 이 점에 대하여 앞으로, 자주 이야기하게 될 것이다. 오순절도 결국 설교로서 시작된 것이 아니라, 찬양으로 더불어 시작되었다. "찬양하는 모임은 그 찬양으로 인하여 제기된 질문들에 답변하는 가운데 설교하게 된다."[9]

그것은 적절하고도 십오한 말이다. 사람들은 하나님께 대하여 너무나도 자주 물어오지 않는다. 그들은 단지 무감동할 뿐이다. 그러나 뭔가에 몰두하여, 뭔가에 대하여 홍분하고 있는, 뭔가에 아주 즐거워하고 있는, 뭔가를 아주 사랑하고 있는, 뭔가에 대해서 노래하고 있는 평범한 남녀들을 보게 되면, 자연히 그것이 무엇인지 알

---

9) 1973년 더햄(Durham)에서 대학의 교목들을 위한 회합 중에 롤란드 웰스(Roland Walls)가 행한 언급에서 발췌.

고 싶어지게 된다. 그럴 때에 질문이 터져 나오게 되며, 그것은 그리스도의 복음을 받아들이는 일의 중요한 전주곡이 될 것이다.

'복음을 전하다'라는 동사가 그 나라의 외부에 있는 이들에게만이 아니라 안에 있는 이들에게도 자주 사용되고 있는 것을 간단하게나마 살펴보는 것 역시 매우 가치있는 일이다. 예를 들어, 로마서 1장 15절에서 바울은 "그러므로 나는 할 수 있는대로 로마에 있는 너희에게도 복음 전하기를(유앙겔리삿다이, $\epsilon\dot{v}\alpha\gamma\gamma\epsilon\lambda\acute{\iota}\sigma\alpha\sigma\theta\alpha\iota$) 원하노라"라고 썼다. 여기서 그는 '너희'라는 말로서 "로마에 있어 하나님의 사랑하심을 입고 성도라 부르심을 입은 모든 자"(7절)를 의미하고 있다. 그는 그 때까지도 그들에게 편지를 보냄으로써 만족해야만 했었다. 그러나 얼마나 놀라운 편지인가! 로마서에는 복음에 대한 훌륭한 해설이 담겨 있어 후세대들은 이것이 불신자들을 위해서 만이 아니라 신자들을 위해서도 얼마나 강렬하게 적절한 것인지를 입증해 오고 있다. 그 복음은 우리 삶의 모든 부분에 영향을 미치고 있다.

한번은 마이클 그린(Michael Green)이 "복음은 바다와도 같아서, 어린아이라도 얕은 물가에서 걸어 돌아 다닐 수 있으나, 깊은 곳에서는 기린이라 할지라도 순식간에 빠져 들어 간다"라고 비유를 들어 묘사한 적도 있었다. 우리가 영적으로 성장하면 성장할수록, 복음은 더욱 더 깊어져 간다. 그것은 결코 적절하게 되지 못하거나, 상황을 맞서 대항하기를 그치거나, 도전하기를 중단하지 않는다.

그리스도인에게 복음을 전한다는 것에 대해서 이야기하는 것은 비록 성경에 자주 나오는 말이 아니지만, 그것이 성경적인 것임에는 틀림없다! 십지어는 믿음에 있어서 가장 성숙한 사람들에게 조차 복음은 그것이 지닌 단순성과 심오함을 가지고 그들에게 전파되어야 할 필요가 있다. '우리가 하나님의 자녀들의 영광'을 완전히 누릴 때까지는 그리고 믿는 우리들이 누릴 수 있는 모든 어마어마한 능력과 더불어 "성도 안에서 그 기업의 영광의 풍성"을 똑똑히 보기까지, 우리는 포로된 자에게 자유를, 눈 먼 자에게 다시 보게

— 제 2 장 복음전도란 무엇인가? —

함을 전파하며, 눌린 자를 자유케 하기 위하여 우리에게 전파된 복음을 필요로 하지 않을 정도로 지나치게 자라나지는 않는다.

□ 복　음 □

유앙겔리온($\varepsilon \dot{v} \alpha \gamma \gamma \acute{\varepsilon} \lambda \iota o \nu$)[10]이라는 그 명사는 바울서신 가운데 나오는 54번을 포함하여 신약을 통털어 72번 나온다. 우리는 이 구절들로부터 복음전도 속에서 전파되는 복음에 대한 다음과 같은 진리들을 배울 수 있게 된다.

(1) 그것은 나라[11]에 대한 복음이다. 이 표현은 자주 논쟁과 혼동을 일으키곤 했다. 어떤 이들은 하나님의 나라를 사회나 사회의 질서와 동일하게 생각하며, 하나님의 나라는 사회정의를 실천함으로써 오는 것이라고 생각하고 있다. 다른 이들은 하나님의 나라가 오직 의인들 만이 사는 새 하늘과 새 땅을 생각케 하는 전혀 미래적인 것으로만 생각하고 있다. 또 다른 이들은 그것을 하늘과 땅에 있어 전투하는 교회(the Church militant)와 동일하게 보고 있기도 하다. 이와 같은 개념들 모두가 하나님의 나라에 대한 관념 속에 포함될 수 있음에는 의심의 여지가 없다. 그러나 그 나라에 대한 성경적인 기본 개념은 왕의 권위와 통치이다. 물론 그리스도께서 언젠가는 전체에 대한 완전한 권위를 갖게 될 것이며, 오늘날에는 사회정의에 대하여 관심을 기울이고 계심이 확실하다. 그러나 그 말은 다스리실 권세를 가지신 왕의 주권에 대하여 단순하게 언급하고 있다. "여호와께서 그 보좌를 하늘에 세우시고 그 정권(그의 나라, 다시 말해서 그의 권세와 능력)으로 만유를 통치하시는 도다."[12] 그리고 그 나라에 대한 복음이 담겨있는 첫번째 두 참고 구절이 악의 권세들에 대한 그리스도의 명백한 권세를 언급하고 있는 내용 가

---

10) 이 말에 관한 훌륭한 연구를 참고하려면 W. Barclay의 *A New Testament Wordbook*(S.C.M), 41-6을 보라. 본 저자는 이 책에서 도움을 받았음을 감사드린다.
11) 마 4:23; 9:35; 24:14.
12) 시 103:19.

운데 나온다는 사실은 특히 중요하다. 마태복음 4장 23절과 9장 35절
에서 모두, 우리는 예수님께서 "천국 복음을 전파하시며 백성 중에 모
든 병과 모든 약한 것을 고치시는 것"을 보게 된다. 더우기 그리스도의
통치의 사실이 비록 그에게 복종할 것을 도전하는 명령 속에 포함되기
는 해도, 그것은 진정 어떤 분이 이 세상 모두를 통치하시며 우리 자신
의 개인적인 삶까지도 통치하신다는 것을 아는 복음인 것이다. 상황이
얼마나 혼란하든지, 얼마나 재난 속에 싸여있든지, 얼마나 절망적이고
고통스럽든지 간에 모든 상황 속에서 예수님께서 주님이시라는 사실을
안다는 것은 분명히 복음이다. "여호와께서 통치하시나니 땅은 즐거워
하며"라고 시편 기자는 노래한다. 더군다나 그의 주권적 통치에서 벗어
날 수 있는 것은 결국 하나도 없다. 그는 실로 온 세상을 그의 손 안에
붙잡고 계신다.

(2) 그것은 하나님[13]의 복음이다. 그것은 두 가지 의미에서 그렇다.
첫째로 그것은 하나님에 대한 복음이다. 그것은 그의 외아들을 우리를
위하여 주시기까지 세상을 그토록 사랑하시며, 우리와 더불어 그 자신
이 그토록 화목되시기를 고대하시며, "아바, 아버지!"라 부르짖는 그
의 아들의 성령을 우리들의 마음 속에 보내 주시며, 우리에게 아버지
가 되시기를 원하시는 그런 무한하시며 인격적이신 하나님에 대해서 이
야기하고 있다. 하나님을 갈구하여 찾는 이들과 종교적인 관념들의 미
궁 속에서 잃어버린 바 된 자들을 위하여, 복음은 분명히 하나님에 대
한 복음을 담고 있다. 둘째로 그것은 하나님께로부터 온 복음이다. 그
것은 그로부터 시작된 것이며, 따라서 그것은 그의 계시이다. 홀로 남
겨진 인간은 하나님을 발견할 수도 없으며 하나님에 대한 진리도 알 수
없다. 그러나 하나님께서는 은혜롭게도 그 자신을 계시해 주셨다. 그
러므로 그것은 본질적으로 하나님의 복음이지 사람의 복음이 아니다.[14]
하나님께서 그의 진리를 자세히 말씀하셨다. 그것은 무엇보다도 그의
복음이다. 이러한 점에서 볼 때, 복음에 대하여 인간이 저지른 모든 곡
해와 왜곡과 변개행위는 극히 심각한 것이다. "우리가 너희에게 전한
복음 외에 다른 복음을 전하면 저주를 받을지어다."[15] 실로 만일 "무식

---
13) 막 1:14, 살전 2:2,8,9.
14) 갈 1:11—12을 보라. 또 고전 2:9—11절도 참고하라.

— 제 2 장 복음전도란 무엇인가? —   43

한 자들과 굳세지 못한 자들이" 어떤 방법으로든지 성경을 왜곡한다면 그들은 그렇게 함으로써 "스스로 멸망에 이르게"[16]된다.

(3) 그것은 예수 그리스도[17]의 복음이다. 이것도 또한 두 가지 의미에서 그러하다. 첫째로 예수님께서 그것을 세상에 가져 오셨다. 그가 계시지 않았더라면, 복음이란 전혀 존재하지 않았을 것이다. 율법과 선지서를 통하여 유대인들에게 주어진 특별계시를 제외하고는, 세계가 영적인 암흑 속에 계속해서 머물러 앉아 있었을 것이다. "알지 못하던 시대"가 끝없이 계속되었을 것이다. 둘째로 예수님께서 복음을 구체화 시키셨다. 여기에 드라마의 굉장한 한 부분이 있었다. 하나님의 말씀이 극적으로 지구 위에 펼쳐졌다. 실로 그가 육신이 된 그 말씀이셨기에, 그는 "나를 본 자는 아버지를 보았느니라"[18]는 놀라운 주장을 하실 수 있었다. 이제 우리는 결국 우리가 예수님 안에서 그 진리를 볼 수 있기 때문에, 하나님에 대한 그 진리에 대하여 알 수 있게 되었다.

(4) 그것은 개인적으로 적용되어져야만 하는 복음이다. 바울은 가끔 '우리'의 복음 또는 심지어 '나의' 복음이라는 말을 하곤 한다.[19] 실제로 우리가 복음에 대하여 전심을 다한 개인적인 응답을 행하여, 그것을 단지 믿을 뿐만이 아니라 그것을 또한 굳게 잡을 때까지는 복음 그 자체는 헛된 것이다.[20] 더우기 이 반응은 생명을 잃기까지와 마찬가지의 복음을 인하여 부끄러워하지 않으며, "복음을 인하여" 무엇이고 행하며, 심지어는 "복음을 위하여 집과 가족까지라도 떠날 용의가 되어 있는 전반적인 반응이어야만 한다."[21] 더 나아가서 그것은 자유롭고 자발적인 반응이어야 하기에 비극적으로 그것은 잊혀지거나, 무시되거나, 불순종하거나 배척될 가능성이 있다.[22] 사랑은 항상 배척될 위험성이 있으며, 이는 하나님께서 인간의 선택의 자유를 엄숙하게 존중하시는 것

---

15) 갈 1 : 6—9, 고후 11 : 4을 참고하라.
16) 벧후 3 : 16.
17) 막 1 : 1, 고후 4 : 4 ; 9 : 13 ; 10 : 14.
18) 요 14 : 9.
19) 고후 4 : 3, 살전 1 : 5, 살후 2 : 14.
20) 고전 15 : 1—2, 막 1 : 14—15을 참고하라.
21) 막 8 : 35, 롬 1 : 16, 고후 9 : 23, 막 10 : 29.
22) 롬 2 : 16 ; 10 : 16, 살후 1 : 7—8, 벧전 4 : 17.

도 그의 사랑의 중요한 부분이기 때문이다. 실로 그의 심판의 성격은 우리가 그에 대하여 내렸던 결정을 뚜렷하게 보여 주시는 것이다. 복음의 사실은 바울이 묻고 있는 바, "네가 하나님의 인자하심이 너를 인도하여 회개케 하심을 알지 못하여 그의 인자하심과 용납하심과 길이 참으심의 풍성함을 멸시하는"[23] 어떠한 근거도 우리에게 남겨두지 않는다.

(5) 그것은 모든 인간을 위한[24] 복음이다. 하나님께서는 계급이나 신조, 또는 문화의 장벽에 대하여 전혀 괘념하지 않으신다. 그는 모든 인류가 회개에 이르러 구원받기를 원하신다. "한 주께서 모든 사람의 주가 되사 저를 부르는 모든 사람에게 부요하시도다. 누구든지 주의 이름을 부르는 자는 구원을 얻으리라."[25] 그러므로 복음은 마땅히 다른 이들과 더불어 나누어야만 한다.[26] 어떤 학생 하나가 찰스 스펄젼 (Charles Spurgeon)에게 복음을 결코 들어보지 못했던 이방인들이 구원을 얻겠는가에 대해서 물었던 적이 있었다. 그때 스펄젼은 이렇게 대답했다. "내게 있어서 더욱 의문시 되는 것은 이미 복음을 들은 우리가 그것을 들으면 믿고 구원을 받을 수 있는 듣지 못한 자들에게 전하지 못하고 있는 것인지 아닌지 하는 것이다."[27] 실로 복음이 우리에게 '위탁'되어 있으며, 우리에게 '맡겨져' 있어, 이제 우리가 그 복음을 '섬기기' 위하여 부름을 받은 이상, 복음전도의 사역은 어떠한 희생을 치룬다 할지라도 결코 무시될 수 없는 것이다.[28] 윌리암 바클레이(William Barclay)가 그것을 잘 묘사하여 다음과 같이 말했다. "사람은 그에게 생명을 준 그것에 그의 생명을 드려야만 한다." 더욱 나아가서 복음을 전파해야 할 책임은 바울이 그것의 길에 "아무 장애가 없게"하기 위하여 그토록 노력하였으며, 그토록 극심한 고통을 당했으며, 개인적인 희생과 고통을 불사했던 것과 같이 매우 엄숙하고도 긴급한 사명인 것이다.[29]

---

23) 롬 2 : 4—5.
24) 막 13 : 10; 16 : 15, 행 15 : 7.
25) 롬 10 : 12—13.
26) 롬 15 : 19, 고전 9 : 14, 18, 고후 10 : 14; 11 : 7, 갈 2 : 2.
27) O. J. Sanders, *What of the Unevangelized*? (O. M. F.), p. 80.
28) 살전 2 : 4, 고전 9 : 16, 롬 1 : 1; 15 : 16등 et al.
29) 고후 9 : 12.

전도자(유앙겔릿테스, $\varepsilon\dot{v}\alpha\gamma\gamma\varepsilon\lambda\iota\sigma\tau\dot{\eta}s$)라는 명사(The noun evangelist), 이 단어는 몸 전체의 유익을 위하여 그리스도의 몸 안에서 이러한 사역을 하도록 부르심을 받았던 빌립과 디모데와 그러한 사람을 가르치는 말로서 신약성경 가운데서 단지 3번 나온다.[30] 이러한 사실로 볼 때, 비록 복음전도가 전 교회의 으뜸되는 임무이며, 그러하기까지 모든 그리스도인들이 복음전도에 참여해야 하지만, 모든 그리스도인이 모두 다 전도자로서 부르심을 받은 것은 아니다. 모든 그리스도인들은 교회에 속해 있고, 교회는 불가피하게 복음전도에 참여한다. 그러나 많은 그리스도인들은 그들의 으뜸되는 봉사 활동의 영역을 그리스도의 몸 안에서 발견하게 될 것이다. 그들은 여기에서 전체로서의 그 몸이 세계에 대하여 그리스도를 선포하는 일에 보다 강력하고 보다 잘 준비될 수 있게끔 하나님께서 지도하시며, 성령께서 나누어 주신 은사대로 서로 서로를 사랑하며 섬기게 된다.

그러나 그 교회 안에서 어떤 사람은 특별히 전도자로서 부르심을 입게 되는데, 이것은 다른 사람이 예언의 직분이나 목사 또는 교사로서 부르심을 받게 되는 것과 꼭같은 이치이다. 한 사람으로 하여금 전도자가 되게 하는 것은 하나님의 은사이다. 아마도 다른 사람들 역시 똑같이 복음을 설명할 수 있는 능력이 있을 수 있으나, 전도자는 복음을 전할 책임과 그 복음을 남에게 효과적으로 전달하기 위한 하나님께서 주신 능력을 갖게 될 것이다. 이 은사는 다른 모든 은사와 봉사의 직분처럼 매우 두드러져서 교회에 의하여 인정되게 될 것이다. 이것도 "그리스도의 몸을 세우기 위한"은사의 한 가지로서, 누구도 스스로 자칭하는 전도자가 되어서는 안된다. 오히려 전도자는 그가 섬기고 있는 그리스도인들의 지체에 의하여 이 사역을 담당하도록 인정을 받고 격려를 받은 사람이어야만 한다.

---

30) 행 21:8, 딤전 4:5, 엡 4:11.

― 복음전도 ―

□ 복음선포 □

'선포하다'(케류세인, κηρύσσειν), '복음선포'(케류그마, κήρυγμα) 그리고 '선포하는 이'(케류크스, κῆρυξ). '전하다' 또는 '선포하다' 라는 의미의 이 동사는 '복음을 전하다'라는 동사 만큼이나 자주 나와서 신약 가운데 61번이나 쓰여지고 있다. 복음선포(케류그마, κήρυγμα)는 8번 나오며 선포하는 이(케류크스, κῆρυξ)는 단지 3번 나온다. 이 단어들 뒤에 숨어있는 기본적인 개념은 왕으로 부터 그에게 주어진 메시지를 전달하는 선포자에 대한 개념이다. 센프트 (Senft)는 이것을 폰 알멘(von Allmen)의 『성경어휘사전』(*Vocabulary of the Bible*) 에서 잘 설명해 주고 있다.

    선포하다(To preach)는 우리에게 있어서 특히 그 말이 갖은 원래적 인 의미를 상실한 단어이다. 왜냐하면 지금에 있어 그 말이 의미하는 것은 교회의 울타리 속에서 확신있는 신자들의 폐쇄적인 모임을 향하여 언급되고 있는 다소간 개인적이며 다소간 신학적이요, 이론적인 논의를 말하기 때문이다. 그러나 이러한 의미는 그 말이 원래 뜻하는 내용과 그것이 암시해야만 하는 의도와는 전혀 반대의 것이다. 그 말이 본래 가진 뜻은 선포자에 의하여 마을에서 선포되며 대낮에 나팔을 울리면서 최신의 정보로서 모든 이들에게 선포하는 것을 말한다. 왜냐하면 그것 은 바로 왕 자신에게서 나온 것이기 때문이다…… 선포자에게 있어서 우선적으로 요구되는 사항은 절대적인 충성심이다. 그는 자기의 의견을 피력하는 것이 아니라 그에게 맡겨진 메시지를 전달할 뿐이다. 그는 어 떤 문제에 대하여 답변하는 가운데 자기의 의견을 말하게끔 부탁을 받 은 것이 아니라, 그에게 위임한 사람의 대변인일 뿐이다. 바로 이러한 사실에 의하여, 그는 그가 나타내는 권위를 입게 되며, 그의 말은 감히 의문을 제기할 수 없는 엄위(嚴威)를 부여받게 된다. 선포자는 결코 그 자신 안에 있는 무엇이 아니다. 그는 단지 그를 보내신 자를 대표하여 그에게 맡겨진 메시지의 편에 서서 그것을 말하는 사람일 뿐이다.[31]

― 제 2 장 복음전도란 무엇인가? ―

케류그마(κήρυγμα)라는 말이나 선포되어지는 메시지는 바울이 쓰는 유앙겔리온(ευαγγελιον)이란 말, 즉 복음이란 말과 동일한 의미를 갖는다. 이것은 로마서 16장 25절에서 특히 분명해진다. "나의 복음(ευαγγελιον)과 예수 그리스도를 전파함(κήρυγμα)은……"이 문맥에서 볼 때, 그는 그의 복음과 그리스도를 전파함을 하나이고 동일한 메시지로서 보고 있음이 분명하다. 그것은 믿음의 순종에로 초대하는 하나님으로부터 주어진 선지자적 글들의 우주적인 적용과 더불은 성취였다.

그러나 고린도교인들에게 편지할 즈음, 바울은 그의 케류그마가 직업적인 헬라의 소피스트들의 고도로 연구된 수사학적이며 유창한 연설들과는 아주 별개의 것임을 강조하고 있다. 이 여행하며 가르치는 소피스트들은 아주 고상한 단어들을 사용하며 인상적인 유창함으로써 지혜의 온갖 모습을 보여주곤 했음에 틀림없었다. 그렇지만 하나님께서 보시기에 그것은 한갖 공허한 어리석음일 뿐이었다. 그러나 바울은 비록 그것이 유대인들에게는 거리끼는 것이요, 헬라인에게는 미련한 것이었지만, "'십자가'에 못박히신 그리스도"에 대한 하나님의 메시지를 선포하는 것을 그의 사명으로 알았다. 그는 그리스도께서 하나님의 능력과 지혜가 되심을 알았고, 그러므로 "나의 말과 내 전도함(κήρυγμα)이 지혜의 권하는 말로 하지 아니하고 다만 성령의 나타나심과 능력으로 하여 너희 믿음이 사람의 지혜에 있지 아니하고 다만, 하나님의 능력에 있게 하려 하였노라"[32]고 말하면서 헬라의 철학자들이 지닌 그럴싸 하게 보이는 기교들을 확고히 물리칠 수 있었던 것이다.

말장난을 기술로 삼는 "이 시대의 변사"들과는 달리 바울은 놀라웁게도 예수 그리스도의 죽음과 부활이라는 그의 역사적 사건들에 근거한 메시지를 전달했다. 이것이 그가 그토록 강력한 말로서 전파할 수 있었던 이유이다. 그는 죽은 자들로부터 일어나신 살아계

---

31) *Op. cit.*, 335.
32) 고전 1 : 18―2 : 5.

신 그리스도를 선포하고 있었다. 실로 후에 그가 자신의 편지 가운데서 계속하여 설명한 것 그대로 "그리스도께서 만일 다시 살지 못하셨으면 우리의 전파하는 것($\kappa \eta \rho \nu \gamma \mu \alpha$)도 헛 것이요, 또 너희 믿음도 헛 것이다."[33]

수년동안 신학자들은 초대교회의 복음전도의 설교 가운데 항상 나타나는 고정된 케류그마가 있었는지 없었는지에 대하여 논쟁을 벌여 왔다. 어떤 이들은 사도들의 복음 가운데는 세 가지 기본적인 요점이 들어 있다고 하며, 다른 이들은 5개 또는 6개, 7개가 들어 있다고 한다. 마이클 그린(Michael Green)은 그의 훌륭한 책인 『초대교회에 있어서의 복음전도』(Evangelism in the Early Church)[34] 속에서 10페이지에 걸쳐 이 논쟁에 대한 내용의 이해에 도움이 되도록 요약해주고 있다. 아마 가장 정확한 결론은 다음과 같을 것이다.

> 모든 그리스도인들은 예수 그리스도가 인간을 향한 하나님의 마지막 말씀이시라는 것과 우리에게 하나님에 대한 것을 우리가 이해할 수 있는 말과 인간의 생활 속에서 그토록 많이 가져다 주신 분이시며, 죽으시고 또 다시 살아나심으로써 그의 주장과 성취하신 일들을 명백하게 입증하신 분이심을 확신하고 있었다. 이것들 모두가 그들이 공통적으로 믿고 있던 것들이었다. 그러나 이것을 표현하는 방식은 그들의 지적, 영적 배경과 그들에게서 듣는 이들이 지닌 지적, 영적 배경에 의하여 크게 좌우되곤 했다.[35]

아마도 사도들의 메시지가 가지는 근간을 요약하는 일에 있어서 부딪치는 난관은 말씀을 전파함에 있어서 사도들은 그리스도 자신께서 전파했던 것과도 마찬가지로 "우리는 예수 그리스도를 주로서 전파한다"[36]고 말하며 성경의 어휘들이나 복음의 공식들을 그다지 많이 말하고 있지 않음에서 기인될 것이다.

---

33) 고전 15 : 14.
34) Hodder & Stoughton, 60—70.
35) Op. cit., 63.

— 제 2 장 복음전도란 무엇인가? —

존 웨슬리(John Wesley)는 1739년 7월 17일에 쓴 그의 『져널』(*Journal*)에서 말하기를 "나는 뱃(Bath)으로 부터 브래드포드(Bradford)까지 5마일을 말을 타고 갔다. 어떤 사람들이 마을이 내려다 보이는 산 꼭대기에다 적당한 장소를 잡아 천막을 쳐 놓았다. 그래서 나는 거기서 약1,000여명의 사람들에게 지혜와 의로움과 성화(聖化)와 구속을 위하여 그리스도를 소개했다." 분명히 우리의 말과 교리들은 옳아야만 한다. 그러나 '말씀을 전하는 것'은 기본적으로 사람들에게 그리스도를 전하는 것이어야만 한다.

제임스 스튜워트(James Stewart)교수는 이 문제에 대하여 그의 책 속에서 진정한 설교의 생명력을 다음과 같이 파악하고 있다.

> 소설가이며 수필가인 어네스트 레이몬드(Ernest Raymond)는 그가 들었던 설교 가운데서 가장 인상적이었던 설교에 대해 이렇게 묘사했다. 그것은 그 자체에 있어서는 아주 평범한 것으로서 지적으로는 무시될 수 있으며 심미학적으로도 보잘 것 없는 것이었다. 그것의 구성은 헛점이 많았고 그것의 전달 역시 형편없었다. 그러나 그것이 미치는 효과는 어마어마한 것이었다……. "나는 그가 약 한 시간 가량 이야기 한 것으로 기억하는데 우리 중에 어느 누구도 움직이거나 말하는 이가 없어 그 저녁 내내 우리들 대부분은 매우 조용했었다고 생각한다…" 설교의 기교와 구조를 배우는 것과 하나님의 얼굴을 가리고 있는 장벽을 무너뜨리고 그 베일을 걷어 올릴 수 있는 설교를 한다는 것은 전혀 별개의 것이다.[37]

바로 그것이 복음전도자와 선포자들의 궁극적인 임무이다. 이 목적을 위하여 복음전도자는 그에게 맡겨진 메시지에 충성하여야 할 뿐만 아니라, 듣는 이들로 하여금 살아계신 하나님과 관계를 맺게 하여 그리스도를 영화롭게 하실 수 있는 유일한 분이신 성령께 의탁하여야만 한다.

---

36) 고후 4 : 5.
37) *Teach Yourself Preaching*, 88f.

제 3 장
복음전도와 말씀
(The Word in Evangelism)

□ 하나님의 말씀 □

'말씀'(The Word)이란 단어는 특정의 그리스도인들 사이에서 매우 귀에 익은 통용어(通用語)가 되었다. 예배가 끝난 뒤 그리스도인들은 설교자에게 "오늘 저녁 말씀은 참 좋았읍니다"라고 말하곤 한다. 그리스도인들은 어떤 사역자에 대해서 그의 성경적 건전성을 알아보고자 할 때 "그 사람은 '말씀'을 전파하나요?"라고 묻는다.
 어떻든 이 통용어가 성경적인 것만은 확실하다. 누가는 사도행전에서 초대교회의 복음전도사역(the evangelistic work of the church)을 서술할 때 '말씀'이란 단어를 50번 이상이나 사용하였다.[1] 제자들은 '하나님의 말씀을 담대히 전하게' 해달라고 기도한 결과로 성령충만함을 받아서 기도한 그대로 이루어지는 것을 체험하였다.[2] 예루살렘에서 핍박이 시작된 후 흩어진 자들은 "두루 돌아다니며 말씀을 전파하였다."[3] 바울과 바나바는 1차 전도여행 중에 구브로(Cyprus)의 살라미(Salamis)에 이르러 유대인의 회당에서 하나님

---
1) 대개는 로고스(logos)이지만 가끔 레마(rhema)를 쓰고 있다.
2) 행 4 : 29, 31; 11 : 19; 13 : 46; 14 : 25; 16 : 32을 참고하라.
3) 행 8 : 4.

— 제3장 복음전도와 말씀 —   51

의 말씀을 전파하였다.[4] 그 후 바울은 고린도에서 1년 6개월을 유하면서 하나님의 말씀을 가르쳤다.[5] 사도들도 복음전도의 사역이 중요함을 알았기 때문에 아무리 목회와 교회 살림에 대한 일이 가중되었어도, 공궤를 일삼느라고 '하나님의 말씀 전하는 일을 소홀히' 하지는 않았던 것이다. 그들의 임무는 기도와 '말씀의 사역'에 전무하는 것이었다.[6]

마찬가지로 안디옥에서도 복음에 대한 반응이 절정에 달할 무렵에, 온 성이 '하나님의 말씀을 들으려고' 모여들었고,[7] 사마리아인과 이방인들도 '하나님의 말씀을 받아들였으며,'[8] 특히 안디옥 사람들은 하나님이 주신 구원의 기쁜소식에 너무도 감격하여 '하나님의 말씀을 찬송하였다.'[9] 누가는 사도행전에서 '하나님의 말씀', '주의 말씀', '그의 은혜의 말씀', 또는 '말씀' 등 다양하게 묘사하고 있다.

더욱 흥미로운 것은 누가가 초대교회의 성공적인 복음전도사역을 묘사할 때에 '하나님의 말씀이 왕성하여,'[10] '하나님의 말씀이 흥왕하여 더하더라,'[11] '주의 말씀이 두루 퍼지니라,'[12] '주의 말씀이 힘이 있어 흥왕하여 세력을 얻으리라'[13] 등으로 말하였다는 점이다.

이것은 교회의 성장을 가리키는데 사용된 매우 독특한 표현 방식이었다. 칼빈도 그의 주석에서 사도행전 19장 20절을 인용하여 말할 때 "말씀이 흥왕하였다는 의미는 사람들의 수가 증가 하였다

---

4) 행 13 : 5; 17 : 13을 참고하라.
5) 행 18 : 11.
6) 행 6 : 2, 4, (T. E. V., R. S. V.).
7) 행 13 : 44; 13 : 7; 19 : 10을 참고하라.
8) 행 8 : 14; 11 : 1; 17 : 11.
9) 행 13 : 48.
10) 행 6 : 7.
11) 행 12 : 24.
12) 행 13 : 49.
13) 행 19 : 20.

는 것이며, 차라리 교회가 흥왕하였다는 표현을 빌리는 것이 좋겠다"고 하였다. 그러나 누가가 이 네 경우에 모두 '교회' 대신 '말씀'이라고 한데는 그럴만한 이유가 있으리라고 본다. 즉 예수님께서 성육신(成肉身)이 된 말씀이셨던 것 같이, 그리스도의 몸된 교회 역시 어떤 의미에서는 성육신이 된 말씀이라고 할 수 있겠다. 나중에 언급하겠지만 교회는 하나님과 세상 사이를 잇는 하나의 살아있는 교통 수단이다. 따라서 교회가 흥왕한 것을 '말씀이 흥왕하였다'고 말한데는 특별한 의미가 있는 것이다.

Ⅰ. 말씀이란 무엇인가?

성경 전체를 통하여 보면 하나님의 말씀은 항상 살아 있고 운동력이 있는 것으로 나타나 있다.

> 비와 눈이 하늘에서 내려서는 다시 그리로 가지 않고 토지를 적시어서 싹이 나게 하며 열매가 맺게 하여 파종하는 자에게 종자를 주며 먹는 자에게 양식을 줌과 같이 내 입에서 나가는 말도 헛되이 내게로 돌아오지 아니하고 나의 뜻을 이루며 나의 명하여 보낸 일에 형통하리라.[14]

신약성경도 동일하게 증거하고 있다. 바울은 데살로니가인들에게 전한 복음에 관하여 이렇게 말하였다. "우리 복음이 말로만 너희에게 이른 것이 아니라 오직 능력과 성령과 큰 확신으로 된 것이니, 너희가 우리에게 들은 바 하나님의 말씀을 받을 때에 사람의 말로 아니하고 하나님의 말씀으로 받음이니 진실로 그러하다. 이 말씀이 또한 너희 믿는 자 속에서 역사하느니라."[15] 베드로도 그의 독자(讀者)에게 그들이 하나님의 살아 있고 항상 있는 말씀을 통하여 거듭났다는 사실을 상기시켰다. 그리고 나서 이사야 40장을 인용하면

---
14) 사 55:10—11.
15) 살전 1:5; 2:13.

— 제3장 복음전도와 말씀 —

서 인생의 허무함과는 달리, 주의 말씀은 세세토록 있다는 것을 확신시켜 주었으며, "너희에게 전한 복음이 곧 이 말씀이라"고 하였다. [16]

히브리서 기자도 강조하기를 "하나님의 말씀은 살았고 운동력이 있어 좌우에 날선 어떤 검보다도 예리하여 혼과 영과 및 관절과 골수를 찔러 쪼개기까지 하며 또 마음의 생각과 뜻을 감찰하나니"하였다. [17] 이것은 대단히 흥미로운 사실인데 그것은 우리가 살아계신 하나님과 그의 말씀을 서로 분리시킬 수 없다는 것을 보여주기 때문이다. 말씀이 살아있고 운동력이 있는 이유는 하나님께서 살아계시고 운동력이 있기 때문이다. 말씀이 사람의 마음의 생각과 뜻을 감찰하는 것은 하나님께서 사람의 마음의 생각과 뜻을 감찰하시기 때문이다. 사실 '말씀'에 대하여 언급을 한 후, 그 다음 구절은 '지으신 것이 하나라도 그(him) 앞에서 나타나지 않음이 없고'로 시작되고 있다.

19세기, 하지(C. Hodge)와 워필드(B.B. Warfield)의 시대 이래로 '하나님의 말씀'과 '성경' 사이에는 상당한 일치가 있어 왔다. 사실상 이들은 동일한 것이다. 하나님께서 인간에게 자신을 계시하여 주실 때 성경이 가장 중요한 역할을 차지한다는 것은 의심할 여지가 없다. 하나님이 하신 말씀에 대한 최상의 객관적 권위(the supreme objective authority)를 부여받은 것이 바로 성경이다. 우리는 이 사실을 예수님의 가르침 가운데서 확실히 알 수 있다.

일반적으로 우리들이 믿고 행하는 것에 대한 권위의 출처에는 세 가지가 있는데, 그것은 성경과 이성(reason) 그리고 전통(tradition)이다. 그런데 예수님은 성경을 아셨고, 성경을 귀중히 여기셨으며, 성경을 성취하셨고, 성경대로 사셨으며, 성경을 가르치셨을 뿐만 아니라, 당시 이성을 따라 살았던 합리주의자들(rationalists)을 책망하셨다는 사실이다. "너희가 성경도 하나님의 능력도 알지 못하는 고

---

16) 벧전 1 : 23—5.
17) 히 4 : 12.

로 오해하였도다."[18] 또한 그 분은 그들의 전통으로 하나님의 말씀을 어기는 전통주의자들(traditionalists)을 견책하셨다. "너희가 하나님의 계명을 버리고 사람의 유전을 지키느니라. ……너희가 너희 유전을 지키려고 하나님의 계명을 잘 저버리는도다."[19] 따라서 이성과 전통은 하나님의 말씀인 성경의 절대적 권위 아래에 두어야 하는 것이다. 인간에 대한 하나님의 의사 소통 수단으로서의 성경(Scripture)의 중요성에 대해서는 의심의 여지가 없다.[20]

그럼에도 불구하고, 성경에 보면 '하나님의 말씀'(the word of God)이란 말이 성경말씀(Bible words)보다 훨씬 더 중요한 것처럼 나타나 있다.──비록 성경말씀이 하나님의 진리에 대한 실재적 기술(實在的記述)로서의 중요성을 갖고 있지만, 예를 들면 하늘과 땅이 하나님의 말씀에 의하여 창조되었다는[21] 기록이라든지 예수 그리스도 안에서 "말씀이 육신이 되어 우리 가운데 거하시며 은혜와 진리가 충만하였다"[22]는 기록, 그리고 예수님을 통하여 하나님이 우리에게 말씀하셨다는 사실이다.[23] 다윗은 시편 19편에서 하나님의 계시가 그의 말씀 뿐 아니라 피조물을 통해서도 나타난다고 말한다. 그는 피조물을 하나님의 말씀에 대한 소리없는 웅변이라고 말하면서 다음과 같이 생생하게 묘사하고 있다.

    하늘이 하나님의 영광을 선포하고(telling);
    궁창이 그 손으로 하신 일을 나타내는도다(proclaims);
    날은 날에게 말하고(speech),
    밤은 밤에게 지식을 전하니(declares);

---

18) 마 22 : 23—2, 3.
19) 막 7 : 5—13.
20) 성경의 권위에 대한 보다 깊은 논의를 위해서는 마이클 그린(M. Green)의 『성경의 권위』(*The Authority of Scripture*)(Falcon)를 참고하라.
21) 창 1장; 11 : 13.
22) 히 1 : 14.
23) 히 1 : 1—2.

— 제3장 복음전도와 말씀 —

언어가 없고,
들리는 소리도 없으나;
그 소리(voice)가 온 땅에 통하고,
그 말씀(words)이 세계 끝까지 이르리로다.

청각 대신에 시각을 통하여 우리에게 전달되는 하나님의 소리없는 말씀이야말로 텔리비젼, 잡지, 신문 등이 지배적인 오늘날의 시대에서 우리에게 절실히 필요한 것이라 하겠다. 성육신이 된 말씀을 선포하는데 있어서 창작 예술도 큰 역할을 담당한다. 드라마, 무용, 무언극(無言劇), 그림, 사진, 건축물, 무늬융단 등 이 모든 것들도 하나님의 영광을 말하고 그의 솜씨를 나타낼 수 있는 것이다. 때때로 하나님의 진리를 소리없이 전하는 것이 말로 전하는 것보다 훨씬 더 큰효과를 발휘할 수도 있다.

바울도 이 사실을 명백히 밝히면서 하나님께서는 기록된 말씀에 의한 특별 계시 없이도 모든 피조물과 사람의 양심을 통하여 자신을 이미 나타내셨다고 말하였다.[24] 하나님께서는 이 양심 속에 진리를 '나타내셨으며', '사람의 마음에다 하나님의 법을 기록하셨다'는 것이다.

이로 보건대 하나님의 말씀은 성경만을 가리키는 것이 아니라 인간에 대한 하나님 자신의 모든 의사 소통 수단인 것을 분명히 알수 있다. 하나님의 말씀에는 '여러 모양과 여러 방법'이 포함되며 하나님은 이 가운데서 '자신의 영원하신 능력과 신성', '은혜와 진리', '구원과 심판'을 계시하시는 것이다. 사실상 하나님은 생각하고 느끼고 말하고 행동하는 살아계신 하나님이시기 때문에 하나님의 형상으로 지음을 받아서 하나님 처럼 생각하고 느끼고 말하고 행동하는 살아있는 인간들과의 관계에서 하나님과 인간 사이에 이루어지는 의사소통은 필연적으로 복잡하고 다양하게 되는 것이다. 중요한 것은 자신을 인간에게 계시하는 분이 바로 하나님이시라는 것이다. 그리고 우리에게 지혜와 계시의 영을 주어서 자신을 알게

---
24) 롬 1 : 18—20; 2 : 14—16.

하신 분도 바로 하나님이시라는 것이다.[25]

하나님은 우리 인간과의 의사소통이 가능한 그러한 방법으로 말씀하시고 행하신다. 하나님이 없는 하나님의 말씀은 있을 수가 없다. 의문(儀文)은 죽이는 것이요 영(靈)은 살리는 것이다.[26] 따라서 성경 말씀이 살아 있고 운동력이 있는 하나님의 말씀이 되기 위해선 그 전제 조건으로서 성령의 역사가 필수적인 것이다.

기록된 하나님의 말씀의 중요성을 재발견한 개혁주의자들이 이 사실을 얼마나 분명히 이해하였는지를 알아보는 것도 흥미로운 일이다. 스트라스버어그 대학(the University of Strasbourg)의 신학부장이며 저명한 개혁주의 신학자인 프랑소와 벤델(François Wendel)은 칼빈의 성경해석에 관하여 다음과 같은 적절한 설명을 하였다.

> 성경 자체는 다른 역사적 문서와 마찬가지로 죽은 문자에 지나지 않는다. 우리가 성경 속에서 살아 있는 하나님의 말씀을 발견하고 이 말씀이 우리 각자에게 개인적으로 하신 말씀이라는 확신을 가질 수 있으려면 여기엔 반드시 성령의 개입을 필요로 한다. 성령은 성경의 기록을 이용하여 우리로 하여금 하나님의 말씀에 접하도록 도와주며 동시에 우리 안에서 역사하여 성경 속에서 하나님의 말씀을 발견하고 이것이 하나님으로부터 온 것임을 증거해 주는 역할을 한다. 칼빈은 그의 유명한 인용절(引用節)에서 모든 그리스도인의 영 안에서 진리에 대하여 또 성경의 진실성에 대하여 증거하는 성령의 활동을 이렇게 정의하였다. 사실 하나님 한분으로서도 그의 말씀을 통하여 자신이 충분히 증거돠지만 성령의 내적증거가 없으면 인간의 마음 속에서 그 말씀에 대한 신뢰를 갖지 못하게 될 것이다. 그러므로 선지자의 입을 통하여 말씀하신 동일한 성령이 우리 자신들의 마음 속에도 들어와 감동을 줌으로써 선지자들이 위로부터 받은 바 하나님의 말씀을 성실하게 전달하였다는 것을 우리 마음이 믿을 수 있어야 하는 것이다.[27]

---

25) 엡 1 : 17.
26) 고후 2 : 6.
27) 칼빈(Calvin), (Fontana) 156f.

바울이 '십자가에 달리신 그리스도'의 복음을 전파할 때에 지혜의 권하는 말로 하지 아니하고 다만 '성령의 나타남'과 능력으로 함으로써 듣는 자들의 믿음이 사람의 지혜에 있지 아니하고 다만 하나님의 능력에 있게 하려한 것도 바로 이 때문이었을 것이다.[28] 진실로 이와 같은 성령의 역사가 없었던들 아무리 성경을 진실히 증거하였다 하여도 하나님의 살아있는 말씀 그대로를 선포할 수는 없었으리라. 비록 사도행전에 나오는 전도 설교에 구약성경이 자연스럽게 인용되었으나(특히 유대인들에게 하나님의 말씀을 전파할 때) 거기에는 복음의 핵심과 더불어 듣는 자들에게 진정한 깨달음을 주는 직접적인 연관성(relevance)이 있었던 것이다.[29]

그러므로 '말씀의 전파'는 단지 성경 말씀에만 충실하는 것이 아니라(많은 깊이 있는 설교들은 오히려 그리스도인들을 깊이 잠들게 하고 있다), 성령의 활동을 통하여 듣는 자들에게 하나님의 말씀이 직접 전달되도록 하는 것이라 하겠다. 동일한 설교 내용이라 할지라도 성령의 역사가 있을 때, 상이(相異)한 경우에 처한 상이한 사람들 각자에게 개인적으로 하나님께서 하시는 말씀이 될 수 있는 것이다. 그러나 무엇보다도 인간에게 자신을 계시하시는 분은 바로 하나님 그 분이시라는 것을 알아야 할 것이다.

II. 초대교회를 향한 하나님의 말씀

우리는 사도행전 속에서 하나님과 인간 사이를 연결해 주는 놀랄 만큼 풍성한 전달 수단들을 보게된다. 그런데 이 전달 수단들은 극히 제한적인 강단으로부터 말씀을 선포하는 전도자들의 전통적인 모습을 만들어 내고 있는 것이다.

그러면 하나님의 말씀은 1세기의 복음전도에 있어서 어떻게 알려졌었던가?

---

28) 고전 2:4—5.
29) 고전 15:1—4에 있는 그 요약과 같은 것들.

□ 설교와 가르침 □

　우리는 '말씀'이 결코 성경에 국한된 것이 아니라는 것을 인정하는 동시에 성경적 진리의 음성을 통한 전파를 축소시키는 일은 어느 면에서도 없어야만 하겠다. 성령이 오순절에 제자들에게만 내려오심은 충분한 것이 되지 못했다. 왜냐하면 군중들도 그것 모두가 무엇에 관계된 것인지를 알아야만 했기 때문이다. 그러므로 베드로는 요엘의 예언을 간단하게 나마 소개하며 예수 그리스도를 전하면서 군중들로 회개하고 믿어 성령을 받도록 초청하였던 것이다. 앉은뱅이가 고침을 받는 것만으로는 그 역시 충분하지 않았으므로 여기서도 베드로는 그리스도를 전하고 사람들로 하여금 회개하고 믿을 것을 촉구하고 있다(행 3장). 4장 가운데서 우리는 전파된 메시지의 내용 가운데 얼마간을 보게 될 것이다. 그러나 이 시점에 있어서 세 가지 사실을 주시하여 보는 것이 가치 있을 것이다.

　첫째로 누가는 복음전도의 설교를 묘사하기 위하여 무수히 많은 단어들을 사용하고 있다는 점이다. 이것들 가운데 두 가지는 이미 앞에서 보았던 것으로서 그 사도들이 '복음을 전파했다'와 '그리스도를 선포했다.' 그들은 또한 '주의 말씀을 증거하였으며' '하나님의 말씀을 전했다' 그리고 이런 동사들 모두 속에는 그 진리를 들어야할 필요가 있고 또 알아야 할 필요가 있는 자들에게 왕의 권위를 지닌 메시지를 전달하는 일종의 고지(告知)의 사상이 담겨 있다.

　나는 가끔 복음전도 사역 가운데서 지나가는 말로 이렇게 말하곤 한다. "나는 당신이 이것에 대하여 동의하지 않거나 이것을 믿지 않는가고 묻지는 않겠다. 나는 단지 예수님께서 행하시고 또 말씀하셨던 바를 당신에게 고(告)하고 있을 뿐이다." 신약시대에 있어서와 마찬가지로 오늘날에도 그리스도교의 신앙이 가지는 기본적인 사실들과 증거들을 일반적으로 너무도 모르고 있다. 어떤 적합한 논의나 토론이 시작될 수 있기에 앞서 우리는 예수 그리스도의 복음을 먼저 선포할 필요가 있다.

이것과 관련하여 누가는 '가르치다'(디다스케인, $διδασκειν$)[30] 라 하는 동사를 자주 사용하고 있는데, 이 단어는 그 사도들이 가능한 때라면 언제든지 그들의 말에 귀를 기울이는 자들에게 '하나님의 뜻을 다' 교훈하면서 시간을 보내고 있었다는 것을 가리켜 보여준다. 그들은 '유익한 것은 무엇이든지' 빠뜨리지 않으려고 힘을 썼다. 실로 사도행전 20장 가운데서 바울은 그가 이것(휴포스텔레인, $ευποστελειν$)으로부터 '꺼림이 없었노라'는 것을 두번씩이나 말하고 있다. 이 말은 돛을 끌어내리는 것을 가리키는 말로서 뱃사람들의 세계에서 가끔 쓰여지는 말이었다. 사람을 두려워하는 가운데 종교 세계에서와 세속 세계 양쪽으로부터 모두다 인기없고 환영받지 못할 수도 있는 하나님의 전체적인 뜻가운데 어떤 국면에 대하여 돛을 끌어내리는 것이나 어떤 거리낌을 갖을 수 있다는 것은 아주 자연스러운 일이기도 하다. 그러나 강하게 불어오는 성령의 바람과 더불어 그 사도들은 하나님의 말씀을 가르치는 일에 충실함으로부터 돛을 끌어내리는 일을 단호히 거부했었다. 그것은 실로 유대의 지도자들이 "너희가 너희 교를 예루살렘에 가득하게 했다"[31] 라고 반항해올 정도로 강력했었다.

그들은 자주 그들의 청중들이 반응을 보이게끔 "권면하기도 했음이"[32] 분명하다. 그러나 그들은 실로 마음을 움직이는 것과 의지를 굽히는 것뿐만 아니라 진리로서 지성을 가르치는 것의 중요성을 잘 알고 있었다. 이것은 사도들이 복음에 대한 이성적인 이해에 호소했던 방법들 속에서 보다 잘 찾아볼 수가 있다. 사도들은 예수님이 그리스도라는 사실을 입증하고자 노력하면서 유대인과 더불어 성경

---

30) 행 4 : 2,8; 5 : 21,25, 2 8,42; 13 : 12; 15 : 35; 17 : 19; 18 : 11; 20 : 20; 28 : 31.
31) 행 5 : 28.
32) 행 2 : 40(예로 들자면).

을 가지고 자주 변론하였다. 때로는 이방인들과 더불어 예를 들면
"의와 절제와 장차 오는 심판"등에 대하여 논쟁하면서 '변론하곤'[33]
했었다. 그리고 사도들은 또한 변론하기도 하고[34] '굴복시키기도
하고',[35] '증명하기도 하고',[36] '유력하게 말을 이기기도'[37] 하였
었다.

　사도들은 이러한 모든 것들 속에서 항상 그들의 메시지가 지니는
중요성이나 긴급성에 대하여 깊이 인식하고 있었다. 하나님의 말씀
은 때로는 받아들여지거나 거절될 가능성을 모두 지니고 있었다.
그리고 이것 때문에 그들은 듣는 이들에게 구원과 심판을 동시에 가
져다 주곤 했었던 것이다.[38] 그러므로 그 사도들은 자신들이 하나
님의 말씀을 혼잡하게 하는 자들이 결코 아님을 밝히어 그들의 순
수성을 주장하면서 그들이 전파한 진리에 대하여 사람들을 권유하
는 것을 엄숙하고도 중대한 과업으로 심중에 생각하고 있었다.[39]

　둘째로 사도들이 그들의 복음 전도사역 속에서 지녔던 인내심이
나 완벽성을 주목해 보는 것은 매우 가치가 있다. 비록 그들은 그
들의 전도여행에 있어서 성읍에서 성읍으로 옮기며 전전했었으나
그들은 가능한 최고의 시간을 복음 전파와 가르치는 일과 변론과
권유하는 일로 소비했다. 예를 들어서 사도행전 14장 3절을 보면
바울과 바나바는 이고니온에서 "오래있어 주를 힘입어 담대히 말했
는데" 이는 "주께서 저희 손으로 표적과 기사를 행하게 하여 주사
자기 은혜의 말씀을 증거하심으로" 그들과 함께 하심을 명백히 보
여주셨기 때문인 것이다. 데살로니가에서 바울은 "세 안식일에 성

33) 행 17 : 2, 17; 18 : 4, 19; 19 : 8, 9; 24 : 25.
34) 행 9 : 29.
35) 행 9 : 22.
36) 행 9 : 22; 17 : 3.
37) 행 18 : 28.
38) 고후 2 : 15—17을 보라.
39) 행 17 : 4; 18 : 4; 19 : 8, 26; 28 : 23, 24.

— 제3장 복음전도와 말씀 —

경을 가지고 강론하며 뜻을 풀어 논쟁하였다."[40] 고린도에서 "우리들은 매 안식일 마다 회당에서 강론하였으며……그는 일년 육개월을 유하며 그들 가운데서 하나님의 말씀을 가르치니라."[41]

아마도 모든 것 가운데 가장 인상적인 것은 에베소에서의 일인데 그는 거기서 "회당에 들어가 석달 동안을 담대히 하나님 나라에 대하여 강론하며 권면하였으며", 게다가 "두란노 서원에서 날마다 강론하여 이같이 두 해 동안을 했었다."[42] 어떤 사본은 덧붙이기를 그는 이 일을 제 5시로부터 시작하여 10시까지 계속했다고 한다. 만일 이것이 옳은 것이라면 그 이후에 지금까지 2년 동안이나 한 곳에 머물러 하루의 시간을 하나님의 나라에 대하여 강론하며 보낸 전도자가 얼마나 있었는지 자못 의심스럽다. 그러므로 에베소에서 '하나님이 바울의 손으로 희한한 능을 행하게 하시었으며', 그곳에서 마술에 관한 값비싼 서적들을 소각하는 커다란 불길이 일어났었던 사건과 주의 말씀이 힘이 있어 흥왕하여 세력을 얻었던 것은 전혀 놀랄만한 일이 아니었다. 더 나아가서 바울이 로마에 있어 체포된 상태이였으나 사람을 자유롭게 만날 수 있는 감옥생활을 하고 있을 때에도, '많은 수'의 유대인 지도자들이 그에게로 나아오자, "아침부터 저녁까지 강론하여 하나님 나라를 증거하고 모세의 율법과 선지자의 말을 가지고 예수의 일로 권하였다." 그 후에도 "그는 온 이태를 자기 세집에 유하며 자기에게 오는 사람을 다 영접하고 담대히 하나님 나라를 전파하며 주 예수 그리스도께 관한 것을 가르치되 금하는 사람이 아무도 없었다."[43]

세째로 복음전도의 기회가 거의 대부분의 경우에 있어 가장 전파하기 좋을 것 같이 보이는 장소에서 말살되고 있었다는 사실을 보게 되는 것은 매우 놀라운 일이다. 사도들은 대개 아주 자주 성

---
40) 행 17 : 3.
41) 행 18 : 4, 11.
42) 행 19 : 8—10.
43) 행 28 : 23, 30—31.

전[44])에서와 회당[45])에서 하나님의 말씀을 전파하곤 했다. 물론 그들은 그곳에서 특별히 적어도 하나님은 믿노라고 공언하고 성경에 나오는 어떤 것들에 대해서는 잘 알고 있는 사람들을 발견할 수 있었을 것임에 분명하다. 그리고 오늘날 교회는 너무나도 자주 그것이 그것에서부터 고기를 잡아올리는 배가 되기 보다는 오히려 거기서 고기를 낚아야 할 연못이 되고 있다는 사실을 기억하는 것이 필요하다. 그러나 가정을 이용하는 것이 자주 언급되고 있으며,[46]) 이것이 여전히 복음전도를 위한 모든 환경들 가운데서 최선의 가운데 하나라는 사실에는 의심의 여지가 없다.

나는 가정에서 5명부터 150명 정도까지 그리고 대개는 20명에서 40명까지 모이는 모임의 가치를 매우 자주 보아왔다. 여기에는 서로 말대답을 주고 받기와 토론, 논의, 토의와 거기에 출석한 다른 그리스도인들로 부터의 자발적인 '간증'등의 순서와 더불어 그리스도의 복음을 전파할 수 있는 좋은 기회를 제공하는 진정한 교제의 이상적인 형식이 있는 것이다. 그것은 실로 교회당 건물 속에서는 방어적인 자세를 갖고 불편함을 느낄 수 있는 어떤 이들을 위해서는 편안한 환경이 된다. 그것은 많은 개인적인 의심들과 어려움들이 토로 될 수 있고 또 아마 해소도 될 수 있는 장소이며 시간이 될 것이다.

이 책의 본 페이지를 쓰기 몇 주일 전에 있었던 그와 같은 모임에서 한 사람의 훌륭한 남자가 그리스도를 믿는 믿음을 찾게 되었다. 그는 그 일을 부분적으로는 거기에 참석했던 몇명의 그리스도인 친구들과 개인적으로 담화하는 가운데 할 수 있었던 것이다. 또 다른 불가지론자(不可知論者) 한 사람은 열을 뿜으면서 그 당시 신나게 논쟁을 벌였던 사람이었는데 그는 이제는 자신을 하나님께 위탁하기 직전까지 와 있노라고 말하기에 이르렀다. 가정은 복음전도를 위한

---

44) 행 3 : 11ff. ; 5 : 21, 42 ; 21 : 40.
45) 9 : 20 ; 13 : 4, 14 ; 14 : 1 ; 17 : 2, 10, 17 ; 18 : 4, 19, 26.
46) 행 5 : 42 ; 10 : 23ff. ; 16 : 32 ; 18 : 7, 11 ; 28 : 23, 30f.

— 제3장 복음전도와 말씀 —

놀라운 밭이다. 이것에 대한 비젼을 갖은 그리스도인들은 오늘날 하나님의 나라를 위한 막대한 기여를 하게 된다.

그럼에도 불구하고 최초의 제자들은 그들이 개인적으로 어떠한 위험에 처하게 되든지간에 그리스도를 전할 수만 있다면 어떠한 기회도 놓치지 않았다는 것을 보게 될 때 무한한 도전을 받게된다. 그들은 유대인의 산헤드린 공의회의 막강한 조직 앞에서나,[47] 유명한 아레오바고의 계단에서나,[48] 총독 서기오 바울의 로마법정 앞에서나,[49] 유다의 통치자 총독 벨릭스의 치하에서나,[50] 심지어는 아그립바왕과 버니게가 임석한 가운데 베스도의 앞에서도,[51] 그리고 이디오피아의 국고를 맡은 내시의 수레 속에서도,[52] 옥중에서도 마찬가지로,[53] 또 두란노 서원의 공개적인 강론의 교실에서도,[54] 아덴의 시장에서도[55] 그러했었다.

사도들은 비록 가끔 그들이 그와 같은 초청을 유도하기 위한 분명한 발걸음을 떼어 놓기도 했다. 대개의 경우에 있어서 초청에의 응답으로서 말하곤 했었다는 사실을 주목하는 것도 매우 가치가 있는 일이다. 그들은 또한 성읍과 마을들에서 이야기 하곤 했으며, 그들은 조그마한 가정모임 뿐만 아니라 "온 성이 거의 다 하나님의 말씀을 듣고자 하여 모이는"[56] 대규모 군중의 집회의 기회들도 환영했던 것처럼 보인다. 오늘날의 복음 전도운동의 성격을 결정지을 정도로 어떤 주의깊은 방법이나 전략을 추적한다는 것은 불가능하다. 오히려 성령께서 움직이시는 대로 그리고 하나님께서 열어 주

---

47) 행 4 : 5—12; 6 : 12.
48) 행 17 : 19.
49) 행 13 : 7.
50) 행 24 : 10.
51) 행 26 : 1ff.
52) 행 8 : 29ff.
53) 행 16 : 13; 28 : 23, 30.
54) 행 19 : 9.
55) 행 17 : 17.
56) 행 13 : 44.

─ 복음전도 ─

시는 대로, 그 사도들은 그리스도의 복음을 전파하고 가르칠 수 있을 모든 기회를 포착하여 이용했던 것이다. 이것이 하나님의 세계에 하나님의 말씀이 알려졌던 최초의 방법이자 가장 뛰어난 방법이었다. 그러나 그것은 단지 방법에 불과한 그런 것은 아니였었다.

□ 사랑으로 뭉쳐진 교회 □

물론 하나님의 계시 가운데 최고의 계시는 '말씀이 육신이 되신' 예수님 안에서 발견된다. 그러나 비록 예수님께서는 하나님과 완전한 하나이심에 의하여 살아 계신 하나님께 대한 깊고도 심원한 경험을 가지셨으나 그는 전혀 초연한 신비론자(神秘論者)는 아니셨다.

실로 예수님을 그토록 따랐던 사람들은 특히 노동자요 압박을 받는 자며 극히 평범한 사람들이었다. 이들은 사실상 그 시대에 이미 정립되어 있던 형식적인 종교에 대해서는 별로 시간을 바치지 않았던 사람들이었다(2천년 동안 변한 것이 별로 없으니 이 얼마나 놀라운 일인가!). 왜냐하면 그 기성종교는 그들에 대하여 실질적인 관심을 별로 기울이지 않았기 때문이었다. 그러나 예수님께서 가난한 자에게 복음을 전하고 억눌린 자들을 해방시키기 위하여서 오셨을 때 그 일은 실제로 완성되었다. 그의 전반적인 생활양식과 그의 가르침이 가지는 단순성 그가 가지신 탁월한 자비심 그의 진실하심과 성실하심 등이 모든 것이 거리의 사람들에게 가장 설득력 있게 전달되었던 것이다. 육신이 되신 말씀은 너무도 강력하여 만일 당신이 그것을 받아들이지 않았다면 당신은 그것을 파괴할 길을 모색할 수 있을 뿐이다. 더 나아가서 거기에는 성경적인 단어들에 대하여 원래는 관심이 적을 수 없었던 세계가 살아계신 하나님을 분명하게 바라볼 수 있게 되기에 앞서서 그 말씀이 항상 육신이 되어야만 한다는 의미가 있다.

"주여 아버지를 우리에게 보여 주옵소서 그리하면 족하겠나이다."

— 제3장 복음전도와 말씀 —

이 말은 여전히 현대의 불가지론자들의 함성이기도 하다. 즉 "우리는 예수를 눈으로 보기를 원한다." 이 질문은 사람들이 어떻게 하나님을 볼 수 있을까 하는 것이다.

신약 속에는 모두가 "본래 하나님을 본 사람이 없으되"라는 말로 시작하는 두개의 해설적인 구절이 있다. 물론 그 말은 진실이다. 왜냐하면 하나님은 접근할 수 없는 빛 속에 거하시므로 죄인된 인간 가운데 누구도 하나님을 보고 살자가 없다. 요한복음 1장 18절이 그 첫번째 구절인데 그것은 이렇게 말한다. "본래 하나님을 본 사람이 없으되 아버지 품속에 있는 독생하신 하나님이 나타내셨느니라." 하나님께서는 2천년 전에 그 자신을 그의 아들의 인격 속에 계시하셨었다. 또 다른 참고 구절은 요한 1서 4장 12절로서 그것은 이렇게 말하고 있다. "어느 때나 하나님을 본 사람이 없으되 만일 우리가 서로 사랑하면 하나님이 우리 안에 거하신다."

하나님께서는 이와 같이 오늘날 우리가 서로를 사랑할 때 그리스도의 몸인 교회를 통하여 그 자신을 계시하신다. 오늘날에 있어서 이것보다 강력한 것은 아무 것도 없다. 우리의 생활 양식과 서로서로간에 가지는 관계가 예수님의 실체와 아름다움을 반영할 때 이것은 많은 대부분의 사람들에게 특히 기성에 환멸을 느끼고 있는 사람들에게 세계에 있는 모든 웅변적인 설교 보다 더욱 효력있게 전달될 것이다.

실로 바울에게 있어서 '그리스도의 몸'(소마, $\sigma\hat{\omega}\mu\alpha$)은 내적인 관계에 대한 도식적인 비유를 훨씬 넘어서는 것이었다. "바울에게 있어서 소마는 사람들이 그 안에서 이 세상 속에 살고 있는 기본적인 구체적인 몸을 말한다. 그러므로 그것은 하나의 다른 사람을 만날 수 있는 기회이다. 그리하여 바울에게 있어서 그리스도의 몸은 첫째로 남을 위하여 주어진 몸이다."[57] 다른 말로 해서 그리스도께서 오늘날 자기자신을 세상에 나타내심은 바로 그의 몸인 교회를

---

57) 행 G. Kittel, 『신약신학사전』(*Theological Dictionary of the New Testament*), (Eerdmans) Vol. 7, 1073f.

통하여 하고 계신다는 것이다. 부분적으로는 이것이 적어도 세계가 보아야 할 필요가 있는 그리스도의 부활에 대한 증거이다.

신약교회에 있어서 이것은 더 없이 확실한 진실이었다. 교회가 지닌 따뜻함과 생명력을 바라보라. 그 뒤에 이어서 바로 오순절 성령의 강림이 임하고 있지 아니한가! 여기서 그들은 예배를 드리고 있었으며, 공부하고, 함께 기도하였다. 그들의 소유를 팔아 필요한 자들에게 나누어 주며, 각기 다른 사람의 집에 정기적으로 심방을 했고 그들의 식사에 참여하여 같이 먹곤 했었다. "주께서 구원받는 사람을 날마다 더하게 하시니라"[58]는 것에 대해 조금도 놀랄 필요가 없다.

어떤 여인 하나가 요크(York)에 있는 우리 교회에서 평범한 저녁 예배 참석한 이후 얼마되지 않아 내게 편지를 보내 왔던 적이 있었다. 그 편지는 이렇게 쓰여 있었다. "가장 놀라웠던 일 가운데 하나는 회중들의 얼굴을 둘러보는 일이었읍니다. 그들은 매우 안락하고 매우 열중하고 매우 개방되고 기쁨으로 가득차 있었읍니다. 그리고 물론 이것 모두가 가장 믿을 수 없는 그러나 거의 만져질 수 있을 정도의 분위기를 만들어 내는 것이었읍니다. ……그것은 내게 그토록 많은 것들을 확고하게 만들어주는 것 같이 보였읍니다. 만일 내가 당신의 예배에 앞서 어떤 의심을 품고 있었더라면 그것이 보여주는 모든 것들은 나로 하여금 그리스도의 실체에 대하여 확정적인 단안을 내릴 수 있도록 했을 것임에 틀림없었을 것입니다."

그리고 그녀는 한 유명한 설교가가 행했던 설교에 대하여 다정하게 이야기를 계속했다. 그러나 이 여인에게 그리스도를 전달했던 것은 바로 전체적인 예배와 회중들 자신이었다. 그러므로 지역교회(地域敎會)들은 수시로 그리스도의 몸의 내부의 관계를 강화하는 일에 주력할 필요가 있다. 이것은 복음전도를 위해 사용되는 최상의 시간선용이 될 것이지 결코 시간의 허비는 아닐 것이다. 오히려 그

---

58) 행 2 : 42—47.

— 제 3 장 복음전도와 말씀 —

것은 교회 속에서 교회로부터 선포되는 하나님의 말씀이 가지는 능력을 엄청나게 증강시킬 것이다.

이와 같이 점차로 더욱더 싸늘해져가고 쓸쓸해져가는 세계 속에서, 사람들이 첫째로 그리고 가장 바라며 필요로 하는 것은 바로 따스함이다. 즉 그것은 사랑과 기쁘게 받아들여 줌과 즐거움이 주는 따스함이다. 그들이 하나님의 말씀에 귀를 기울이려고 하기에 앞서 그들은 하나님의 임재하심을 느껴야 할 필요가 있다. 교회는 무엇보다도 예수 그리스도를 나타내는 하나의 사랑으로 가득차고 서로 돌보아주며 기쁨으로 환영하는 친교를 이루어야 할 필요가 있다.

공산주의자들 가운데서 극도로 열심히 일했던 어떤 사람이 말하기를 그리스도를 위하여 구원을 받은 사람들은 그들의 회심을 항상 하나님의 백성들의 생활 속에 나타나는 하나님의 사랑에 돌리고 있는데 그것은 좀처럼 논파 될 수 없는 것이라고 한적이 있다. 그런데 오늘날에 있어서 다른 사람들이 필요로 하는 기쁘게 받아들여줌과 즐거움을 반사시키고 있는 것은 교회가 아니라, 술집과 노동자들의 클럽과 빙고(Bingo)게임장인 경우가 너무도 많다. 브루스 라르슨(Bruce Larson)이 한번은 다음과 같이 말한 적이 있다.

> 이웃에 위치해 있는 술집은 아마도 그리스도께서 그의 교회가 베풀기를 원하시는 친교를 가장 잘 본뜬 가짜일 것이다. 그것은 은혜 대신에 주류를 베풀고 실제보다는 도피를 제공하는 초청장이다. 그러나 그것은 관용적이며 즐겨 받아들이며 포괄적인 친교인 것이다. 그것은 너무도 확고하다. 또 그것은 민주적이기도 하다. 당신은 사람들에게 비밀을 털어 놓을 수도 있으나 그들은 대개 다른 사람들과는 말하지 않으며 심지어는 말하고자 하지도 않는다. 술집은 대부분의 사람들이 알콜 중독자이기 때문에 번성하는 것이 아니다. 하나님께서 인간의 마음 속에 남을 알고 또 자기가 알려지고자 하는 욕구와 사랑하고 또 사랑 받고자 하는 욕구를 심으셨기 때문이며, 그래서 많은 사람들이 몇병의 맥주값으로 가짜나마 사보고자 애쓰기 때문에 번성하고 있다. 그

리스도께서는 그의 교회가 확고부동하며, 민주적이며 관용적이어서 사람들이 거기에 들어와서는 '나는 정말 놀랬읍니다.' '또는 나는 그것을 느꼈읍니다'라고 말할 수 있는 친교를 갖는 곳이 되기를 원하고 계신다. 무수한 무명의 알콜중독자들은 이러한 자격을 가지고 있다. 그러나 우리 교회들이 그것을 너무도 자주 놓치고 있다.[59]

여기서 복음전도를 위한 대주교 회의(Archbishop's Council for Evangelism)의 보고서는 다시 한번 현대언어와 새로운 예배 형식들이 결코 대중들을 교회 안으로 끌어들이지 않을 것이라는 점을 강조하고 있다. 그러나 중요한 것은 만일의 경우 외인(外人)이 교회에 들어 왔을 때, 그가 거기서 사랑으로 가득차고 서로를 돌보아 주는 사회를 발견케 되며 하나님과 더불은 사랑 속에 거하는 것이 분명하고 참된 예배를 드리고 있는 사람을 보게 되는 일이다. 오늘날은 실체를 찾아 배고픔에 허덕이는 굶주림으로 가득차 있다.

그리고 뭐라고 잘라 말할 수는 없지만 확고부동하며 동시에 복음전도에 있어서 매우 중요한 역할을 하는 것은 바로 사랑과 예배의 실체인 것이다. 사랑으로 가득찬 그리스도인의 사회와 확대 가족들의 중요성은 특히 거의 모든 차원에서의 관계들이 한꺼번에 비극적으로 파괴되어 가는 것을 보고 있는 이 세대 속에서는 아무리 강조해도 지나치지 않는다. 이것에 대해서는 앞으로 더욱 상세하게 생각할 것이다.

□ 표적과 기사 □

이것이 신약시대에 있어서 하나님의 말씀을 전파하는 순수한 한 부분이었다는 것은 의심할 나위가 없다. 이방의 물질주의 이성주의(理性主義) 신비주의 등의 혼합물이 너무도 많이 있었기 때문에 사람들은 그리스도의 능력을 입증해야 할 필요가 있었다. 이것이 그

---

59) Larson, *Dare to Live Now!*, 110, John Stott의 *On People*에서 인용(Falcon, 1969), 70.

— 제3장 복음전도와 말씀 — 69

리스도의 인격적인 도전을 회피하기 위한 교묘한 회피책 이외에 아무 것도 아닌 경우가 너무도 많은 것을 잘 알고 있는 바울은 비록 표적에 대한 이와 같은 요구에 대하여 세심한 주의를 기울였었으나,[60] 그는 자기의 복음전도사역에 있어서 표적과 기사가 가지는 가치를 여전히 잘 알고 있었다.[61]

사도행전의 거의 모든 장들은 방언, 병고침, 예언, 환상, 심판, 귀신을 쫓아냄, 이적 등을 기록하고 있다. 이 모든 것들은 사람들로 하여금 살아계신 하나님 안에 살아있는 믿음에로 들어오게끔 도와 주는 능력있는 수단들이었다. 왜 그토록 많은 무리들이 오순절에 제자들의 주위에 모여들었던가? 그것은 "그들이 각각 자기의 방언으로 하나님의 놀라운 일들에 대하여 들었기"때문이었다. 그 일이 있었던 직후에는 왜 2천명이 회심하는 역사가 일어났던가? 부분적으로 사도들로 인하여 기사와 표적이 많이 나타났기 때문이었다. 그러한 기사와 표적 가운데는 날때부터 앉은뱅이였다가 성전에서 "걷기도 하고 뛰기도 하며 하나님을 찬미했던", 그래서 모든 사람들이 "심히 기이히 여기며 놀랐던" 바로 그 앉은뱅이의 고침이 포함되어 있다.[62]

필립스(J.B. Phillips)는 그의 사도행전 석의(釋義)의 서문에서 다음과 같이 말하고 있다.

> 이 사람들은 '믿음의 행위들'을 만들었던 것이 아니었고, 그들은 진실로 믿었었다. 그들은 단지 '그들의 기도를 말했던 것이' 아니라 진실로 기도했었다. 그들은 정신 신체의학에 대한 대회를 열었던 것이 아니라, 단지 병든 자들을 고쳤을 뿐이었다. …어느 누구도 순전한 인간들 옆에 거기서 일하셨던 어떤 분이 있었다는 것을 확신함이 없이는 이 책을 읽을 수가 없다. 아마도 그들이 가진 극단적인 단순성 때문에 그리고 아마도 그들이 보여주는 바 믿고 순종하고, 주고, 고통을 당하고 싶

---
60) 고전 1 : 22f.
61) 롬 15 : 18f. 참고하라.
62) 행 2 : 43; 3 : 1—10.

지어는 필요하다면 죽을 각오조차 되어 있는 그 준비 자세로 인해서 하나님의 성령께서는 그가 언제나 찾고 계셨던 그토록 사랑과 믿음 안에서 남녀들이 이루고 있는 친교를 발견하셨을 것이다. 그래서 그는 그들 속에서 그리고 그들과 더불어 최소한의 장애와 방해를 받으며 일하실 수 있었던 것이다.

실로 "믿고 주께로 나오는 자가 더 많으니 남녀의 큰 무리더라"[64]는 사건이 일어났던 것은 하나님의 성령께서 그와 같이 활발하고도 능력있는 증거를 나타내 보여주셨기 때문이었다. 오늘날 기후는 초대교회가 직면했던 그것과 아주 놀랄만큼 흡사하다. 우리가 기술혁명에 의해서 기인된 당혹할 문제들을 많이 가지고 있는 것은 사실이다. 그러나 무관심 물질주의 모든 것을 용인하는 사회, 신비주의와 마술의 현혹, 의미와 중요성에 대한 추구와, 자유와 용서, 희망에 대한 갈구 등등 이 모든 상황은 매우 흡사하다. 그러므로 하나님의 말씀을 전달하기 위해 비슷한 수단을 사용한다는 것은 아주 적절한 방법이 될 것이다.

불신자였으며 그리스도교의 믿음에 대하여 전부터 들어왔으나 계속 배척해 왔던 한 학생이 우리 교회에서 있었던 성만찬의 저녁예배에 참석했던 적이 있었다. 그 때 아마도 약 600여명의 그리스도인들이 참석했었을 것이다. 그녀는 그녀의 친구가 그곳에 참석하라고 권유했을 때까지도 그것이 성만찬 예배인줄 몰랐었다. 예배에 당황하여 그 예배가 반쯤 진행되었을 무렵에 그녀가 그 자리를 빠져나간 것은 이해할만 했다. 그러나 그녀는 자기의 목도리를 그곳에 두고 떠났던 것이다. 그녀는 잠시 후에 다시 돌아와서 앞줄 좌석에 있는 자기의 목도리를 가져가려고 했다. 그러나 그녀가 돌아온 때는 떡과 포도주의 순서가 다 끝난 무렵이었다.

바로 그 때에 우리 회중 가운데는 두 명의 그리스도인을 통해 하

---

63) *The Young Church in Action*(Bles).
64) 행 5 : 12—14.

— 제3장 복음전도와 말씀 —

나님의 성령께서 주신바 두가지 감동된 말씀 즉 두 개의 예언이 있었다. 비록 나는 개인적으로 그 소녀를 만난 일이 결코 없었었다. 그 소녀 역시 우리 교회 안에서는 전혀 알려진 일이 없는 소녀였지만 그녀는 며칠 후에 이렇게 편지에 적어왔다. "나는 두번째 예언 속에서 바로 저의 실제적인 생각을 들었읍니다. 그런데 저는 이전에 그런 말을 전혀 들은 적이 없었읍니다. 저는 하나님께서 실제로 제게 말씀하시는 소리를 들었읍니다. 그것도 수백명의 다른 사람들과 함께 교회 안에서 말이예요. 그런데도 저는 전에 자주 그렇게 했던 것처럼 뛰어서 도망가지 않았읍니다. 저는 거기서 하나님의 임재하심을 느꼈고 또 경험했읍니다. 그것은 뭔가 두렵기도 했지만 정말 놀라운 것이었읍니다". 그 소녀는 거기서 바로 그 시간에 그녀의 일생을 예수 그리스도께 굴복시켰다. 이것이야말로 바울의 다음과 같은 말에 대한 거의 완벽한 실증이 아니겠는가? "그러나 다 예언을 하면 믿지 아니하는 자들이나 무식한 자들이 들어와서… 그 마음의 숨은 일이 드러나게 되므로 엎드리어 하나님께 경배하며 하나님이 참으로 너희 가운데 계시다 전파하리라."[65]

병고침 역시 그것에 의해서 하나님께서 그의 사랑과 복음의 진리를 전달하시기 위하여 개인으로 더불어 능력있게 말씀하시는 수단의 한 가지가 될 수 있다. 나는 2년간이나 뇌의 손상으로 인해 고통을 당했던 전직프로 권투선수 한사람을 만난적이 있었다. 그것은 그에게 이미 부분적인 마비증상까지 가져오고 있었다. 그러나 어느 날 그 불쌍한 남자가 어떤 물건을 잡으려고 진기한 낡은 가죽 성경을 쩔쩔매며 옮기려고 노력하고 있다. 그때 하나님은 그의 주권 가운데서 그에게 그 책의 하나님을 믿는 선물을 갑자기 주시었다. 그는 그 즉시 나음을 입었다. 이틀 후에 나는 그와 더불어 악수를 했는데 그는 황소 같이 강건해졌던 것이다. 물론 그는 성경을 창세기 1장으로부터 시작하여 읽기 시작했다. 그가 예수 그리스도에 대한 개인적인 믿음에 들어오기 까지는 별로 오래 걸리지 않았다.

---

65) 고전 14 : 24f.

이 놀라운 병고침의 이적은 그의 마음이 복음을 받아들일 수 있도록 준비시켜 주었다. 하나님께서 그에게 말씀하셨던 것이다.

□ 기도와 찬양 □

우리는 쓰여진 말씀이 살아움직이며 활동하기에 앞서 성령의 절대적 필요성을 이미 앞에서 보았다. 그러므로 초대교회에 있어서 하나님의 말씀을 전달하는 가운데 기도와 찬양이 나타나서 뛰어나 보임에 대하여 전혀 놀랄 필요가 없다. 제자들은 하나님의 성령의 능력이 없이는 그리스도를 효과적으로 증거하는 일을 시작할 수 없었다는 것을 잘 알고 있었다.

그들은 필수적인 동기만 결여하고 있었던 것이 아니라, '오로지 말씀 안에서만' 되어질 그들의 설교도 결여되었던 것이다. 그러므로 그들이 자기들 위에 임하실 성령을 기다리고 있었던 동안에 "마음을 같이하여 전혀 기도에 힘썼던"[66] 것은 이해할 만하다. 그러나 오순절이 임하자 먼저 시작한 일은 전도가 아니라 찬양하는 일이었다. 방언의 은사에 놀란 어떤 무리들에 의해서와 또 부분적으로는 자발적인 찬양과 실체에 대한 의아심으로부터 수많은 질문이 군중에게서 터져나왔다.

찬양은 대상을 필요로 하는 타동사이다. 우리는 어떤이를 찬양하거나 뭔가를 찬양한다. 그러므로 그리스도인들이 찬양으로 가득찼을 때 세상은 무엇에 대해서 그리도 즐거우냐, 무슨 일이 일어났느냐, 무엇이 또는 누가 그와 같은 즐거움을 당신들에게 주었느냐 등등을 물어오게 될 것이다. 나는 여러번 복음전도와 관련하여 찬양의 능력을 보아왔다. 찬양의 축제들, '예수 축제'(Jesus Festivals), '함께 모여'(Come together)의 공연 등과 기타의 비슷한 모임들 가운데는 항상 회심하는 일이 일어나곤 하는데 그 중 어떤 때는 깜짝 놀랄만한 뛰어난 일이 일어나기도 한다. 하나님께서는 그의 백성들

---

66) 행 1 : 14.

— 제 3 장 복음전도와 말씀 —

의 찬양을 통하여 그 자신을 보여주셨다. 그것은 항상 그것과 같았다. 하나님의 백성들이 그들의 악기들을 연주하면서 그들의 목소리를 높여서 "주 여호와를 찬양할 때,"우리는 구약 가운데서 "구름이 여호와의 전에 가득하매 제사장이 그 구름으로 인하여 능히 서서 섬기기 못하였으니 이는 여호와의 영광이 여호와의 전에 가득함이 였더라"[67]는 말을 여러번 읽게된다.

나는 자주 이것에 접근하는 어떤 일을 보곤했다. 하나님께서는 예배와 찬양에 대하여 직접으로 응답하시는 가운데 그의 영광을 나타내시며 또 능력으로 더불어 말씀하시곤 했다. 여러개의 비슷한 경우 가운데 하나로서 성만찬을 집행하던 영국 성공회의 한 교회에서 활달하고도 자발적인 찬양을 드리고 있던 중에 나는 하나님께서 그의 성령의 능력과 더불어 새로이 우리 위에 임하심을 느낄 수 있었다.

수년 동안이나 다시 타락했던 것이 분명했던 그리스도인 한 사람이 그때 주님께로 다시 돌아와 주님의 성령으로 충만함을 받았다. 그저 순전히 형식적으로 신앙생활을 영위하며 그의 곁에 앉아서 무릎을 꿇고 성찬식에 참석했던 그의 아내도 놀라웁게 회심하여 성령의 충만함을 받았다. 나는 매우 고도의 지성을 가진 학생들과 세상에서 그토록 무뚝뚝하기 그지 없었던 사람들이 눈물을 흘릴 정도로 녹아져서 찬양의 능력을 통하여, 심지어 어떤 때는 전혀 설교를 하지 않았던 때에도 찬양만을 통해서 그리스도께 나아오는 것을 종종 보아 왔다. 그리고 하나님의 영광의 생생한 비견으로 불타고 있는 그리스도인들 조차도 그리스도께 대한 즐겁고도 자발적인 증거에로 터져나오곤 하는 것이다.

물론 이 모든 것들은 우리가 사도행전 속에서 발견하게 되는 것들이다. 3천명이 그리스도께 응답한 후에, 그들은 기도하기를 전혀 힘쓰고 있었다. 그리고 그들은 그들이 성전에 있을 때나 집에 있을 때 하나님을 찬미하며 섬겼다. 그들이 하나님을 찬양하기를

---

67) 고후 5 : 13f.

― 복음전도 ―

계속 했을 때, 주께서 구원받는 사람을 날마다 더 하게 하셨던 것이다.

사도행전 4장에서 핍박의 위협은 그들로 하여금 더욱 더 찬양하고 기도하게끔 이끌었다. 그들은 '대주재 주님'을 믿는 믿음을 더욱 새롭게 하였다. 그들은 심지어 왕들과 지배자들 까지도 다스리시는 그의 지상적(至上的) 통치를 인하여 찬양을 돌렸다. 그러자 그 결과로서 그들은 다 성령이 충만하여 담대히 하나님의 말씀을 전하게 되었던 것이다.[68]

후에는 안디옥교회에서 선지자들과 선생들이 주를 섬겨 금식하고 있었을 때 그들은 교회에 주어진 다음의 복음전도 공격을 위한 생생한 지시를 성령으로 받게 되었다.[69]

오늘날 우리 가운데 몇명이나 하나님의 인도하심을 받기 위해서 예배가 갖는 중요성을 인식하고 있는지 모르겠다. 우리가 생각하기에 교회의 활동을 계획하기 위해 복음 전도를 하기 위한 소위원회를 구성하는 것이 얼마나 훨씬 쉽겠는가! 그리고 우리는 아마도 그것이 자주 전체가 끝장이 날 무렵에는 얼마나 실망하며 이렇게 말해왔던가? "자 어쨌든 그것도 그리스도인들에게는 하나의 축복이 아니겠어!"

□ 많은 기도와 더불은 조직 재편성 □

하나님의 성령은 역사하시는 성령이시다. 그는 결코 우리로 하여금 과거에 있어서는 의심할 나위 없이 큰 축복이었었지만 지금은 그렇지 못한 모임들과 형식 속에서 정체되거나 화석화 되는 것을 허용하시지 않는다. 사도행전 전체에 걸쳐 하나님께서는 분명히 활동하고 계신다. 자주 그것도 놀랄만큼 빠른 속도로 움직이고 계신다. 그러나 지금이나 그 때나 사도행전 6장에서 처럼 모두가 교회의 행정에는 문제들이 포함되어 있다.

---

68) 행 4 : 24—31.

— 제3장 복음전도와 말씀 —

교회의 복음전도 공략은 놀랄만한 열매를 맺고 있었다. 숫자는 날마다 불어나고 있었다. 이윽고 새로운 제자들의 실제적인 필요를 돌보아 주는 업무가 사도들의 힘에 부치게 되었다. 불평을 처음으로 늘어놓은 것은 어떤 헬라파 과부들이었는데 아마도 그들은 교회의 지도자들이 모두가 유대인인 그리스도인들이었기 때문에 쉽사리 소외감을 느끼게 되었을 것임에 틀림없다. 그러자 사도들은 지혜롭게 그 문제들을 전교회 앞에 내어놓았고 그 일을 돌볼 사명에 참여할 일곱사람을 뽑게 되었다. 그런데 중요한 것은 그들 모두가 헬라어를 말하는 사람들이고 헬라파 과부들에 대해서 분명한 관심을 가진 사람들이었다는 점이다. 이 사건에 있어서 가장 결정적인 점은 사도들이 그들의 으뜸된 과업 즉 '하나님의 말씀 전하는 일'에서 이탈할 위험에 처했었다는 것이다. 만일 이것이 실패 했었으면 모든 것이 실패 했었을 것이다.

어떠한 희생을 치루고서라도 그들은 하나님께로부터 받은 바 그들의 사명에다 가장 우선권을 확고히 해야만 했다. 사실에 있어서 이 구절 속에서는 두 가지 사역이 언급되고 있다. 즉 그것은 말씀의 사역과 '식탁을 공궤하는'(실제적이며 재정적인 도움) 사역이다. 두 가지 사역은 모두가 필수적인 것이지만, 교회의 지도자들에게 있어서는 말씀의 사역이 의심할 나위없이 으뜸되는 것이다. 그리고 그들은 어떠한 희생을 치루더라도 그들 자신들은 기도하는 일과 말씀 전하는 일에 전념해야 하겠다는 결정을 내렸기에, 그 결과는 극히 놀랄만한 것이었다. 그 일곱 사람은 두 가지 경우로 기록된 놀랄만큼 능력 있었던, 그리스도를 위한 새로운 봉사의 영역 속으로 들어갔다. 그러자 더욱 나아가서 "하나님의 말씀은 점점 왕성하여 예루살렘에 있는 제자의 수가 더욱 심히 많아지고 허다한 제사장의 무리도 이 도에 복종하게 되었었다."[70]

조직은 언제나 복음을 섬겨야만 한다. 그것은 그리스도인들 사이

---
69) 행 13:1—4.
70) 행 6:1—7.

에 보다 훌륭한 화합을 이끌어 내어야만 하고, 그와같이 함으로써 하나님으로 부터 은사를 받은 사람들로 하여금 그들 자신들을 "기도하는 것과 말씀 전하는 것에" 온전히 드릴 수 있게끔 해야만 한다. 그러나 실제에 있어서 너무나도 많은 교회들의 조직은 이것과는 아주 정반대로 되어있다. 그것은 부조화를 이끌어내고 끊임없이 다투기를 좋아하는 파벌들을 만들어 내며 가르치며 복음을 전하기 위해서 부름을 받은 이들로 하여금 그 기계에 기름치는 일 따위로 곁길에 빠지게 만들고 있다. 얼마나 많은 성직자들과 목사들과 그리스도교회의 사역자들이 그들의 시간을 대부분 그 조직이 잘 되어져 가도록 하는 일에 소비하고 있는가?

모든 교회의 지도층은 효과적인 복음 전도를 위해서 적어도 일년에 한번씩은 예배형식 전체와 모임, 그리고 조직의 전체를 점검해야만 한다. 기도와 오직 그 만이 홀로 교회의 머리이신 하나님께 대한 순종의 자세에 대한 인정사정없는 질문들이 퍼부어져야 한다.

모임들이 오늘날 무엇을 성취하고 있는가?

시간과 돈의 사용은 오늘날 최선으로 되어지고 있는가?

그것들은 오늘날 복음전도 하는 일에 있어 교회를 돕고 있는가?

그것들은 오늘날에 있어서 하나님의 최선책인가?

과거에 있어서 그것들이 가졌던 가치는 별로 중요한 것이 아니다. 그리스도인의 사역은 끊임없이 과거의 축복들과 과거의 전통에 집착함에 의하여 장애를 받고 있다. 하나님은 과거의 하나님이 아니시다. 그는 오늘의 하나님이시다. 하늘은 우리가 하나님의 임재하심의 구름과 불기둥이 다른 곳으로 옮겨 갔을 때 여전히 한 구석에 남아서 종교적인 장난질을 계속하는 것을 해서는 안된다고 금하고 있다. 나는 가끔 하나님께서 지난날 영광 스럽게 그의 능력을 보여주셨음에 틀림이 없었던 대회들과 집회들에 대하여 말하곤 한다. 그러나 오늘날 '오호라 과거의 영광은 지나 갔도다'(ICHABOD)라는 한탄의 말은 명백히 모든 일에 가득히 쓰여지고 있다. "오호라 하나님의 영광이 떠나갔도다."

□ 사회적인 활동과 봉사 □

신약시대의 교회는 아주 궁핍한 사람들을 향해 그것이 펼쳤던 실질적인 사랑과 사회적인 관심으로 인해서 유명해졌다. 실제로 예를 들어 교회의 과부들에 대한 돌보아 줌은 매우 인상적인 것이었다. 너무나도 많은 과부들이 교회에 재정적인 도움을 호소해오곤 했기 때문에, 과부등록[71]을 위한 지시까지 내려야할 정도였다. 그러므로 이것은 예수 그리스도의 실제적인 사랑의 사회를 증거 해주는 능력있는 증거가 되었던 것이다. 교회는 너무도 오랫동안 사회복음과 순수복음 사이에서 양극화에 의해 분열되어 왔다. 우리는 이미 이 책에서 예수님의 사역에 있어서 근사한 균형을 본바 있다. 그는 사람들의 육신과 마음을 돌보아 주셨으며, 그 뿐만 아니라 하나님 앞에서의 그들의 영적인 상태에 대해서도 돌보아 주셨었다. 그리고 예수님께서는 사람들의 사회적인 책임에 대하여 그들 자신의 개인적인 생활에 대해서와 같이 가르치시곤 했었다.

예수님은 모든 나라들의 제자들을 만들기 위한 지상명령(the great commission)을 우리에게 주셨을 뿐만 아니라, 우리는 우리 이웃들을 우리들 자신처럼 사랑 해야만 한다는 지상계명(the great comandment)도 주셨다. 이것이 하나님을 사랑하는 것 바로 다음으로 중요한 것이다. 기실 이 계명에 대한 우리의 해석에 대하여 아무런 의심의 여지도 허용하시지 않으시려고, 그는 이것을 선한 사마리아인에 대한 자신의 비유로서 그것을 자세히 설명 하셨다.

존 스타트(John Stott)는 이것에 대하여 다음과 같이 지혜 있게 설명을 덧붙였다.

    누가 나의 이웃이며, 나는 누구를 사랑해야 하는가? 그는 육체가 없는 영혼이 아니며, 영혼이 없는 육체도 아니다. 그리고 그는 사회적인 환경에서 격리되어 있는 개체적인 개인이 아니다. 하나님께서는 인간

---

71) 딤전 5 : 3—10을 참고하라.

을 육체적이며 영적이며 사회적인 존재로 만드셨다. 나의 이웃은 사회 속에서 육체와 영혼을 가지고 살고있는 사람이다. 그러므로 내가 만일 그의 영혼이든지 아니면 그의 육체든지 또는 그의 사회이든지 그의 단 한 측면에 대해서만 진정하게 관심을 기울였다면, 나는 나의 이웃을 사랑했노라고 주장할 수가 없다. [72]

만일 우리가 복음전도와 사회적인 활동 가운데서 양자택일을 강요당한다면 인간의 영원한 복지가 그의 일시적(一時的)인 필요들 보다는 훨씬 더 중요시 되어야만 한다. 그러나 너무도 자주 이 논쟁은 그리스도인들의 사회적인 책임에서부터 회피하는 일을 위한 하나의 변명이 되곤 해왔다. 사실에 있어서 거기서 그 일은 직접적인 복음전도 보다도 훨씬 더 요구되고 있었을 수 있다. 허나 별로 화려해 보이지도 않으며, 결과를 연관시켜 볼 때에도 번번히 효력이 늦은 경우에 그와 같이 되곤 했었다. 그러나 예수님께서는 짧은 지상에서의 사역에 있어서도 그와 같은 행동을 결코 시간의 낭비라고는 생각하시지 않으셨다. 그것은 사랑과 애정의 하나님을 전달하기 위한 매우 필수적인 부분인 것이다.

사무엘 에스코바 (Samuel Escobar) 박사가 그리스도인이 사회에 대해서 가져야 할 관심을 다음과 같이 잘 표현하였다.

> 그리스도인의 봉사는 선택적인 것이 아니다. 그것은 우리가 원해서 하고, 원하지 않으면 안할 수 있는 그런 것이 아니다. 그것은 새 생명에 대한 표식이다. "너는 그들을 그의 열매로 알지니…", "너희가 나를 사랑하면 나의 계명을 지키리라." 만일 우리가 그리스도 안에 있으면, 우리는 그리스도의 봉사의 영을 가지고 있다. 그러므로 우리가 복음전도를 해야할 것이냐, 아니면 사회적인 활동을 증진 시킬 것이냐를 논의한다는 것은 쓸데없는 일이다. 그 두 가지는 병행하여 나아간다. 그러므로 우리는 우리들의 이웃을 위한 우리의 봉사를 그것이 우리가 하고 있는 복음전도에 있어 우리들을 도와 줄 것이라고 주장 함으로 합리화시키려는 노력을 할 필요가 없다. 하나님은 우리의 봉사와 우리의 복음전도

---

72) *Walk in His Shoes* (I. V. P.).

— 제 3 장 복음전도와 말씀 —

사역에 대해 똑같은 관심을 갖고 계신다…새로운 사회를 만들기 위해서
필요한 것의 전부가 새로운 인간이라고 확언하는 것은 너무도 단순하고
천진스러운 일이다. 모든 사람은 그리스도의 변화력 있는 메시지가 그
의 주변에 있는 친구인 시민들에게 전달되기 위해 그가 할 수 있는 일
을 무엇이나 해야만 한다는 것은 매우 분명하다. 그러나 때때로 불의가
감소되고 사람이 사람을 향해서 악을 행할 기회를 줄이며 착취를 행할
기회도 줄일 수 있기 위해서 사회의 구조를 변화시킬 필요가 있는 사람
은 바로 이 새 사람들이라는 것도 역시 사실인 것이다.[73]

　물론 이것은 구약시대의 선지자들의 보편적인 메시지(Message) 이
기도 했다. 예를 들어서 이사야 58장에서 하나님께서는 그의 백성
들에게 그를 날마다 찾으며, 그의 길을 앎으로 즐거워하며, 금식
하고 기도하는 것만으로는 충분치 않다고 말씀 하셨다. "나의 기뻐
하는 금식은 흉악의 결박을 풀어 주며, 멍에의 줄을 끌러주며, 압제
당하는 자를 자유케 하며, 모든 멍에를 꺾는 것이 아니겠느냐? 또
주린 자에게 네 식물을 나눠 주며 유리하는 빈민을 네 집에 들이
며…그리하면 네 빛이 아침 같이 비칠 것이며."

　행동으로 실행된 사랑의 뛰어난 실례 가운데 하나는 텍사스의 휴
스톤(Houston)에 있는 제 4 구빈 진료소(The Fourth Ward Clinic) 이
다. 봅 엑커트 (Bob Eckert) 박사는 1968년에 7,000 명의 빈민들이
커다란 벽돌 건물에 가득차 있던 그 도시의 암울한 빈민굴에서 의료
진료소를 시작했다. 엑커트 박사는 하나님께서는 그 빈민굴에 사는
그러한 인생들도 사랑하고 계신다는 것을 그들에게 보여주기 원하
는 한 그리스도인으로서, 그 곳에서는 전통적인 축호전도가 전혀
쓸데 없을 것이라는 사실을 알고 있었다. 그래서 그는 그 대신에
무료로 의료봉사를 제공하는 의료진료소를 세웠다. 그것은 하나
의 테이블과 하나의 의자, 그리고 3명의 종사원과 4명의 환자와
더불어 첫 날을 맞아 시작했었다. 그곳의 대합실에는 이런 안내문

---

[73] *TEAR Times*, 1974년 가을호에서.

이 붙어있다. "우리는 재단에 의해 설립된 것이 아닌 사설 진료소 입니다. 환자들은 전혀 청구서를 받지 않게 됩니다. 환자들은 자기가 원하는 만큼, 그리고 자기의 능력이 미치는 대로 지불하실 수 있읍니다." 엑커트 박사는 그의 목적을 이와 같이 매우 간단하게 말한다. "우리는 의사노릇을 하기 위해서 여기에 있는 것이 아니거든요. 우리는 주 예수님을 나누어 주려고 여기에 있읍니다. 의료진료는 하나님께서 그의 백성을 향하여 가지신 사랑으로부터 나오는 것입니다." 그러나 환자들은 그 진료소 속에서 하나님의 사랑의 분위기를 느끼기 때문에 매우 자주 지불하겠다고 나서곤 한다.

그와 같이 빈약하게 시작되었던 이 진료소는 이제 4명의 풀타임(full-time) 의사와 12명의 시간제 의사를 포함한 100명의 종사원을 가진 병원으로 발전했다. 그리고 매일 약 100명에서 200명이나 되는 환자들에게 봉사(奉仕)하고 있다. 더구나 무료진료가 제공될 수 있는 이유는 거기에 있는 100명의 종사원들 가운데 80명이 거룩한 구세주의 교회 (the Church of the Holy Redeemer)에 속한 확대가족에 사는 사람들이라는 점이다. 그러므로 그들은 최소한의 생활비를 가지고도 그 가족들을 재정적으로, 육체적으로, 영적으로 즐겨 후원하고 있는 것이다. 그 진료소는 공공연하게 떠벌리는 복음전도를 위한 기관이 아니지만, 거기에 갔던 사람들은 하나님께서 그곳에 계신다는 것을 알며 그들 가운데 많은 이들이 그의 사랑을 체험하기 시작하여, 오래지 않아 예수 그리스도를 발견한다. 확실히 여기에 행동으로 나타난 하나님의 말씀이 있다.

□ 고 난 □

우리는 사도행전 7장 속에서 스데반의 순교를 보게된다. 그리고 그 날에 예루살렘에 있는 교회에 큰 핍박이 나서 사도 외에는 다 유대와 사마리아 모든 땅으로 흩어지니라…그 흩어진 사람들이 두

— 제 3 장 복음전도와 말씀 —   81

루 다니며 복음의 말씀을 전할새…[74]예수님께서는 그들에게 그들이 예루살렘과 온 유대와 사마리아에서 증인이 될 것을 말씀 하셨었다. 그런데 이제 그것이 실현된 것은 바로 핍박을 통해서였다. 그리하여 핍박을 통해서 하나님의 말씀은 퍼져갔다. 증거하는 교회는 이내 고통을 당하는 교회가 되었다.

비록 신약 시대 내에서 마르투스 ($μάρτυς$) 라는 단어가 '순교자' (殉敎者)라는 말이 오늘날 갖는 완전한 충격적 의미를 갖고있지 못했었지만 2세기 중엽에 접어들면서 그리스도를 인한 핍박과 흉흉한 폭력하의 죽음은 교회의 일상적인 양식이 되곤 했었다. 그리고 그 때에 마르투스란 말은 한 사람의 피를 뿌림으로써 증인의 행위를 하는 것에 대한 전문적인 용어가 되었다. 그러나 신약시대에서조차도 증거하는 것과 고난은 매우 밀접하게 연관되어 있었다.

물론 '증거하는 것'은 특히 누가와 요한이 즐겨 사용한 낱말이었다. 마르투스라는 단어는 34번이나 나오며 마르투레인($μαρτύρειν$)은 76번 그리고 마르투리온($μαρτύριον$)은 20번이나 나온다. 예수님의 추종자들은 그들에게 닥쳐온 혹독한 시련에 대해 그다지 놀라워하지 않았다. 그것은 그들이 이러한 고난에 대하여 증인이 되기 위하여 부르심을 받았던 것이기 때문이었다. 바울이 그들을 가리켜 그리스도를 위한 대사들이 되었다고 말했을 때, "하나님께서 우리로 너희를 권면하시도다"라고 말했고, 이어서 다음과 같이 말하기를 계속했다.

> 우리가 이 직책이 훼방을 받지 않게 하려고 무엇에든지 아무에게도 거리끼지 않게 하고 오직 모든 일에 하나님의 일군으로 자천하여 많이 견디는 것과 환란과 궁핍과 고난과 매맞음과 갇힘과 요란한 것과 수고로움과 자지 못함과 먹지 못함과……하나님의 능력 안에 있어 의의 병기로 좌우하고 영광과 욕됨으로 말미암으며 악한 이름과 아름다운 이름으로 말미암으며, 속이는 자 같으나 참되고, 무명한 자 같으나 유명한 자요, 죽는 자 같으나 보라 우리가 살고, 징계를 받는 자 같으나 죽

---
[74] 행 8 : 1, 4.

임을 당하지 아니하고, 조심하는 자 같으나 항상 기뻐하고, 가난한 자 같으나 많은 사람을 부요케 하고, 아무 것도 없는 자 같으나 모든 것을 가진 자로다.[75]

그들은 단지 그리스도를 믿기만 하는 자로서 부르심을 입은 것이 아니라 그를 인하여 고난도 당하기 위하여 부르심을 입었다. 하나님께서는 자주 능력있게 말씀하시는 것은 바로 이와 같은 고난을 통해서이다. 실로 만일 우리가 '그의 부활의 능력'을 알진대, 우리는 마땅히 '그의 고난에 참여하는 친교'도 알아야만 한다. 그와 같은 고난은 위대한 영웅의 입장에 있는 것이 아니라 고독과 좌절과 혼동과 고통 속에 있는 것일 수가 있다. 그러한 것들은 그리스도인들이 수년동안이나 밖으로는 그들의 수고를 드러냄이 없이 고통하며 수고해야되는 실로 어렵고 매력없는 상황 속에서 자주 경험하게 될 것들이다.

더욱 나아가서 성령께서 하나님의 말씀을 우리들의 마음 속에 깊이 심으시고, 그렇게 하심으로써 후일 우리가 덧입혀진 권위와 능력과 더불어 그 말씀을 말할 수 있게끔 하시는 일이 바로 이와 같은 고난을 통해서 자주 있다. 우리는 고난의 열화속을 거쳐서야 비로소 하나님의 말씀이 뜻하는 것이 무엇인지를 진실로 알게 된다.

□ 성령의 능력 □

그리스도께서는 그의 제자들에게 성령이 그들에게 임하실 때 내릴 능력에 대하여 약속하셨었다. 그리고 성령께서 그들에게 임하셨던 사도행전 2장으로부터 모든 일은 일어나기 시작했었다. 잔물결을 일으키며 끝없이 커져가는 파문을 만들어내는 호수에 던져진 작은 조약돌처럼 바로 그렇게 성령께서는 초대교회의 이러한 자발적인 확장을 시작하셨다. 그러나 만일 성령께서 능력으로 활동하시

---

75) 고후 6 : 4f., 8—10.

— 제3장 복음전도와 말씀 —

지 않았었더라면 복음전도란 미미한 것에 그치고 말았을 것이다.
 기실 하나님의 말씀이 증거되어진 수단은 모두가 효과없는 것이 될 것이다. 예를 들어서 성령이 없이 행해지는 설교란 무겁기만 하고 생명이 없는 정통의 죽은 문자들이 될 뿐이고 성령의 따사로움이 결여된 교회는 결속되지 못하고 사랑이 없을 것이다. 성령이 없는 기사와 표적이란 한낮 가짜일 뿐인 심리치료적이거나 마귀적인 것일 수 있다. 그리고 성령의 감동이 없는 찬양과 기도는 위험스러운 감정적인 것이요 낙담을 가져오는 형식적인 것일 뿐이다.
 성령의 인도하심이 없는 조직의 재편성역시 조직을 가지고 장난질을 치는 것에 불과할 것이다. 성령없는 사회적 활동이란 무신론자들이 하는 것과 조금도 차이를 갖지 못할 것이다. 그것은 그리스도의 향기를 전혀 나타내지 않을 것이다. 성령이 없는 고난이란 자기 연민으로 빠져들거나 자아중심적 핍박망상으로 발전하여 갈 것이며 그것은 전혀 그리스도와는 상관이 없는 것이 될 것이다. 복음전도에 있어서 백사만사는 우리가 그의 이름 가운데서 하고자 노력하는 것 위에 그의 성령을 부어 주시는가 아닌가에 전적으로 의존하게 된다.
 우리는 앞으로 이 중요한 주제를 이 책의 마지막 장(章)에서 다시 다루게 될 것이다. 그것은 열매가 풍성한 복음전도를 하기 위해서 필수적으로 요구되는 필수적인 요소이며 가장 중요한 동기인 것이다.

제 4 장

복음전도의 메시지

(The Message of Evangelism)

바울은 고린도 교회에게 편지를 쓸 때 그가 그들에게 가서 전한 복음의 메시지를 상기(想起)시켰다. 그 메시지는 '사람의 지혜'가 아니라 '하나님의 증거'¹⁾라고 했다. 다른 번역판에는 '하나님의 메시지', '증거된 하나님의 진리', '하나님의 비밀의 진리'라고 되어 있다. 복음은 드러난 하나님의 진리이므로 우리에게 가장 필요한 것은 하나님께서 우리에게 숭고하게 맡기신 것에 절대적으로 충성하는 일이다. 페커박사(Dr. J. I. Packer)는 한 때 이렇게 기술하였다.

> 바울은 자신이 평가하기를 철학자도 아니었고, 도덕가도 아니었고, 세상의 지혜로운 사람도 아니었고, 단지 그리스도의 전령자일 뿐이었다. 지극히 높으신 주님께서 그에게 전해야할 메시지를 주셨다. 그러므로 그의 일 모두가 그 메시지를 덧붙이거나 변질시키거나 삭제하는 일없이 엄격하고도 열심있는 성실함 가운데 전하는 것이었다.²⁾

결국 이것은 예수님 자신의 결정이었다. "내가 내 자의로 말한 것이 아니요 나를 보내신 아버지께서 나의 말할 것과 이를 것을 친히 명령하여 주셨으니 나는 그의 명령이 영생인줄 아노라 그러므로

---
1) 고전 2 : 1.
2) 『전도와 하나님의 주권』(I. V. P.), p. 43.

— 제4장 복음전도의 메시지 —   85

나의 이르는 것은 내 아버지께서 내게 말씀하신 그대로 이르노라."3)
하나님만이 생명을 주실 수 있고 하나님의 진리는 항상 적절한 것
이기 때문에, 우리의 사역과 전도의 결과로 어떤 영적 생명을 기대
하고 있다면, 하나님께서 우리에게 부탁하신 메시지에 전적으로 충
성스러워야만 한다.

1. 성경적인 메시지

하나님께서는 이미 세상에 그의 말씀을 성경을 통해서 주셨기 때
문에, 그 시대의 특유한 풍조와 사상이 무엇이든간에 우리의 메시
지는 무엇보다도 먼저 성경적이어야 한다. 우리가 생각하기에 현대
인에게 더 호소력이 있다는 말들로 복음을 다시 쓰는 일은 단지 재
난을 초래할 뿐이다.

나는 한 때 옥스포드대학(Oxford University)에서 '기독교와 인문
주의'(Christianity and Humanism)에 관해서 이야기할 기회를 갖게
되었는데, 그때는 인문주의자협회(Humanist Society)가 1000명의 회
원을 자랑할 만큼 절정에 이르렀을 때였다. 그 모임은 『신에게 솔
직히』(Honest to God)란 책이 출판된 직후에 있었다. 그때 존 로빈
슨(John Robinson)은 그의 급진적인 신학으로 교회에 큰 충격을 주
었다. 나는 로빈슨 박사가 그리스도인의 신앙을 현대인(現代人)에게
보다 더 납득할 만한 것으로 만드는데 깊고도 진지한 관심이 있다
는 것은 분명했지만, 매우 활기찼던 모임 후에 인문주의자협회 의
장(the President of the Humanist Society)이 내게 개인적으로 말한
그의 논평을 이해할 수 있었다.

"로빈슨 박사는 그가 전날밤 우리를 그리스도인으로 만들었다고
생각하고 있읍니다. 사실 그가 했던 것은 그도 우리들처럼 무신론
자라는 것을 증명했을 뿐입니다!"

올바른 논평은 아니겠으나 이해할 수 있는 것이었다. 우리가 실

---
3) 요 12 : 49f.

제로 의사소통할 수 있는 말로 성경적인 개념들을 설명할 필요는 있지만, 하나님의 메시지를 함부로 고친다면 그것은 목욕물과 함께 아기를 내던지는 격이 될 것이다.

성경적인 체계 안에는 다음과 같은 두 개의 명백한 초점이 있다.

□ 하나님은 창조주이시다 □

많은 사람들이 하나님의 존재 자체를 의심하거나 부정하는 오늘날, 갑자기 예수님이 구세주라고 이야기하지 않고 하나님이 창조주시라는 이 점에서 출발하는 것은 더욱 중요하다. 슈로우더(Shroeder)가 "그리스도는 문제의 해결자이시다"(Christ is the Answer!)라고 쓰여있는 플래카드를 들고 있는 피너츠(Peanuts)만화가 있다. 슈로우더 뒤에는 스누피(Snoopy)가 "그러나 문제가 무엇인가?"(But what is the question?)라는 포스터를 들고 따라간다. 오늘날 우리는 그리스도를 텔리비전에서 가루비누 선전하듯이 상업화하는 위험에 빠질 수 있다. "예수님은 여러분의 삶 가운데 있는 모든 더러운 것들을 아주 하얗게 씻어줄 것입니다! 예수님은 여러분의 모든 필요를 채워주실 것입니다!"

이런 식으로 전도하려는 것은 사람을 우주의 중심으로 생각하고 사람들로 하여금 그리스도를 판단하도록 격려하는 것이다. "당신이 먼저 내 질문에 만족스러운 대답을 한다면 내가 당신을 믿는 것을 생각해 보겠소!" 그 생각 전체가 절망적으로 사람 중심적이다. 문제를 일으키는 것이 사람이 아니고 하나님이 되어 버린다. 빌라도는 자기가 예수님을 재판하고 있다고 생각했더라도, "모든 무릎을 예수의 이름에 꿇게 하시고… 모든 입으로 예수 그리스도를 주라 시인하여…"[4]라는 것을 알았어야 했다.

예수님은 우주의 주재이시다. 그는 우리로 하여금 반항의 손들을 내려놓고 자기에게 복종하라고 명령하시는 분이다. 하나님이 창조

---
4) 빌 2 : 10—11.

주이시며 예수님이 구세주이시라는 진리를 왜곡시키는 어떠한 전도도 빠른 결과를 얻으려는 얕팍하고도 근시안적인 시도에 불과하다.

하나님이 우리의 창조주시라는 것으로 시작하면 곧 우리의 삶의 모든 영역이 하나님과 상관있게 된다. 정말 우리 삶의 모든 영역이 우리가 전하고자 하는 그 진리를 주장하게 되거나 부인하게 된다. 알기쉽게 말해서, 예수님은 나의 가정, 가족, 직업, 소유, 시간, 이웃 이 모든 것의 주인이어야 한다. 우리 모두에게 있어서 가장 강력한 호소력을 갖고 있는 요소는 우리의 말도 아니고, 우리가 하는 일도 물론 아니고, 오직 우리의 됨됨이이다. 우리의 참 모습과 우리가 정말로 믿는 것은 우리가 우리 주변에 지어가는 세계에 의해 어느모로나 웅변적으로 나타날 것이다.

우리는 우리의 문화와 생활방식 전체로 어떤 종류의 하나님을 전하고 있는가? 제3세계는 차치하고 산업사회(產業社會)가 대부분의 서방 기독교 세계의 안락한 풍요로부터 무엇을 만들어 내고 있는가? 우리는 우리를 위해 예수께서 가난하게 되셨고, 그의 가난함을 인하여 우리가 부요하게 되도록 돌보시는 하나님을 정말 세상에 널리 전파하고 있는가? 데이비드 쉐퍼드(David Sheppard)는 그의 저서 『도시로 건설하다』(Built as a City)에서 사람들에게 복음의 말씀을 전하는 것을 중점적으로 설명하는 협의의 전도의 개념에 관해서 자세히 다루었다. '도시의 복음'(The Gospel for the City)이라는 매우 중요한 장에서(오늘날 세계인구의 90%가 도시에 살고 있다), 그는 사람들이 직면하고 있는 산더미같은 문제들을 '네 개의 산맥'(four mountain ranges)으로 분류해놓았다.

(1) 개인적인 그리고 개인 상호간의 문제
(2) 단체조직과 체제의 문제
(3) 지구상의 문제
(4) 개인 운명의 문제[5].

이 네 부류의 문제가 모두 서로 불가피하게 작용하고 있기 때문

---

5) *Op. cit.*, Hodder & Stoughton, 331f.

에 하나님의 구원은 그것들 모두와 관계된다. 그리스도인들이 만일 핵가족 단위를 고수한다면, 오늘날 수백만의 사람들의 삶을 글자 그대로 파멸시키는 압도적인 소외의 문제에 대해 어떻게 하나님이 관심을 쏟으실 수 있겠는가? 하나님을 고독한 자로 가족 중에 처하게 하시며[6]라고 말한 그 성경구절은 무엇을 의미하는가? 만일 그리스도인들이 사회활동을 선택한다면, 어떻게 하나님이 억눌린 사람들을 구제하실 수 있겠는가? 만일 그리스도인들이 정치를 무시한다면, 어떻게 불의한 지역에 적당한 하나님이 될 수 있겠는가? 인종 대립과 불평 등에 맹목적으로 눈을 돌린다면, 우리가 어떻게 사람——어떠한 모든 사람——이 하나님의 형상대로 만들어졌다고 말할 수 있으며, 인위적인 장벽들에도 불구하고 모든 사람은 그리스도 예수 안에서 하나라고 전하는 것은 또 무슨 뜻인가?

지나치게 과격한 생각에 대한 동일한 필요가 문화의 문제 위에 일어나고 있다. 오늘날 생활 속도가 빠르고 문화가 시시각각으로 변화하고 있다. 만약에 우리의 의복과 음악, 언어, 스타일 그리고 관념이 50년 뒤졌다면——혹은 10년이나 20년이라도——교회가 어떤 하나님의 이미지를 줄 것인가? 이것은 오늘날의 세상사람들에게 하나님은 어제 돌아가셨다, 그는 오늘날의 살아계신 하나님이 아니라고 말하는 것은 아닌가? 우리가 냉혹하게 우리 자신에게 던져야 할 질문은 이것이다. "성령께서 오늘날 무엇을 말씀하고 계시는가?" 오늘날 뜻이 통하는 한 문화 속에서 우리들은 어떻게 예수님의 증인이 될 수 있는가?

많은 그리스도인들이 50년대나 60년대(혹은 그보다 더 옛날)에 하나님이 그들을 축복하셨던 그 당시의 노래나 스타일을 유지하는 것이 더 안락하다고 생각할지도 모르지만, 우리의 임무는 오늘날의 하나님에 대한 증인이 되고, 예수님이 오늘날 살아계시다는 것을 전하는 것이다. 오늘날과 같이 원거리 통신 시대의 사람들은 더욱 말에 저항감을 느낀다. 더 이상 광고구절이나 교단설교에 의존할

---

6) 시 68 : 6.

수만은 없다. 예를 들어서, 나는 아내와 두 아이와 함께 7명의 다른 사람들(그 수는 때때로 변한다)과 대가족을 이루고 산다.

우리는 우리의 삶과 집과 돈과 소유물과 기쁨과 슬픔을 함께 나누려고 애쓴다. 그것은 크게 이야기할 것은 못되고 많은 실수를 하고 있다. 그러나 우리가 그렇게 살기를 시작했을 때 그 도시의 몇몇 사람들은 우리가 사는 방식 때문에 우리가 말하는 것에 귀를 기울이고 있다는 말을 들었다. 우리의 생활방식에 설사 결점과 실패하는 점이 있더라도 그들에게 살아계신 하나님, 즉 우리를 사랑하시며, 보살피시고, 예수 그리스도 안에서 우리를 함께 연합시키시는 하나님에 관한 여러 진리들을 전했던 것이다.

□ 하나님은 구속자이시다 □

오늘날 우리의 복음을 제시하는데 있어서 그 적합성에 관해 이미 이야기했지만 또 하나의 경고를 이야기하지 않을 수 없다. 우리가 너무 '현대감각에 맞게'해서 복음의 예리함을 잃게 될 위험이 있다는 것이다. 예수님은 도둑, 악한, 매춘부, 낙오자 등과 같은 사회의 모든 부류의 사람들과 자유롭게 어울리셨다. 그러나 예수님 자신은 전적으로 그들과 달랐고 그의 메시지의 진리는 타협적인 것이 아니었다.

예수님의 메시지는 항상 하나님 아버지께서 그에게 주신 말씀이었다. 그것은 사도(使徒)들에게도 마찬가지였다. 바울이 대도시 고린도에 갔을 때 그는 그곳의 분위기를 지배하는 크게 다른 두 문화가 있음을 발견했다. 하나는 모든 지혜를 흉내내며 화려한 웅변술을 갈망하는 그리이스인들의 문화였고, 하나는 매우 종교적인 전통을 가지고 어떤 새로운 것도 항상 의심하는 유대인의 문화였다. 바울이 세상적으로 지혜로왔다면 그의 메시지를 이 이방인적이고도 유대인적인 배경에 맞게 조정하려 했을런지도 모른다.

그러나 실제로 그의 메시지의 내용은 무엇이었는가? 십자가에 못박히신 그리스도였다! 바울은 '유대인에게는 거치는 돌이요 이방인에게는 미련한 것'이라고 말했지만 '예수 그리스도와 그의 십자가에 못박히신 것'이 하나님의 메시지의 핵심임을 알았다. 더구나 그의 메시지는 불가피하게 하나님의 능력과 이어졌고[7], 하나님의 영 없이는 누구도 알 수 없는 가장 뛰어난 지혜를 담고 있었다.[8] 바울은 사람들의 칭찬에 관심이 없었다. 그가 전적으로 관심을 갖고 있던 것은 '성령의 나타남과 능력'이 있어야만 한다는 것이었다.

그러면 이 메시지, 즉 '그리스도와 그의 십자가에 못박히신 것'에 어떤 특별한 것이 있었는가? 분명히 바울은 그것이 그 문제의 핵심이라는 것을 확신했다. 후에 고린도 교회에게 보낸 첫 서신 중 세 장에서 성령의 은사들을 자세히 다룬 후에 바울은 계속해서 그 교회에게 복음의 본질을 상기시켜 주고 있다. "내가 받은 것을 먼저 너희에게 전하였노니 이는 성경대로 그리스도께서 우리 죄를 위하여 죽으시고 장사지낸바 되었다가 성경대로 사흘 만에 다시 살아나셨다."[9] 예수 그리스도의 죽으심과 부활하심이 왜 그렇게 결정적으로 중요(重要)한가? 왜 이것이 하나님의 가장 중요한 메시지이고 복음일까?

1. 우리의 신앙은 역사적인 사실이다.

우리 믿음을 객관적이며 역사적인 사건에 닻을 내리는 것은 필수적이다. '예수님은 여러분에게 평안을 주신다'라고 말하는 것만으로는 불충분하다. 이것은 구루 마하라야 지(Guru Maharaj Ji)나 오늘날 많은 다른 예언자들의 주장이다. 그리스도인의 믿음이 순전히 주관적인 면(사랑, 기쁨, 평화 등의 느낌)에만 치우치는 것은 혼잡케 하는 것이나, 속임수나, 불가지론이나, 무신론과도 별다른 차이가 없다. 하나님의 메시지의 능력은 그 메시지가 골고다와 그 빈

---

7) 고전 1:17,18,24; 2:5을 보라.
8) 고전 2:6—16을 보라.
9) 고전 15:1—4.

무덤의 역사적인 사실에 확고히 뿌리를 내리고 있다는 사실에 있다. 이 확고한 기초 위에 다른 모든 것들이 근거를 두어야 한다.

오늘날은 그리스도인의 믿음의 이 역사적인 근거를 무시하고 영적 경험의 신학체계를 세우려는 경향이 팽대하고 있다. 예를 들어, '예수운동'(Jesus Movement)이 일어나고 있는 어떤 지역에서는 바로 이 점에 관한 잘못된 가르침 때문에 깊은 오해에 빠져 있다. 그 '예수여행'(Jesus trip)이란 것은 영적으로 달콤한 기간 중에 있는 수천의 젊은이들에게는 훌륭한 것이었다. 그러나 영적인 싸움과 시련이 왔을 때, 그 주관적인 경험들은 희미해지기 시작했고 의지할만한 객관적이고도 역사적인 바탕이 없었다. 그래서 이러한 운동 전체가 오늘날의 마약 문화가 제공하는 수많은 다른 여행들이나 경험 이상의 의미를 주지못하고 오히려 엄청난 재난을 유발시켜왔다.

그러나 신약성경에 나타난 그리스도인들은 모든 것이 그들에게 불행하게 되어지더라도, 그리스도의 역사적인 사실은 요지부동의 반석인 것을 알았고, 어떤 풍랑이나 폭풍우도 그 사실을 바꾸게 할 수 없다는 것도 알았다.

> 그러나 이 모든 일에 우리를 사랑하시는 이로 말미암아 우리가 넉넉히 이기느니라. 내가 확신하노니 사망이나 생명이나 천사들이나 권세자들이나 현재 일이나 장래 일이나 능력이나 높음이나 깊음이나 다른 아무 피조물이라도 우리를 우리 주 그리스도 예수 안에 있는 하나님의 사랑에서 끊을 수 없느니라.[10]

2. 십자가는 복음의 핵심이다

전체적인 성경의 가르침에서 볼 때 이 사실은 의심할 여지가 없다. 부활하신 그리스도께서 엠마오로 가는 두 제자들을 "선지자들의 말한 모든 것을 마음에 더디 믿는 자들이여"라고 꾸짖으시고, "그리스도가 이런 고난을 받고 자기의 영광에 들어가야 할 것이 아니냐?"고 질문하셨다. 그때 주님은 구약성경──모세와 및 모든

---

10) 롬 8:37—39(*Living Bible*).

— 복음전도 —

선지자(先知者)의 글로 시작하여 모든 성경에 쓴바 자기에 관한 것을 설명하셨다.

의심할바 없이 여러가지 복잡한 레위기의 제사들이 세상의 죄를 씻기위해 오신 하나님의 어린 양의 단번의 희생을 예시한 단순한 그림자였다는 것을 설명하셨다. 또한 그들에게 시편 22편과 이사야 53장 및 다른 많은 중요한 구절들을 상기시켜 주셨다. 신약성경에는 이사야 53장에 대응하는 50여 구절들이 있는데 이것은 이사야 53장이 마태, 마가, 누가, 요한, 바울및 베드로 등의 사도들의 마음에 특별히 크게 자리잡고 있었음을 보여 준다.

신약성경으로 돌아가보면 십자가가 핵심이 됨이 더더욱 분명해지는 것을 알 수 있다. 기록된 복음서의 3분의 1이 그리스도의 고난을 다루고 있다. 예수님 자신은 그것을 '그의 때'라고 하셨다. 이러한 이유 때문에 그는 세상에 오셔야 했다. 인자가 '반드시' 죽어야 했다. 세례 요한이 예수님에 관해서 처음으로 말한 것이 그리스도께서 죄에 대한 대속물이시라는 것이다. 변화산에서 모세와 엘리야의 대화 중에 첫째 화제는 그리스도의 죽음이었다. 그것은 그가 곧 '성취'해야 할 것이었다(말하기도 놀라운 말이 아닌가!). 제자들이 예수께서 하나님의 아들이심을 밝히 선언(宣言)했을 때 예수께서 처음으로 말씀하신 것이 바로 장차 다가올 그의 죽으심과 부활하심이었다.

바울의 서신서(書信書)들을 살펴보면, 그가 기회있는대로 십자가의 의미에 대해 언급하고 있다는 것을 알 수 있다. 그에게는 그 십자가가 복음의 핵심인 것이다. "내게는 우리 주 예수 그리스도의 십자가 외에는 자랑할 것이 없으니"[11] 얼마나 주목할만한 말인가! 수세기에 걸쳐서 많은 남녀와 예술가 시인들이 그리스도의 가르침, 그리스도의 겸손, 그리스도의 민망히 여기심, 그리스도의 본을 자랑해 왔다. 왜 바울은 인류사상 가장 큰 고통과 수치를 나타내며, 자신이 특별히 같은 유대인에게는 비위에 거슬린다는 것을 알았던

---

11) 갈 6:14.

그 그리스도의 굴욕적인 죽으심을 가장 자랑해야만 했는가?

이스라엘 민족이 예수님이 그들의 메시야임을 발견하기를 갈망했기 때문에 '끊임없는 고통'을 당하면서도, 왜 바울은 정말 그 민족의 대다수에게 거침돌이 되리라는 것을 안 바로 그 십자가의 사건을 그의 메시지의 핵심으로 삼았는가? 말할 것도 없이 그것은 하나님이 죄를 알지도 못하신 예수님으로 우리를 대신하여 죄를 삼으사 우리로 하여금 저의 안에서 하나님의 의가 되게하려 하셨기 때문이다. 12) 이것이 그리스도의 복음이다.

역시 히브리서의 저자도 그리스도의 탁월하심과 십자가에서 이루신 것에 그의 서신의 많은 부분을 할애하고 있다. 그리스도께서 인류의 죄를 위하여 자신의 몸으로 한 영원한 제사를 드리셨다. 그러므로 우리가 '예수의 피를 힘입어' 성소에 들어갈 담력을 얻었다. 13) 역시 베드로도 그리스도께서 죽으심이 필요하다는 그 생각에 강력히 항의하다가 날카로운 꾸중을 듣고, 다른 어떤 것보다도 더 그를 의문나게 한 그 십자가의 사건을 많은 어려움을 당한 후에야 이해했다. 그 결과 그는 성경에서 가장 명백하게 십자가를 이야기했다. "그리스도께서도 한 번 죄를 위하여 죽으사 의인으로서 불의한 자를 대신하셨으니 이는 우리를 하나님 앞으로 인도하려 하심이라." 14) 요한도 역시 예수님의 보혈이 모든 교제의 근본임을 알았다. "그 아들 예수의 피가 우리를 모든 죄에서 깨끗하게 할" 15) 때만 우리는 하나님과 또한 다른 성도들과 교제할 수 있다.

요한 계시록에 기록된 하늘나라의 광경에서 조차도 수 많은 천사(天使)들이 하는 경배가 '죽임을 당하신 어린 양'을 중심으로 하고 있다. 이것이 결국 "하늘나라의 새로운 노래" 16)인 것이다.

수십세기에 걸쳐 교회의 증거는 언제나 동일한 것이었다. 2천년

---

12) 고후 5 : 21.
13) 히 9 : 26; 10 : 12, 19.
14) 벧전 3 : 18.
15) 요일 1 : 7.
16) 계 5장을 보라.

동안 교회의 중심이 되는 예식은 성찬식 혹은 주의 만찬이었다. 이 것을 통해서 우리는 그리스도의 죽으심을 계속 기억하고, '그가 오실 때까지' 그 죽음을 전하는 것이다. 왜냐하면 지난날에 대한 용서함과 미래의 소망, 완전한 구원이 십자가에 못박히신 그리스도라는 사실에 근거를 두고 있기 때문이다. 존 스타트(John Stott)는 한 때 다음과 같이 강력하게 말한 적이 있다. "만일 십자가가 우리의 사고의 중심이 되지 않는다면, 그것이 무엇이든지 간에 우리의 믿음은 그리스도인의 믿음이 아니며, 우리의 신경은 사도신경이 아니라고 말하는 편이 확실하다."

예수님의 십자가는 확고한 역사적(歷史的) 사건이고, 성경의 중심 주제만은 아니다. 그것은 또한 신학적으로도 가장 중요하다. 그러므로 그리스도의 십자가에 못박히심을 단지 하나님의 우리에 대한 사랑의 가장 위대한 증명이 된다거나 혹은 오늘날 인류의 고난 속에 살아계신다고 말하는 것만으로는 불충분하다. 주님의 십자가는 인간의 죄와 불가피하게 연결되어 있고, 그리스도께서 그 십자가 위에서 성취하신 그 일은 이제 완성되었다. 십자가의 의미를 적절하게 설명해 줄 말은 없지만, 그 보배로운 업적의 여러 면을 잠깐 살펴보는 것이 신약성경의 가르침을 파악하는데 도움이 될 것이다.[17] 특히 다음에 기술하는 세 개의 개념은 자주 논의되는 것들이다.

□ 칭 의 □

이 단어는 법정에서 나온 말이며, 그 동사는 의롭다고 선언함을 뜻한다. 의롭다고 판결받은 사람은 죄에서 자유함을 얻고 일전 한 푼 벌금도 물지 않고 법정을 걸어 나올 수 있다. 그는 과거에 주장

---

17) 보다 자세한 내용 연구를 위해서는 J. Denney의 『예수의 죽음』 (*The Death of Christ*), 혹은 L. Morris의 『사도들의 십자가에 대한 설교』(*The Apostolic Preaching of the Cross*)(Tyndale Press)를 보라.

— 제 4 장 복음전도의 메시지 —

된 죄로 다시 정죄(定罪)받을 수 없다. 그 소송사건은 이미 끝났다. 그러나 하나님의 법정에서의 우리의 지위에 관한 질문이 무엇보다도 혼돈을 일으키는 것이다. 우리는 '주장되어졌던'죄 때문에 계속 재판받지 않는다. 우리는 물론 죄인들이다. 우리가 하나님의 법을 자세히 알든 모르든간에 우리는 알 수 있었던(반드시 성경을 통하지 않더라도, 창조나 양심을 통해서) 하나님의 진리에 등을 돌려 왔다. 우리는 그에게 반항해 왔고, 그의 법을 어겨왔고, 그의 수준에 다다르지 못했다. 로마서 3장에서 바울은 일련의 침울한 진술로 그러한 경우를 요약하고 있다. "의인은 없나니 하나도 없으며 깨닫는 자도 없고 하나님을 찾는 자도 없고 다 치우쳐 한 가지로 무익하게 되고 선을 행하는 자는 없나니 하나도 없도다.[18]

온 세상이 하나님 앞에서 죄인인 것이다. 그리고 오늘날 사람들이 이 진리를 받아들이든 않든 간에 수 많은 사람들이 죄에 물든 양심으로 고통받고 있다. 하나님의 용서하심과 평화를 확신하는 사람들 말고는 마음과 정신과 양심의 깊은 평화를 체험하는 사람은 거의 없다. 하나님 앞에서 지은, 사람의 마음 속 깊이 내재한, 그 죄의 해답은 무엇인가? 오직 그리스도의 죽으심 뿐이다. "우리가 그 피를 인하여 의롭다 하심을 얻었은 즉……"[19] 그리스도께서 우리를 대신하여 우리의 죄와 그 심판을 짊어지고 죽으셨기 때문에 우리가 비록 죄인이지만 그 죄로부터 자유하게 되어 갚을 것 없이 하나님의 심판대 앞에서 걸어 나올 수 있는 것이다.

그리스도를 믿을 때 우리는 의롭다 여기심을 받고 "하나님의 의인이 된다." 우리는 장차 정죄받을 필요가 없다. 우리가 하나님 앞에 영원히 서는 한 이 소송사건은 끝난 것이다. 우리를 하나님의 사랑에서 끊을 수 있는 것은 아무 것도 없다. 로마서 1장부터 8장에 이르기까지 이 놀라운 그리스도의 진리에 관한 장엄한 설명이 있다. 마르틴 루터(Martin Luther)는 이렇게 말했다. "이것(칭의의

---

18) 롬 3 : 10—12.
19) 롬 3 : 24f; 5 : 9.

진리)은 복음의 진리이다. 또한 이것은 모든 그리스도의 가르침의 주안점이다. 모든 경건함의 지식이 여기에 있다. 그러므로 우리가 이 사항을 잘 알아야 함은 필수적이 아닐 수 없다. 이것을 다른 사람에게 가르치되 되풀이하여 가르쳐야 한다."[20]

□ 화　　목 □

이 말은 비극적으로 관계가 두절된 아픔을 입은 세대에게는 더욱 공감이 가는 개념이다. 깨어지지 않는 사랑의 관계를 누리려는, 예를 들어 부부와 같은 두 사람이 실제로 서로 거리가 생겼을 때, 올바르고도 자연스러운 서로간의 바램은 서로 화목하게 되는 것이다. 사람이 하나님을 버리고 하나님의 길 대신 각기 제 길로 가는 것이 죄의 근본(根本)이기 때문에 그 결과는 하나님으로부터 분리되고 버림받게 되는 것이다.

하나님은 우리가 택한 것을 주시는 분이다. 사랑 안에서 그는 항상 궁극적으로 우리의 선택의 자유를 존중하신다. 그러므로 우리에게 가장 급한 것은 하나님과 화목하게 되는 것이다. 그러나 그러한 화목이 이루어지기까지는 대단한 희생이 뒤따른다. 로마법에 중죄자는 명백한 교황의 교서를 가지고 있다. 즉 그는 완전하게 두 무리를 대신해야 하며, 어떠한 희생을 치르더라도, 사이가 멀어진 그 둘을 함께 데려 와야만 한다. 예수님은 완전한 하나님으로서, 또한 완전한 사람으로 오셨으며, 자기의 십자가의 보혈로 우리를 하나님과 화목하게 하셨다.[21]

에베소 교회에 편지했을 때 바울은 우리가 그리스도 안에서 살게 되기 전에 우리의 영적 상태를 잘 설명해주고 있다. "너희의 허물과 죄로 죽었던……너희는 그리스도 밖에 있었고, 이스라엘 나라

---

20) J. Clarke, *Commentary on the Epistle to the Galatians*, by Martin Luther, 101.
21) 골 1 : 20을 참고하라.

— 제 4 장 복음전도의 메시지 —

밖의 사람이라……외인이요……소망이 없고 하나님도 없는 자이더니."[22] 여기에 하나님 앞에서 도움도 받지 못하고 소망도 없는 인간의 모습이 있다. 인간의 죄와 반항이 몰고 온 결과였다. 더구나 하나님의 속성이 모든 악한 것과는 아주 반대여서 화목하기 위한 유일한 길은 그 분리의 원인을 제거하는 것이다. 예수님이 "자기를 단번에 제사를 드려 죄를 없게 하시려고 세상 끝에 나타나신"[23] 이유가 바로 여기에 있다. 이제 죄의 장벽이 제거되어서, 전에는 전적으로 받아들여질 수 없었던 사람이 하나님의 존전에 나아갈 수 있게 되었다.

우리는 우리 자신의 의지로 하나님을 대항하여 우리 스스로를 하나님의 적으로 만들었다. 그러나 하나님의 사랑은 무한하기 때문에 '곧 우리가 원수되었을 때에 그 아들의 죽으심으로 말미암아 하나님으로 더불어 화목되었은즉', 정말로 이제 우리가 화목을 얻은 것은[24] 전적으로 예수님을 통해서이다. 바울은 다른 서신에서도 말하고 있다. "이제는 전에 멀리 있던 너희가 그리스도 예수 안에서 그리스도의 피로 가까와졌느니라……십자가로……하나님과 화목하게 하려 하심이라."[25] 더구나 십자가는 죄인과 거룩하신 하나님을 연결시켜 주는 다리이기 때문에, 하나님은 지금 자기의 사람들을 통해서 세상에 호소하고 계신다. "그리스도를 대신하여 간구하노니 너희는 하나님과 화목하라."[26]

□ 구　　속 □

이 단어의 어원적인 의미는 '값(몸 값)의 지불로 석방되는 것' [to set free by the payment of a price(ransom)]이다. 그러므로 그

---

22) 엡 2 : 1, 12.
23) 히 9 : 26.
24) 롬 5 : 10f.
25) 엡 2 : 12—16.
26) 고후 5 : 20.

몸 값은 포로가 된 사람의 대체물로서 지불되는 것이다. 애석하게도 풀어주기 전에 먼저 지불을 요구하는 납치 사건들 때문에 현대는 이러한 개념에 너무 익숙해져 있다. 그래서 이러한 일련의 단어들이 주의 십자가의 업적을 묘사해 주고 있다. 사람은 자신의 죄의 종이며,[27] 그 죄로 말미암은 하나님의 저주와 심판으로부터 피할 수가 없다,[28] 그러므로 해방되기 위해서는 몸 값이 지불되어야 하며, 이 지불은 종이 된 죄인의 대체물이 될 것이다.

어떤 사람들은 주님의 십자가를 이렇게 설명하는 것을 반대하여 다음과 같은 질문을 고집해왔다. 누구에게 몸 값이 지불되는가? 하나님에게? 마귀에게? 그러나 하나의 주요한 진리를 예증하기 위해서 여러 비유를 들 수 있지만 그 진리를 벗어난 비유는 위험하며 일을 그르치게 한다. 성경에서 분명한 것은 그리스도께서 우리를 해방시키기 위해 자신이 죽으심으로써 필요한 몸 값을 지불하셨으며, 그의 죽음은 대속하는 역할이었다는 사실이다. 예수님은 우리를 대신하셨고 우리를 대신해서 죽으셨다. "인자가 온 것은…… 자기 목숨을 많은 사람의 대속물로 주려 함이니라($\lambda \acute{u} \tau \rho o \nu$ $\dot{\alpha} \nu \tau \acute{\iota} \pi o \lambda \lambda \tilde{\omega} \nu$)[29] 그리스도께서 우리를 위하여($\dot{u} \pi \epsilon \rho$) 저주를 받은바 되사 율법의 저주에서 우리를 속량하셨으니."[30] "그리스도 예수……가 모든 사람을 위하여 자기를 속전으로 주셨으니."[31]

정말로 예수께서 우리를 위해 자기 자신을 속전으로 완전히 드리셨기 때문에, 두 가지 분명한 결과가 나타난다. 첫째로 우리는 자유롭게 '하나님의 자녀가 되는 영광스러운 특권'을 누리게 된다. 죄와 죄의 권세로부터 자유롭고, 하나님의 의로운 심판으로부터 자유롭게 된다. 둘째로 우리는 더 이상 우리의 것이 아니다. 우리는 값으로 산 몸이 되었다. 그리고 단지 종의 상태로만 인도하는 자

---

27) 요 8 : 34.
28) 갈 3 : 10.
29) 마 20 : 28.
30) 갈 3 : 13.
31) 딤전 2 : 5—6.

아 중심적인 존재 대신에, 우리는 하나님의 영광에 참여해야 한다. 이렇게 함으로써 완전한 자유를 얻게 되는 것이다.

2. 개인적인 메시지

완전히 자신은 관련시키지 않고 논쟁(論爭)하거나 토론할 수 있는 사람의 철학과는 달리 하나님이 우리에게 주신 메시지는 직접적이고도 개인적인 관련을 가지고 있다. '가장 새롭게되는 것을 말하고 듣는 것 이외에 달리는 시간을 쓰지 않는'아덴의 철학자들에게 나아갔을 때, 그는 그들에게 직접적이고도 개인적인 행동을 요구하는 메시지를 전함으로써 그들 중의 많은 사람들을 당황케 만들었다. "하나님이……이제는 어디든지 사람을 다 명하사 회개하라 하셨으니."[32]

하나님은 우리의 지적 호기심을 즐겁게 하는데 조금도 관심을 갖고 계시지 않고, 대신에 한 주된 목적에 관심을 갖고 계신다. 즉, 우리의 삶을 바꾸고 우리의 관계를 개선하는 것, 그렇기 때문에 복음 전도의 메시지는 두 가지 측면에서 개인적이다.

첫째, 복음전도 메시지는 개인적인 경험과 관계를 맺고 있다. 바울이 복음의 핵심은 예수 그리스도의 죽으심과 부활하심에 있다고 강조했을 때, 그는 계속해서 개인적인 경험에 비추어 예수님의 현존하심을 강조했던 것이다. 확실히 그리스도인의 믿음이 성경과 일치되는 역사에 뿌리를 두고 있고, 주의 깊은 이해를 요하는 의미심장한 신학적인 진리를 포함하고 있다고 강조하는 것은 매우 중요하다. 그러나 실용적인 시험도 동일하게 중요하다. 그것은 지금도 역사하고 있다! 나는 이런 방법으로 예수님이 살아계시다는 것을 알고 있다고 바울은 효과적으로 말했다. 많은 사람들이 실제로 예수님을 보아왔다. 정말로 '그는 나에게도 역시 나타나셨다.' 종종 자신의 설교나 서신에서 바울은 자기가 그리스도를 개인적으로 경험

---

32) 행 17 : 21, 30.

한 것을 언급하고 있다. 그래서 설교자나 복음 전하는 자 혹은 증인들의 권위는 전하고 있는 그 하나님이 주신 메시지 뿐만 아니라, 그 메시지를 개인적으로 경험한 것으로부터 나오는 것이다. 이것을 바로 베드로가 애써 강조하고 있다. "우리 주 예수 그리스도의 능력과 강림하심을 너희에게 알게 한 것이 공교히 만든 이야기를 좇은 것이 아니요 우리는 그의 크신 위엄을 친히 본 자라."[33] 의심으로 흔들렸던 자들에게 편지를 쓰면서 요한은 다음과 같이 힘을 주어 말했다. "태초부터 있는 생명의 말씀에 관하여는 우리가 들은 바요, 눈으로 본 바요, 주목하고 우리 손으로 만진 바라."[34]

토저(A. W. Tozer)는 또한 이렇게 쓴 적이 있다. "경험해보지 못한 진리는 잘못이나 다름없으며, 위험한 것일지도 모른다. 모세의 자리에 앉았던 서기관들이 잘못으로 희생물이 되었던 것이 아니고 그들이 가르쳤던 진리를 체험하는데 실패하게 된데서 희생물이 되었다." 오늘날 세상은 실제적인 것을 찾고 있다. 만일 우리가 내적으로 명백하게 살아있는 그리스도를 경험하지 못하거나, 그의 변화시키시는 능력을 알지 못하거나, 성령의 기쁨과 사랑이 어떠한가를 경험하지 못했다면, 아무리 진리일지라도(명제적인 진술로서), 우리의 말이 다른 사람들에게는 경건한 상투어로 들릴 것이다.

오늘날 많은 설교가 애석하게도 전혀 효력이 없다. 우리는 하늘로부터 오는 생명의 양식 대신에 어떤 김빠진 인위적인 것들을 요리해왔거나――그래서 그것은 어떤 굶주린 영혼을 먹여주지 못할 것이다――혹은 우리가 옳은 말은 많이 하지만, 전혀 거기에 영적인 능력이 없었는데, 그것은 그러한 말씀의 현실화가 우리의 삶으로 아직 짜여지지 않았기 때문이다. 만일 이런 일이 개인적인 경험이 없어서 그렇다면, 우리의 설교는 연극이 되어 버리고, 그 연극은 위선을 의미하는 것이다.

유명한 철학자이며 합리주의자인 데이비드 흄(David Hume)이 한

---

33) 벧후 1 : 16, 18을 보라.
34) 요일 1 : 1―3을 보라.

— 제4장 복음전도의 메시지 —

때 거리를 급히 걷고 있는데, 한 친구로부터 어디에 가느냐고 물음을 받았다. "횃필드(Whitefield)의 설교를 들으려고요"라는 예기치 않은 대답을 들었을 때 그 친구는 놀랐다. "틀림없이 당신은 횃필드의 설교를 믿지 않으시는군요?", "그렇습니다만 횃필드는 믿습니다!"라고 흄은 대답했다. 진정한 모든 전도에 있어서 필수적인 것은 명백한 개인적인 경험으로부터 나오는 깊은 내적 확신이다. "우리의 복음은 말로만 너희에게 이른 것이 아니라, 오직 능력과 성령과 큰 확신으로 된 것이니." 사도 바울이 데살로니가 성도들이 메시지를 "사람의 말로 아니하고 하나님의 말씀으로"35) 받은 것을 하나님께 쉬지 않고 감사할 수 있었던 것은 전혀 놀라운 것이 아니다.

둘째, 복음전도 메시지는 반응을 요구한다. 예수님은 한 때 "내가 세상에 화평을 주러 온 줄로 생각지 말라. 화평이 아니요 검을 주러 왔노라"36)고 경고하셨다. 주님의 태도가 사람들을 분리해 놓으셨다. 주님의 말씀이 너무 절대적이어서, 주님의 명령이 너무 단언적이어서, 그리고 주님의 가르침이 너무 권위가 있어서 아무도 중립상태를 유지할 수가 없었다. 그들은 따르거나 반대해야만 했다. 즉 그들은 '예 아니면 아니오'라고 말해야만 했다. 예수님께서 십자가에 못박히셨을 때 그의 옆에 매달렸던 두 강도를 분리시킨 것과 마찬가지로 주님은 항상 인류를 분리시키셨다.

주의 말씀은 항상 예리하며 우리의 마음 속 깊이 있는 생각과 뜻을 감찰한다. 이렇게 하나 저렇게 하나 응답은 불가피한 것이 된다. 사람들이 오순절날에 마음에 찔려 "우리가 어찌할꼬?"라고 했다. 사도의 대답은 세개의 명백한 말로 요약될 수 있다. 회개하라, 믿으라, 영접하라.

---

35) 살전 1 : 5; 2 : 13.
36) 마 10 : 34.

회개하라

 이것은 지적인 변화를 일으켜 감정의 변화를 유도하고 결과적으로 의지적인 결정을 하는 것을 의미한다. 우리의 영적 도덕적 상태가 하나님 앞에 하나 하나 분석될 때 엎드려서 우리는 마음으로 하나님 앞에 우리의 죄와 죄인임을 인정해야만 한다. "만물보다 거짓되고 심히 부패한 것은 마음이라."[37] 그러나 죄에 대한 지적인 동의만으로는 부족하다. 감정은 우리의 죄로 하나님을 성나게 하고 그의 아들을 못박았다는 것을 슬퍼하고 깊이 후회하는 것이어야 한다. 시몬 베드로는 자기가 주님을 부인했던 것을 알았을 때 밖에 나가서 심히 통곡했다. 사실 슬픔의 정도는 아주 다양할 것이다.
 그러나 지적, 감정적인 변화만으로도 부족하다. 의지의 변화가 있어야만 한다. 회개는 180도 돌아서는 것을 의미한다. 회개는 그리스도의 도움으로 우리의 삶 가운데 모든 나쁜 것으로부터 돌아서고, 대신에 예수님께로 기꺼이 가는 것을 의미한다. 고의로 하나님께 불순종하면서, 동시에 그리스도를 영접할 수는 없다.
 한 손으로는 계속 죄를 범하고, 다른 손으로는 예수님을 취하려고 노력할 수 없다. 그것은 단순히 그럴 수 없는 것이다. 더구나 흥미로운 것은 예수님께서는 그 문제를 보편적인 일로 놓아두지 않으셨다. 기회 있을 때마다 예수님은 회개하라는 명령에 관계되는 적절한 영역을 지적했던 것이다. 그 젊은 부자 관원은 그의 모든 소유(그의 삶 가운데 가장 큰 우상이 된)를 팔아서 가난한 사람들에게 나누어 주어야만 했다. 사마리아 여인은 그녀의 실패작인 성관계를 걸러내야 했다. 삭개오는 분명히 비록 자신의 제안이었을지라도 그의 부정직한 소득을 '4배나 갚으라'고 격려받았다.
 일반적으로 예수 그리스도를 주로 영접하는 것을 넘어서서 제자의 도의 완전한 의미를 자세히 설명하는 것은 가능한 일이 아니며

---
37) 렘 17 : 9.

현명한 일도 아니지만, 종종 회개의 어떤 실제적인 결과들을 대면해야만 할 것이다. 동거하고 있는 젊은 남녀는 헤어지거나 결혼해야 한다. 부정직한 일을 하거나 소득세 납부를 떼어먹는 일은 가능한 한 빨리 올바로 되어야 한다. 원한과 괴로움은 즉각적으로 그리스도께 맡겨야 한다. 인종간의 편견은 자백해야 한다. 도색 문학이나 신비적인 책들은 없애야 한다.

회개는 슬쩍해버릴 수 있는 것도, 잘못된 것들로부터 단순히 돌아서는 것도 아니다. 회개는 예수 그리스도를 진실로 따르는 자로서 희생적인 사랑의 삶으로 돌아서는 적극적인 것이다. 세례 요한은 한 때 그의 회개의 세례가 정말 무엇을 의미하느냐는 질문을 받았다.

무리가 물어 가로되, "그러하면 우리가 무엇을 하리이까?" 대답하여 가로되, "옷 두 벌 있는 자는 옷 없는 자에게 나눠줄 것이요 먹을 것이 있는 자도 그렇게 할 것이니라"하고, 세리들도 세례를 받고자 하여 와서 가로되, "선생이여, 우리는 무엇을 하리이까?" 하매 가로되, "정한 세 외에는 늑징치 말라"하고, 군병들도 물어 가로되, "우리는 무엇을 하리까?" 하매 가로되, "사람에게 강포하지 말며 무소하지 말고 받는 요를 족한 줄로 알라"하니라.[38]

□ 믿 으 라 □

신약성경에서 믿으라는 부르심은 제자의 도에로의 부르심이다. 믿음은 예수 그리스도라는 인격체에서 명백하게 의지적으로 자신을 맡기는 것을 포함한다. 믿음은 그리스도의 신성이나 속죄의 어떤 교리를 지적으로 믿는 그 이상을 말한다. 그것은 개인적으로 그리고 전적으로 제자의 도에 관련되는 윤리적인 요구와 함께 예수님을 구주로서 복종하는 것을 의미한다. 정말로 성경에서, 믿음과 순종은 함께 연결되어 있고, 하나님께서 함께 하시는 것이 사람들을 갈기갈기 찢는 것은 아니다.

---
38) 눅 3:10—14(T.E.V.).

믿음의 표준적인 본보기가 바로 아브라함이다. "아브라함이 바랄 수 없는 중에 바라고 믿었으니 이는 네 후손이 이 같으리라 하신 말씀대로 많은 민족의 조상이 되게 하려 하심을 인함이라." 그리고 아브라함과 사라의 나이 때문에 하나님의 약속은 조롱하는 것 같고 불가능한 것 같아 보였지만, 아브라함은 "믿음이 없어 하나님의 약속을 의심치 않고 믿음에 견고하여져서 하나님께 영광을 돌리며 약속하신 그것은 또한 능히 이루실 줄을 확신"하였다.[39] 그러나 아브라함의 믿음이 하나님의 약속을 경건하고 수동적으로 받아들이는 것 이상의 것이었음을 히브리서 11장에서 아주 명백히 해 주고 있다. 오히려 그의 믿음은 적극적이며 희생이 따르는 순종을 가져오는 것이었다. "믿음으로 아브라함은 부르심을 받았을 때에, 순종하여… 나갈새 갈 바를 알지 못하고 나갔으며, 믿음으로…약속하신 땅에 우거하여……아브라함은 시험을 받을 때에 믿음으로 이삭을 드렸으니."[40]

예수 그리스도를 믿는 것은 그가 당신을 어디로 인도하실지, 혹은 어떻게 시험하실지 알지 못하더라도 적극적으로 한 인격체에게 맡기는 것을 포함한다. 내 아내와 내가 결혼했을 때, 우리는 둘 다 일평생의 헌신을 약속하기를 "잘 살건 못 살건 길이길이 나는 헌신하겠읍니다"라고 서로에게 이야기했다. 그것은 단지 계약서 한 장에 서명하는 것과 같았으며, 우리의 삶이 서로에게 계속해서 전적으로 헌신하는 것이어야만 그 관계는 효력이 있을 수 있다. 이것이 예수 그리스도를 믿는다는 것을 의미한다.

정말로 이 믿음은 예수께서 제자들에게 믿음을 세례라는 계약의 서명으로 확실하게 하라고 하실만큼 결정적인 것이다.[41] 이 세례는 복음의 기본적인 축복들, 즉 죄로부터 씻음, 그리스도와의 연합, 옛 사람의 죽음, 새 생명으로의 부활, 성령의 은사, 그리스도의 몸에

---

39) 롬 4 : 18—25.
40) 히 11 : 8—19.
41) 마 28 : 19.

참예함을 상징한다. 한 신부가 결혼해서 새로운 이름을 갖게 되어 남편과의 연합과 새 가족의 일원(一員)이 되는 것을 상징하는 것과 마찬가지로, 믿는 사람도 아버지와 아들과 성령의 이름으로(eis) 세례를 받는 것이다. 그것은 물론 믿는 사람이 배수진을 치는 것을 의미한다. 그때부터 뒤로 돌아서는 것이 없다. 새로운 삶이 시작되는 것이다.

□ 영접하라 □

여기에 복음의 필수적인 부분이 있다. '당신은 성령을 선물로 받을 것입니다'가 바로 그것이다. 그리스도께 자신을 맡기는 순간에 하나님이 그 아들의 영을 우리 마음 가운데 보내사 '아바 아버지'[42] 라 부르게 하신다. 사람이 하나님의 식구로 거듭나는 것은 전적으로 성령을 통해서이다. 그리고 우리가 우리 마음 가운데 끊임없는 그리스도의 임재하심을 누리고, 우리의 삶이 계속해서 그리스도를 닮아가는 것을 체험하는 것도 성령의 계속적인 내주하심을 통해서이다. 성령이 없이는, 진실한 그리스도인의 제자의 도는 불가능한 것이며, 절망스럽게도 우리가 이룰 수 없는 수준의 삶을 살려는 의무적인 노력과, 우리 자신의 마음의 본성을 바꾸려는 쓸데없는 시도가 될 것이다.

보통 복음전도에 있어서, 수년동안 전도할 때에 성령에 대한 언급이 거의 없거나 전혀 없다. 예를 들어, 잘 알려진 몇 개의 전도용 소책자는 성경에 관한 단 한 줄의 언급도 담고 있지 않다. 이것은 곧 심각한 복음의 삭제일뿐만 아니라, 회심(廻心)에 뒤따르는 성령의 역사에 대한 혼돈의 원인일지도 모른다. 처음부터 성령에 대해서 거의 모르거나 전혀 알지 못할 때에는 차후에 '성령을 받아들여야 할' 분명한 필요는 중요하고 의미가 있는 단계처럼 보일지도 모른다. 그러나 성령의 약속과 능력이 회심의 순간이나 직후에 자세

---
42) 갈 4:6, 롬 8:10 하반절을 참고하라.

히 설명된다면, 그리스도인이 수많은 영적 경험을 겪는다는 분명한 사실을 제쳐놓고, '두번째' 경험에 대한 의문은 크게 빗나가게 된다.

확실히 오순절 날에 베드로가 그 수 많은 무리에게 회개하고 세례받으면, 성령을 선물로 받을 것이라고 말했고, 그들의 삶과 사랑과 능력과 찬양을 보아서 그들이 성령을 선물로 받았다는 것은 의심할 여지가 없다. 물론 그들은 계속 성령 충만함을 유지해야 했지만, 적어도 그들은 회심의 순간부터 성령의 능력과 자유함이 어떠함을 알았다.

분명히 하나님께로 가는 길은 단 하나이고, 그 길이 예수 그리스도를 통한 것이지만, 그 길을 묘사하는 방법은 굉장히 많다. 신약성경은 엄격하고 교리적인 시도는 제쳐두고 상당한 융통성을 보여준다. 계속해서 예수님은 듣는 사람들에게 알맞는 말씀과 구절들을 택하셨다. 예수님은 그들에게 가장 의미있는 사고의 형태들을 사용하시면서 그들이 처한 바로 그 상태에서부터 시작하셨다. 농사, 건축, 어업, 원예, 요리, 바느질, 양치는 일, 물건 매매 등의 말로 어떻게 예수님께서 매우 깊이 있는 신학적 복음의 진리를 가르쳤는가를 보라. 한 여인이 우물가에 물 길으러 왔을 때, 즉시 예수님은 영원한 그녀의 갈증을 풀어줄 생수에 관한 이야기로부터 시작하셨다. 만일 예수님이 갑자기 의로움에 대해서 설교를 시작하셨다면, 그녀는 얼마나 당황했겠는가!

오늘날 몇몇 신학자들은 그것은 '부적당하다'는 이유로 모든 성경적인 개념을 버리려고 한다. 그러나 관계, 자유, 거듭남, 사랑, 삶, 믿음, 소망, 평안, 용서, 화목 및 의(義)등의 말로(문맥과 상황에 따라) 복음을 설명하는 것보다 더 적당하고 의미있는 것이 무엇인가?

제자들도 역시 그들의 상식을 이용해서 듣는 사람에게 의미 있는 말로 전도했다. 유대인들과 이야기할 때, 사도들은 구약을 인용하거나 비유하여 말했지만,[43] 이방인들에게 복음전할 때는 구

---

43) 예를 들면, 행 2:14-36; 7:2-53.

약에서 참고한 것은 거의 찾아 볼 수 없다. 사도들은 이교도들의 묘비에 새겨진 비문이나, 헬라 시인들로부터 인용한 글 등을 참고하였다. 마이클 그린(Michael Green)은 그것을 다음과 같이 요약했다. "전적으로 성경에 나와있는 그리스도에게 맡기시오. 그리고 또한 전적으로 설명은 융통성 있게 하시오."

제 5 장
복음 전도의 동기
(*Motives for Evangelism*)

　최근 수년간에 걸쳐서 복음전도에 관한 이야기와 토론은 거의 끝없이 계속되고 있다. 복음전도를 위해 여러 수준의 방법으로 수양회(修養會)와 모임이 계속되고 있다. 훈련 코오스, 분반공부 그리고 세미나들이 세계 여기저기에서 열리고 있다. 선교단체의 조직, 상담자 훈련, 문서활동 등이 일어나고 있다. 그렇지만 레이톤 포드(Leighton Ford)는 『세계를 변화시키는 한 길』(*One Way to Change the World*)이라는 그의 자극적인 책에서, "모든 교회와 전도기관 및 선교기관들의 노력을 합한다 하더라도 그리스도인 1,000명이 단 한명의 새로운 그리스도인을 얻는데 365일이나 걸렸다. 이것은 결코 바람직하지 못하다"[1] 라고 말했다.
　그러면 유용한 훈련과 시설이 과거 어느 때보다 더 좋은 지금인데도 불구하고, 교회의 원초적인 일이며 급박한 복음전도의 일을 진척해 나아감에 있어서 교회가 왜 이렇게 크게 실패하고 있는가? 우리는 그 해답을 전도의 동기에서 발견할 수 있다. 만일 그리스도인들이 전도할 마음이 없다면 수양회나 훈련 코오스, 전도 전략과 계획, 선교 조직들, 이러한 모든 것이 완전히 쓸데없는 것이 될 것

---
1) *Op. cit.*, (Coverdale), 3.

— 제5장 복음 전도의 동기 —

이다. 이것은 교회가 이제까지 잘 알지 못했던 간단한 진리이다.
 그것을 좀더 살펴 보자. 복음전도는 쉽지 않다. 낙담케 하고 실망을 주는 것들이 너무 많이 있다. 한 전도자(傳道者)로서 나는 가끔 많은 무리가 예수님의 설교를 듣기 위해서 온 '요한복음 6장'을 생각해 본다. 부분적으로 그들은 자기들의 목격했던 표적과 기사에 매료되었기 때문에 온 것이었다. 다른 많은 경우처럼 그 때에도 예수님은 강하게 도전하셨다. "인자의 살을 먹지 아니하고 인자의 피를 마시지 아니하면 너희 속에 생명이 없느니라."
 확실히 주님이 제시하셨던 것은 매우 주의를 끄는 것이었다. "내가 곧 생명의 떡이니 내게 오는 자는 결코 주리지 아니할 터이요, 나를 믿는 자는 영원히 목마르지 아니하리라." 그러나 그것은 많은 사람들이, '이 말씀은 어렵도다. 누가 들을 수 있느냐'라고 소리치게 만든 주님의 독특하고도 권위있는 주장이었다. "이러므로 제자 중에 많이 물러가고 다시 그와 함께 다니지 아니하더라"고 요한은 기록하고 있다. 주님이 열 두 제자에게 돌아서서 "너희도 가려느냐?"라고 물으셨을 때, 우리는 수많은 그리스도인이 그리스도의 복음에 대해 적극적으로 반응하지 않을 때 경험해 온 것처럼 깊은 실망의 소리를 들을 수 있다.
 고린도후서 4장에서 바울은 그가 낙심케 하는 유혹을 매우 잘 알고 있다고 밝혔다. 두 번씩이나 그는 "우리가 낙심하지 아니한다"[2] 라고 말한다. 그리고 그가 그렇게 거듭 말하는 것은 그가 종종 낙심케 하는 유혹을 받았음을 의미한다! 정말로 그는 복음전도의 영역에서 많은 그리스도인들이 알고 있는 그 낙심의 이유를 잘 제시해 주고 있다.
 첫째 이유는 우리가 계속해서 부딪히는 영적 무분별 혹은 무관심이다. 사람들은 쉽게 흥미를 느끼지 않는다. 그들은 휘말리기를 원하지 않는다. 그들은 그리스도의 복음의 관련성과 중요성을 볼

---
 2) 고후 4:1,16.

수 없거나 보지 못할 것이다. 그래서 바울은, "만일 우리 복음이 가리웠으면 망하는 자들에게 가리운 것이라. 그 중에 이 세상 신이 믿지 아니하는 자들의 마음을 혼미케 하여 그리스도의 영광의 복음의 광채가 비취지 못하게 함이니…"라고 말한다. 그것은 그들을 사멸케 하는 무관심 뒤의 신학적 설명이라고 말할런지 모른다. 그러나 우리가 조금이라도 사람들의 영적 필요에 주의를 기울인다면 우리가 지상(地上)에서 가장 영광스러운 진리를 사람에게 전하기를 모색할 때, 부딪히는 그 무반응한 무관심보다 더 마음을 짓누르고 억압하는 것은 거의 없다.

나는 절대적으로 그리스도가 필요한 사람들이, 내가 전도했을 때 완전히 무관심 상태에 있을 때보다 더 마음이 상한 적은 없었다. 이것이 바로 많은 그리스도의 일군이나 사역자들이 실제로 낙심하고, 안 믿는 자들을 그리스도에게 인도하는, 외관상 거의 희망이 없어 보여서 그 일을 포기하는 이유인 것이다. 그 때문에 어떤 사람들은 신약성경의 복음 전파하는 일을 그치고 대신에 그들의 대의명분 때문에 사회사업이나 교육사업으로 전향해 버린다.

제임스 스튜어트(James Stewart)는 환멸을 느끼는 설교자의 비극상을 생생하게 묘사하고 있다.

> 더이상 하나님의 전을 사모하는 열심이 그를 삼키지 못한다. 그는 더이상 예수 그리스도께서 그의 구원의 큰 힘과 권능으로 그의 백성 중에 임하리라는 짜릿한 기대감을 갖고 강단에 오르지 않는다. 한 때는 그에게 가장 극적인 사건 같았던 복음에 관해 지금 그는 지루하고 따분하게 이야기하고 있다. 하나님의 용서에 관한 열렬하고 힘차고 열정적인 메시지, 부활하신 주님의 임재에 대한 의기양양하고 서정적인 확신, 초자연적인 은혜에 대한 놀라움, 만일 복음을 전하지 아니하면 내게 화가 있을 것임이로라고 외치고 싶은 마음── 이 모든 것이 사라졌다. 그는 낙심하고 환멸을 느낀다. 그리고 이것은 그리스도의 대사에게 있어서 비극이다.[3]

---

3) *Teach Yourself Preaching*, 19.

— 제5장 복음 전도의 동기 —

내가 처음 요크(York) 지방으로 이사갔을 때 몇몇 지도자급의 그리스도인들이 내게 말했다. 내가 만일 주의하지 않으면 3년내에 영적 예리함을 잃게 되리라고 경고했다. 예수님 자신도 하나님이 줄 수 있는 그 가장 큰 선물에 대한 유대인들의 무지로 예루살렘을 보고 우셨다는 사실을 기억하는 것은 종종 내게 위로가 되었다.

그러나 그리스도의 사역자로서 부르심을 받은 것이 놀라운 특권이라는 사실을 깊이 인식한 바울은 이렇게 말했다. "이러하므로 우리가 이 직분을 받아 긍휼하심을 입은대로 낙심하지 아니하고…."⁴⁾ 우리는 주 예수 그리스도를 전하고 있다. 하나님은 어두움에서 빛을 비춰실 수 있는 분이시다. 그는 우리 마음에 그리스도 얼굴의 영광의 광채를 비추셨다. 그는 우리에게 해 주신 것을 누구에게나 하실 수 있는 분이시다. 그러므로 우리는 낙심해서는 안된다.

그러나 둘째로 바울은 전도의 일에서 육체적, 정신적 피곤의 무거운 짐이 있음을 알았다. 간단한 전도의 봉사(奉仕) 후에 있어서도 그리스도를 전함과 그리스도에 관해 사람들에게 확신을 주는 것을 모색하는 수고가 종종 나를 기진맥진하고 지치게 만들었다. 나는 더 이상 할 일이 없다고 생각한다. 그러나 우리들 중에 얼마나 많은 사람들이 바울이 복음을 위해 당한 고통, 즉 매맞음, 돌에 맞음, 파선당함, 여행중에 계속되었던 신체적 위험, 수고하고 애쓴 것, 여러번 자지 못함과 주리고 목마르고 춥고 헐벗음 등을 알고 있는가? "이외의 일은 고사하고 오히려 날마다 내 속에 눌리는 일이 있으니 곧 모든 교회를 위하여 염려하는 것이라. 누가 약하면 내가 약하지 아니하며……."⁵⁾

바울은 주님께서 직면하셨던 죽음을 수없이 맞부딪히면서, 고난 받는 것이나, 답답한 일 당함이나, 핍박받는 것이나, 거꾸러드림을 당하는 것이 무엇인가를 알았다. 그리고 이 모두를 오직 그리스도의 복음을 계속 전파하기 위해서 참았다! 만일 누군가가 피곤함과

---

4) 고후 4 : 1.
5) 고후 11 : 23—29.

고통이나 고난으로 포기하고 싶은 마음이 생긴다면, 바울도 틀림없이 그랬을 것이다. 그러나 그는 자신있게 단언한다. "그러므로 우리가 낙심하지 아니하노니 겉사람은 후패하나 우리의 속은 날로 새롭도다. 우리의 잠시받는 환란의 경한 것(!)이 지극히 크고 영원한 영광의 중한 것을 우리에게 이루게 함이니."[6]

그를 가로막는 엄청난 곤경(困境)에도 불구하고 그가 계속해서 그런 막대한 힘과 끈기를 지속할 수 있게 만든 요소는 무엇인가? 고린도후서 5장 후반부에서 바울은 그의 전도사역을 하도록 강하게 이끌었던 요소를 여섯 가지 정도로 지적하고 있다. 그런데 이것들은 한결 같이 그리스도에게 초점이 맞추어져 있다.

□ 그리스도의 교제 □

바울은 이 두 개의 장에서 '우리가' 혹은 '우리에게'라는 단어를 60번 이상 사용하고 있다. 비록 그가 어쩔 수 없이 혼자가 되는 외로운 상황에 처했을 때도 있었다. 허나 그는 '복음 안에서의 동역자의식'이 가장 중요한 것을 확신하고 있었다. 예수님이 70인을 전도하러 보내실 때에 그는 "둘씩 앞서 보내셨다."[7]

신약에 나와 있는 교회에서도 대체로 같은 원칙이 적용되었다. 우리는 베드로와 요한, 사울과 바나바, 바울과 누가, 바울 및 실루아노와 디모데라고 성경 말씀에 쓰여 있음을 안다. 물론 사도들이 사마리아에의 빌립, 다소의 사울을 방문한 아나니아, 고넬료에게 가는 베드로와 같이 제자들이 한 사람씩 보내어진 때도 있었다. 그러나 그리스도의 일에 있어서 동역자의식이 중요함은 조금도 의심할 여지가 없다. 전도서의 기자는 그것을 이렇게 표현했다. "두 사람이 한 사람보다 나음은…… 혹시 저희가 넘어지면 하나가 그 동무를 붙들어 일으키려니와 홀로 있어 넘어지고 붙들어 일으킬 자가

---

6) 고후 4 : 8—18.
7) 눅 10 : 1.

— 제 5 장 복음 전도의 동기 —

없는 자에게는 화가 있으리라…… 한 사람이면 패하겠거니와 두 사람이면 능히 당하나니."[8]

더구나 전도하는데 따르는 영적 싸움에 있어서 힘을 북돋우고, 위로해 주고 기도하는 것을 위해서 교제가 매우 중요하다. 또한 사랑 안에서 서로 깊이 신뢰하는 우리들의 이러한 삶을 통해서 그리스도를 확실하고 능력있게 증거할 수 있는 것이다. 그리스도께서는 성령(聖靈)의 지배를 받는 우리의 개인적인 삶 속에서만이 아니고 상호간의 교제에서 오히려 더 자기 자신을 나타내신다. 다소 그 수는 적지만 지상에는 그리스도의 몸이 존재하고 있다.

많은 경우에 나는 둘 이상의 그리스도인이 서로 조화를 이루며 사는 것을 볼 때, 그리스도의 임재하심을 인식하게 된다. 그리고 이것이 많은 개인 전도보다 훨씬 더 영향력이 있다. 이것이 바로 예수님이 삼위일체 하나님의 완전한 사랑과 연합을 말해 주는 그러한 긴밀한 하나됨으로 제자들이 "다 하나되어 세상으로 아버지께서 나를 보내신 것을 알게 하옵소서"[9]라고 기도하셨던 이유인 것이다. 이 때문에 바울은 빌립보 성도들에게 일심으로 서서 한 뜻으로 복음의 신앙을 위하여 협력하라고 권면했다. 그는 성도들이 마음을 같이하여 같은 사랑을 가지고 뜻을 합하여 한 마음을 품기를 촉구했다. 두 자매에게는 "주 안에서 같은 마음을 품으라"[10]고 권면한다.

서신서들에는 전도할 것을 권고하는 구절이 의외로 적다. 그 대신에 바울이나 베드로, 요한은 사랑 안에서 연합되고 잘못된 관계를 개선할 것을 권면하는데 역점을 두고 있다. 그들은 예수님의 가르침에 따른 따뜻하고 사랑과 기쁨이 넘치는 그리스도 안에서의 그러한 교제가 살아계신 주님의 임재하심에 대한 효과적인 간증이 되고, 전도하는데 큰 촉진제가 된다는 것을 잘 알았다. 다른 그리스

---

8) 전 4 : 9—12.
9) 요 17 : 11, 21.
10) 빌 1 : 27; 2 : 1—2; 4 : 2.

도인들의 지지와 사랑과 격려 그리고 중보기도의 튼튼한 도움없이 세상으로 나갔을 때, 우리가 실망하고 낙심하게 되는 것은 당연하다.

존 웨슬리(John Wesley)는 그리스도인들에게, "여러분 혼자 하나님을 섬길 수 없음을 기억하십시오. 동역할 사람들을 찾거나 만들어야 합니다. 성경에는 혼자만의 신앙에 관한 언급은 없읍니다"라고 충고하곤 했다. 불행하게도 교회가 전도에 약한 이유는 상대적으로 지역 교회에서는 신약에 나타난 것과 같은 그리스도 인간의 따뜻한 교제를 거의 찾아보기 어렵기 때문이다. 성경의 사랑을 삶에 나타냄으로써 그러한 교제로 돌아가야 하는데, 그렇게 되지 않는다면 전도의 중요한 수단과 격려가 되는 것 중에 하나를 잃게 될 것이다.

최근 가정 교회(house churches)의 급속한 성장은 지역 교회로부터 이따금 몇몇 열정적(熱情的)인 그리스도인들을 떼어놓고 있으며, 전통적인 조직의 교제부족이나 교제가 전혀 없는 것을 비웃고 있다. 나는 가정교회 운동의 신봉자는 아니지만, 여러 측면에서 이러한 가정교회의 성장 이유들이 매우 수긍된다.

□ 그리스도의 심판 □

"이는 우리가 다 반드시 그리스도의 심판대 앞에 드러나 각각 선악간에 그 몸으로 행한 것을 따라 받으려 함이라. 우리가 주의 두려우심을 알므로 사람을 권하노니…"[11] 그리스도의 심판이 왜 전도하는데 활력있고 강력한 요소가 되어야 하는가? 첫째로 심판날에 그리스도인 자신들도 심판받는다는 것을 분명히 기억해야 한다. 우리가 다 반드시 그리스도의 심판대 앞에 드러난다. 그때 우리가 그리스도인으로서 한 일들이 시험받게 된다. 우리가 장래 심판에도 마음 놓을 수 있는 예수 그리스도라는 반석 같은 터를 닦아 놓았저

---

11) 고후 5:10 f.

만, 이 터 위에 세운 '공력들'은 불로 시험받을 것이다.[12]

구원받은 후로 우리가 한 일이 무엇인가? 복음을 전하는데 우리의 시간과 돈과 정력 등을 어떻게 사용해 왔는가? 하나님이 주신 기회와 은사를 온전히 사용했는가? 예수님은 여러 비유를 들어 우리 각자가 우리의 행위를 다 하나님께 직고해야 할 것을 분명히 말씀하셨다. 현재 우리는 그의 은사를 받은 청지기일 뿐이다. 우리는 그리스도의 일군이요, 하나님의 비밀을 맡은 자 들이다(첫째로 복음을 의미한다). 게다가 맡은 자들에게 구할 것은 충성이다. 바울은 계속해서, '판단하실 이는 주'시라고 말하고 있다. 우리는 다른 사람을 속일 수도, 그리스도를 위해 사람을 얻는 노력에 대해 우리 자신을 정당화시킬 수도 있다. 그러나 그 날에 그리스도께서 "어두움에 감추인 것들을 드러내고 마음의 뜻을 나타내실 것이다."[13] 우리가 만일 이같은 심판날의 심각성을 안다면, 그 예수 그리스도의 진리를 전하기 위해서 우리가 할 수 있는 모든 것을 해야 한다.

둘째로 그리스도가 없는 사람들이 그날에 심판받게 된다. 웨이마우스(Weymouth)의 번역에는, "우리가 다 반드시 그리스도의 심판대 앞에 숨김없이 드러난다"라고 되어 있다. 오늘날 사람이 하나님 앞에 서야 하는 심각성이 종종 상대적(相對的)으로 꽤 훌륭하고 행복한 선의의 삶에 의해 가리워져 있다. 많은 사람들이 하나님을 믿지만, 정당하고 공평한 사회를 만드는데 더 관심이 많다. 그렇기 때문에 그들의 정말 심각한 영적 결핍은 드러나지 않고 있다. 그러나, 그리스도의 심판대 앞에서 그 피상적인 가면이 벗어지고, "그리스도 밖에 있고…… 소망도 없고 하나님도 없는"[14] 그들의 참 모습이 드러날 것이다.

"인류는 중간 부류없이 의인과 악인으로 나뉘어진다. 선과 악이 있으며, 그 중간은 없다. 사람은 생명과 사망, 구원받느냐 버림받

---

12) 고전 3 : 10—15.
13) 고전 4 : 1—5.
14) 엡 2 : 12.

느냐 중의 어느 하나를 선택해야 한다.”[15] 나는 이와 같이 둘 중의 하나를 택해야 하는 것이 많은 사람의 비위에 거슬린다는 것을 잘 안다. 그러나 하나님의 마지막 심판에 관한 가장 명확(明確)하고 강력한 가르침은 구약도 아니고 신약의 서신서도 아닌 바로 예수님 자신의 말씀에서 찾을 수 있다. 예레미야가 표현한대로, 주님의 말씀은 구원의 선포일뿐 아니라, 심판의 선언이요, 경고의 외침이요, 그 위기가 무섭게 긴박하다는 관점에서 보면 회개의 부르심이다. 그 비유를 더 많이 들 수도 있다.

가장 뚜렷한 사실은 우리에게 하나님의 사랑을 누구보다도 더 보여 주신 예수님이 하나님의 심판에 관해 누구보다 많이 말씀하셨다는 것이다. 왜? 그것은 아마 이러한 이유 때문일 것이다. 즉 우리가 정말로 사랑하고 염려하는 사람에게 이야기하지 않을 수 없을 만큼 하나님의 심판이 심각하다는 것이다. 역시 예수님도 사랑 가운데서 우리가 하나님 앞에서 심판받아야함을 드러내 놓고, 숨김없이 말씀하셨을 뿐만 아니라, 그 때문에 피흘려 주시기까지 하셨다. 예수님이 우리 죄를 모두 짊어지심으로 우리가 하나님께 용납되고 용서받을 수 있게 됐다. “그러므로 이제 그리스도 예수 안에 있는 자에게는 결코 정죄함이 없나니.”[16] 게다가 거절당할 것도 각오하는 것이 사랑의 특성이다. 즉 하나님은 사랑으로 자기 자신을 우리에게 강요하지 않을 것이다. 사랑의 비극은 그것이 돌아오지 않을 때 일어난다.

심판할 때 하나님은 단지 우리가 그에 관해 내린 결정을 중요시 한다. 물론 예수님은 마지막 심판에 우리가 얻은 기회와 이해에 대한 우리의 반응에 달려 있음을 명백하게 말씀하셨지만, 내가 하나님을 원하지 않는다면 그 뿐이다. 마치 내가 혼자 있고 싶을 때 그럴 수 있는 것처럼 이것은 아주 공명정대한 것이고, 하나님의 사

---

15) O. J. Sanders의 『복음을 듣지 못한 사람들은 어떻게 될 것인가』 (*What of the Unevangelised?*) (O. M. F.), 10.
16) 롬 8 : 1.

랑에도 부합되는 것이다. 우리 모두가 그의 정죄를 받아 마땅함에도 불구하고 하나님께서 예수 그리스도 안에서 우리에게 은혜를 베푸셨다는 것은 기실 놀라운 사랑이 아닐 수 없다.

만일 우리가 그의 사랑을 거절하거나 경시한다면(이 둘은 같은 결과를 낳는다), 그것은 우리가 예수님께서 여러가지로 표현하신 '바깥 어두움', '불', '고통', '울며 이를 갊'을 선택하는 중대한 사건이다. 물론 이 표현(表現)들은 비유지만, 하나님이 없이 그 대신에 양심의 정죄로 인한 형벌과 하나님의 불쾌히 여기심을 아는 고통 등이 들어찬 두려운 마음의 상태를 묘사하기 위해 자유로이 선택되어진 말들이다. 기록된 복음을 잘 살펴보면 예수님께서 우리가 직면하는 그 양자택일의 문제를 상당히 많이 말씀하고 계신 것을 알 수 있다.

그리스도의 심판을 분명히 이해하는 것은 전도와 선교사업에 크게 자극을 준다. 물론 우리가 단지 그리스도의 사랑의 격려만으로 행동한다면 더욱 좋을 것이다. 사람들이 단지 심판을 면하기 위해서가 아니고, 오직 그의 사랑을 기쁘게 받아들인다면 그리스도께 더욱 영광이 되는 것은 물론이다. 그러나 그리스도께서는 우리의 봉사와 회개가 단지 심판의 두려움 때문이라고 해도, 그것을 기꺼이 받아들일 만큼 우리를 사랑하신다. 제임스 데니(James Denney)는 "심판자 그리스도에 대한 두려움을 마음에 새겨 두자. 그렇게 되면 봉사하는데 새 힘이 난다. 당장에 주님 일이 더욱 더 절박하고, 전전하게 될 것이다"라고 말했다. 그 반대의 경우도 물론 있을 수 있다. 톰 알렌(Tom Allan)은 하나님의 심판을 교회가 부인했기 때문에 수년간 스코틀랜드(Scotland)에 복음이 전파되지 않았다고 평한 적이 있었다. 오늘날 여러 면에서 볼 때 이 문제는 마치 집을 멀리 떠나서 그를 사랑하고 보살펴 주는 사람과 단절되어 있을 때, 돼지 우리에서 안락함을 찾으려고 애쓰는 탕자를 집으로 불러들이는 일과 다를 바 없다.

우리가 만일 하나님의 심판이 얼마나 두려운가를 안다면, 두 가지 분명한 결론에 도달한다. 첫째, 우리는 절박한 심정으로 말해야 한다. 우리는 사람들을 강권한다고 바울이 말했다. 우리는 시간을 낭비하지 않는다. 모든 수단과 하나님이 주신 기회를 이용해서 예수 그리스도께서 주님이심을 선포해야 한다. 14년 동안 루마니아(Rumania)에서 종교법으로 감옥살이한 리처드 웜브랜드(Richard Wurmbrand)는 간수들과 협상하여, 매맞는 조건으로 그리스도를 전파했다. 이런 식으로 정기적으로 주님 일하고, 정기적으로 매를 맞았다. 그 결과 많은 사람들이 그들의 삶을 그리스도께 헌신하게 되었다.

둘째, 우리는 진리에 합당하게 행동해야 한다. "우리가 하나님 앞에 알리워졌고 또 너희의 양심에도 알리워졌기를 바라노라."[17] 때때로 바울은 말씀의 권위와 말씀 전하는 자의 성실성을 연관지어 말하고 있다. "이에 숨은 부끄러움의 일을 버리고 궤휼 가운데 행하지 아니하며 하나님의 말씀을 혼잡케 아니하고……무엇에든지 아무에게도 거리끼지 않게 하고…… 우리가 너희 가운데서 너희를 위하여 어떠한 사람이 된 것은 너희 아는 바와 같으니라."[18]

우리의 삶이 복음의 진리에 부합되어야 한다는 것은 전도의 매우 중요한 요소이다. 부합되지 않는다면 전도에 심각한 방해가 된다. 중국(中國)에서 가장 많은 열매를 맺은 전도자로 알려진 존 성(John Sung)은 성공의 비결에 관해 질문받은 적이 있었다. 그는 지혜롭게 대답했다. "돈에 주의하시오. 여자를 주의하시오. 그리고 하나님께서 인도하시는 길을 따라 가기를 주의하시오." 이 세 영역에서의 부주의는 종종 전도에 재앙을 가져오게 마련이다.

□ 그리스도의 사랑 □

"그리스도의 사랑이 우리를 강권하시는 도다"[19]라고 바울은 말했

---

17) 고후 5 : 11.
18) 고후 4 : 2; 6 : 3, 살전 1 : 5.

다. 강권하시는도다 라는 말은 매우 흥미있다. 이 단어는 누가복음 8장 45절에서 무리가 예수님을 옹위하며 밀었다고 말했을 때 사용된다. 또 누가복음 19장 43절에서 예수님이 예루살렘이 원수들에게 사면으로 둘러싸일 것을 경고하셨을 때도 사용된다. 이 단어가 가장 인상적으로 사용된 것은 누가복음 12장 50절에서 예수님이 "나는 받을 세례가 있으니 그 이루기까지 나의 답답함이 어떠하겠느냐!" 라고 하셨을 때였다.

여기서 예수님은 자기를 십자가로 몰아가는 강한 원동력을 체험하셨다. 그는 이 길을 가셔야만 했다. 그 일을 완성(完成)해야만 하셨다. 바울도 역시 이 강요가 어떠함을 알았다. 그리스도의 사랑이 그를 온유하게 그러나 확고하게 누르고 있었다. 그는 이 사랑이 그를 감싸고 있음을 느꼈다. 그리스도의 사랑이 그를 뚜렷한 한 방향으로 몰고 갈 때 어떤 반대와 무관심에 직면했어도, 그 일이 아무리 피곤하고 고통스러워도, "그리스도의 사랑이 우리를 선택의 여지가 없게 한다"(새 영어성경 번역 : New English Bible).

바울이 어떻게 해서 그렇게 그리스도의 사랑에 사로잡혀 있었는가? 자석으로 끈다손치더라도 그는 십자가로 돌아올 것이다. "우리가 생각컨대 한 사람이 모든 사람을 대신하여 죽었은즉, 모든 사람이 죽은 것이라. 저가 모든 사람을 대신하여 죽으심은 산 자들로 다시는 저희 자신을 위하여 살지 않고 오직 저희를 대신하여 죽었다가 다시 사신 자를 위하여 살게 하려 함이니라."[20] 바울에게 십자가란 속죄에 관한 어떠한 신학적(神學的) 설명 그 이상의 것이었다. 그리스도께서는 그를 위해 돌아가셨다. 그를 대신해서 고난 받으셨다. 바울은 그때 그가 더 이상 자기 것이 아니라는 것을 알았다. 더 이상 자기 자신을 위해 살 수 없었다. 그를 예수님이 값을 치루고 사셨다. 그래서 또 바울은 그를 사랑하사 자기 몸을 버리신 하나님의 아들을 위해 이 영광스럽고 새로운 삶을 살아야 했다.

---

19) 고후 5 : 14.
20) 고후 5 : 14 f.

다른 곳에서도 바울은 성령으로 그의 마음에 부은바 된 하나님의 사랑에 관해서 썼다. 이것이 오순절의 진수였다. 제자들이 성령 충만하게 되자, 두려움에서 벗어나 하나님을 찬양하게 되었다. 걱정으로부터 해방되어 담대하게 전도할 수 있게 되었다. 또 사도행전 4장에서 예수님을 십자가에 못박은 사람들이 그들을 위협했을 때, 제자들은 성령충만해서 하나님의 말씀을 담대하게 말했다. 그리고 사도행전 9장에서 바울은 성령충만했을 때 즉각적으로 회당에 들어가서 예수께서 하나님의 아들이심을 전파했다. 이것이 바로 십자가에서 증명되었고, 그들의 섬김과 전도를 주관하시는 성령에 의해 그들에게 부은바 된 그리스도의 사랑이었다. 그러나 이것이 우리 마음에 늘 새롭게 체험되지 않는다면, 그리스도를 자발적으로 증거할 수는 없다. 의무를 수행하는 것으로서 될 수는 있으나, 그리스도의 성령충만이 자연스럽게 삶에 넘쳐서 증거되지는 않는다.

마음에 가득한 것을 말하게 된다. 그러나 그 마음에 그리스도의 사랑이 충만하지 않다면, 그 입은 말하지 않을 것이다. 말한다 하더라도 빈 말을 하게 된다. 존 스타트(John Stott)는 "우리가 영적으로 가난할 때만큼 입을 막고, 입술을 봉하게 하며, 혀를 묶어버리는 것은 없읍니다. 우리에게 말하지 않고는 못 배기는 증거가 있다는 단순한 이유로 우리는 증거해야 합니다"[21]라고 했다.

너무 오랫동안 그리스도인의 증거는, '복음을 들려 준다'는 관점에서만 생각되어 왔다. 그러나 우리가 사람들에게 기꺼이 사랑과 희생적인 봉사를 하기 전에는 그들에게 복음을 전할 권리가 우리에겐 없다. 이것이 바로 바울이 데살로니가 교회에 편지했던 내용이다. "우리가 이같이 너희를 사모하여 하나님의 복음으로만 아니라, 우리 목숨까지 너희에게 주기를 즐겨함은 너희가 우리의 사랑하는 자 됨이니라."[22] 니겔 구드윈(Nigel Goodwin)은 그리스도의 사랑을

---

21) 『전도의 동기와 방법』(*Motives and Methods of Evangelism*) (I. V. P.), 17.
22) 살전 2 : 8.

― 제5장 복음 전도의 동기 ―

매우 많은 사람들에게 증거한 훌륭한 그리스도인 배우인데, 한 번은 성직자들에게 이렇게 물었다. "여러분은 사람들이 회개하는 것을 보기 원하기 때문에 그들을 사랑하십니까? 아니면, 여러분이 그들을 사랑하기 때문에 그들이 회개하기를 원하십니까?"

□ 그리스도의 능력 □

"누구든지 그리스도 안에 있으면 새로운 피조물이라 이전 것은 지나갔으니 보라, 새 것이 되었도다."[23] 헬라어 표현이 훨씬 더 인상적이다. 그것은 마치 신문의 표제(表題)처럼 들린다. "누구든지 그리스도 안에 있으면―― 새로운 피조물!"이다. 이것이 복음의 기적이다. 예수 그리스도의 능력은 어느 누구의 삶도 변화시킬 수 있다.

유대 철학자, 마틴 부버(Martin Buber)는 이렇게 한탄한 적이 있다. "이 세상에서 고집불통인 인간의 마음을 바꿀 수 있는 힘이 어디 있는가? 인간의 마음에는 그러한 비극적인 요소가 있다." 그 해답의 유일한 힘이 하나 있는데, 그것이 바로 그리스도의 능력이라는 것이다. 예수님이 제공하신 그 혁명의 중요성은 그것이 사람의 마음을 첫째로, 또 주요하게 다루고 있다는데 있다. 확실히 예수님은 사람과 소유물, 친구와 적에 대한 우리의 모든 삶과 태도를 변화시킬 혁신적인 말씀을 가지고 계신다. 그러나 무엇보다도 그는 우리에게 새로운 마음과 심령을 제공하신다.

이때부터 우리는 현실적으로 될 수 없을 것 같은 사람이 되려는 비전을 가지게 된다. "그러므로 우리가 이제부터는 아무 사람도 육체대로 알지 아니하노라, 비록 우리가 그리스도도 육체대로 알았으나 이제부터는 이같이 알지 아니하노라."[24] 그 당시 가장 좋은 대학에서 장학생으로 공부했고, 예수님의 제자들을 광신적으로 배척한 열

---

23) 고후 5 : 17.
24) 고후 5 : 16(N. E. B.).

렬한 유대인인 다소의 사울은 전혀 그리스도인이 될 것 같지 않았다. 그러나 놀라운 것은 누구든지 그리스도 안에 있으면—— 새로운 피조물이라는 사실이다! 그러므로 우리는 사람을 두 가지 측면으로 볼 필요가 있다. 우리가 바라는대로가 아니라 있는 그대로의 그들을 사랑해야 하고, 동시에 주 안에서 변화될 수 있는 사람들로 여겨야 한다. 이것이 바로 아나니아가 두려워하고 있던 다소의 사울에게 접근한 방법이었다. "형제 사울아, 주……예수께서 나를 보내어 너로 다시 보게 하시고 성령으로 충만하게 하신다." 성령(聖靈)의 인도에 순종했을 때, 아나니아는 얼마나 놀라운 비젼을 갖게 되었는가!

또한 그리스도인의 주장이나, 그리스도인의 종교 안에 있는 사람이 아니라, 오직 '그리스도 안에' 있는 사람에게만 새로운 피조물이 되는 기적이 일어남을 주의하라. 고린도에 도착했을 때 바울은 자기의 말과 전도함이 "지혜의 권하는 말로 하지 아니하고 다만 성령의 나타남과 능력으로"[25] 하기를 바랬다. 반대 주장에 대답해 주거나, 그리스도인의 믿음이 합리적임을 논증함으로써 사람들을 설득하는 것이 필요할지도 모른다. 그러나 어떤 사람의 믿음이 단순히 빈틈없는 논리에만 근거를 두고 있다면, 그는 항상 더 빈틈없게 보이는 논리의 지배 하에 있게 될 것이다.

그러므로 우리의 첫 관심사는 논증을 해서 한 사람을 이기는 것이 아니라, 하나님의 능력에 분명한 근거를 둔 믿음으로 그를 그리스도께로 인도하는 것이 되어야 한다. 이것은 성령께서 그 사람이 살아계신 그리스도를 만나볼 수 있도록 그 상황 속에서 정말로 역사(役事)하셔야만 일어날 수 있다. 그러므로 모든 실제 전도에 있어서 한 사람을 논증의 영역에서 믿음의 영역으로 끌어 올리기 위해서는 기도가 필요하다. 오직 성령께서만이 하나님의 능력으로 사람을 다룰 수 있다.

그러나 주님에게는 너무 어려운 것이란 없고, 아무도 그리스도의

---
25) 고전 2 : 4—5.

변화시키는 능력에서 벗어날 수 없다는 이 확신을 가진 우리는, 순탄치 못한 가운데에서 전도할 때에도 낙심하지 않는다. 물론 그 사람이 정말로 '그리스도 안에' 있더라도, 새로운 피조물의 충만한 가능성이 하룻밤 사이에 나타나지는 않는다. 구원받은 후에도 많은 문제들이 계속 남아있다고 실망해서는 안된다. 예수님도 수차례 그의 제자들에 대해 거의 실망해야 했다. 그들은 깨닫는데 너무 느렸다. 믿는데 너무 느렸으며, 반면에 충동에 의해 움직이는 것은 아주 빨랐다. 곤란한 시험이 닥쳤을 때에는 제자들 모두 실패했다. 그러나 그럼에도 불구하고 그들은 세상에서 가장 위대한 혁명의 지도자들이 되었다.

□ 그리스도의 직무 □

"모든 것이 하나님께로 났나니 저가 그리스도로 말미암아 우리를 자기와 화목하게 하시고 또 우리에게 화목하게 하는 직책을 주셨으니."[26] 사이가 멀어져 있는 둘 사이에 어떤 화해가 있기 전에 먼저 분리(分離)된 이유를 다루어야만 한다. 우리는 예수님께서 하나님과 사람을 대표하는 중재자로서 자기 자신이 분리의 원인인 우리의 죄를 떠맡으심으로 하나님과 사람을 함께 하도록 하셨음을 이미 앞의 73페이지에서 간략하게 보았다. 놀라운 일은 이 화목하게 하는 직책을 우리에게 엄숙하게 맡기신 하나님께서 그러한 화목을 가능하게 해 오셨다는 것이다. 그러므로 우리가 이 일을 효과적으로 수행하려면 양 편의 밀접한 접촉이 필수적이다.

세계 침례교 연맹(Baptist World Alliance)의 전 의장이었던 테오도르 아담스 박사(Dr. Theodore Adams)가 목사로 안수받았을 때, 그의 아버지는 그에게 이런 현명한 충고를 했다. "테드야, 하나님과 긴밀함을 유지해라. 또 사람과 친밀해라. 그리고 하나님과 사람을 함

---

26) 고후 5 : 18.

께 하게 해라."²⁷⁾ 이것이 화목하게 하는 직책의 간단하지만 훌륭한 요지다.

　전도가 실패하는 것은 두 가지 이유 중 하나 때문이다. 첫째는 우리가 하나님과 가까이 하는데 실패하는 것이다. 인간의 계획과 방법들이 성령께 온전히 맡기는 것을 대신할 수 없다. 그래서 성령께서 함께 하시지 않으면 모든 전도가 쓸모없게 된다. 기도하지 않으면 하나님께서 역사하지 않으신다. 우리가 그리스도의 복음에 충실하지 않는다면 하나님께서는 말씀하지 않으신다. 바울은 이 구절에서 하나님이 우리에게 화목의 말씀을 맡기셨고, 이 하나님의 주신 말씀없이는 화목하게 하는 직책이 아무 효력이 없음을 상기시켜 준다. 우리는 그의 능력을 믿고 그의 말씀을 전파하면서, 어떤 희생을 치루고라도 하나님과 긴밀함을 유지해야 한다.

　둘째는 우리가 사람들과 가까이 하지 않으면 전도가 실패하게 된다는 것이다. 레이톤 포드(Leighton Ford)는 또 이 점을 다음과 같이 잘 지적하고 있다.

　　그리스도인의 고립주의는 복음전도에 계속해서 장애가 되어 왔다. 많은 그리스도인들은 세속에 물들까 두려워서 믿지 않는 사람들과의 어떠한 사회적인 접촉도 피해 왔다. 그 결과, 그들은 전도를 위한 자연스러운 디딤돌을 만들지 못하고 있다. 이러한 그리스도인들의 전도는 대개 인위적이고, 참된 우정으로부터 나오는 자연발생적인 것이라기 보다는 억지로 하는 것이다……자석과 같이 세상 사람들을 끌었던 예수님의 매력의 한 부분은 성령에 대한 놀라운 사랑과 자연스럽게 호소하는 친절함이었다. 누가는 예수께서 만찬회에 다니시면서 참석한 사람들에게 복음을 가르치신 것을 보여 준다. 예수님이 오늘날 돌아오셔서 놀음군, 부랑자, 벼락부자들과 어울리셨다면, 이에 충격받은 많은 그리스도인들이 수군수군 들먹거리며 예수님이 너무 세속적이라고 말할 것이다.²⁸⁾

---

27) L. Ford의 『그리스도의 설득』(*The Christian Persuader*)(Hodder & Stoughton), 72f.
28) *Op. cit.*, 71 f.

— 제5장 복음 전도의 동기 —

균형을 유지한다는 것은 쉽지 않다. 어떤 그리스도인들은 성경공부, 기도모임 그리고 교회의 기본적인 활동 속에 너무 휩싸여서 세상 사람들과 접촉을 하지 못해 왔다. 다른 사람들은 이러한 활동에 묶이는데 반발하여 너무 세상의 가치관과 생활방식 등의 세상에 빠져서 실제로 하나님과의 생생한 교제를 못해 왔다. 둘 중 어느 경우에도 화목하게 하는 직책을 수행할 수 없다. 그러나 하나님께서 우리를 자기 자신과 화목케 하시려고 그리스도를 통해서 값을 치뤄 주셨다는 것을 기억한다면, 우리는 하나님께서 우리에게 자기에게로 사람들을 돌아오게 하는 그 엄청난 특권을 맡기신 것에 대해 마음 속 깊이 감사해야 할 것이다.

□ 그리스도의 죽음 □

"이러므로 우리가 그리스도를 대신하여 사신이 되어 하나님이 우리로 너희를 권면하시는 것 같이 그리스도를 대신하여 간구하노니 너희는 하나님과 화목하라, 하나님이 죄를 알지도 못하신 자로 우리를 대신하여 죄를 삼으신 것은 우리로 하여금 저의 안에서 하나님의 의가 되게 하려 하심이니라."[29] 십자가는 모든 전도 배후에 있는 마지막 추진력이다. 갈보리에서 돌아가셨을 때, 예수님도 마치 한 손에 사람, 또 한 손에 하나님을 붙든 것처럼 하시고서, 우리를 위해 죄를 대신하심으로써 사람과 하나님을 함께 하게 하셨다. 이 말이 참람하도다!

사람들은 하나님께서 예수님께 우리 죄의 모든 오물을 쏟아버리기 때문에, 루터(Luther)가 언젠가 표현한대로, 예수님은 세상에서 가장 큰 거짓말장이요, 거짓 증거하는 자요, 도둑이요, 간부(姦夫)요, 살인자가 되셨다고들 말한다. 이는 예수님께서 이런 죄를 지셨기 때문이 아니라, 우리를 위해 실제로 죄를 대신하셨기 때문인 것이다. 그러므로 예수님이 '우리 죄를 대신하셨기' 때문에 하나님은

---

29) 고후 5:20 f.

예수님의 십자가의 피를 보시고 우리와 화해하셨다.[30]

　화평케 하는 자가 되는 것은 어렵다. 그것을 위해 예수님은 자기 목숨을 바치셨다. 이는 예수님이 우리 죄의 부정함을 그 자신에게로 돌려야 했음을 의미한다. 그래서 "화평케 하는 자는 복이 있나니 저희가 하나님의 아들이라 일컬음을 받을 것임이요"라고 말씀하셨을 때, 예수님은 하나님의 아들로서, 또 그리스도의 대사로서 이 화평케 하는 직책으로 우리를 부르심이 상당한 희생―― 어떤 경우에는 우리 생명의 궁극적인 희생이 포함된다는 것을 알고 계셨다. 그러나 이것은 하나님이 우리를 통해서 세상에 호소할 수 있는 유일한 방법이다. 우리는 아마 많은 경우에 낙심하고 싶을 때가 있을 수 있다. 그렇게 된다면, "너희가 피곤하여 낙심치 않기 위하여 죄인들의 이같이 자기에게 거역한 일을 참으신 자를 생각하라."[31] 결국 우리는 항상 예수 그리스도의 십자가로 돌아와야 한다.

---

30) 골 1 : 20.
31) 히 12 : 3.

제 6 장
개 인 전 도
(*Personal Evangelism*)

하나님은 자기 형상대로 지으신 한 사람 한 사람을 사랑하신다. 따라서 그들이 어떠한 사람이든지 그 분에게 있어서 각 사람은 무한(無限)한 가치가 있다. 누구나 복음서를 읽을 때 예수님께서 각 사람에게 관심을 갖고 계시다는 사실을 인상깊게 느낄 수 있다. 그들이 도둑, 창녀, 어부, 맹인, 젊은 부자, 관원, 종교 지도자, 어린이, 주부, 어머니, 병자 등 누구이든지 예수님은 그들 하나하나를 돌아보셨다.

사도 요한은 예수님의 생애 중 단지 20일 정도를 기록하고 있지만, 그의 서술 중 상당한 부분을 예수님께서 개개인들과 대화하신 것들로 기술하고 있다. 예를 들면, 요한복음 4장 처음 30절은 한 사마리아 여인과 대화하신 내용이고, 단 세 구절만이 사마리아에서 뒤이어 일어난 영적 부흥에 관해 서술하고 있다. 게다가 잃어버린 양과, 잃어버린 드라크마, 그리고 탕자의 비유(눅 15장)들은 모두 하나의 가장 주된 교훈, 즉 "죄인 하나가 회개하면 하늘에서는 회개할 것 없는 의인 아흔 아홉을 인하여 기뻐하는 것보다 더하리라"는 것을 강조하고 있다.

각 개인들에 대한 많은 기도와 끈기없이 효과적인 전도가 될지는 의심스럽다. 고도로 조직화된 거대한 선교단체들을 정당화시키기 위해 유명한 인물들이 끌어들여질지 모르지만, 대다수가 미리 준비된 상태에서 개인전도를 통해 그리스도를 믿게 되었다고 고백하는 것은 의심의 여지가 없으며, 많은 사람들이 큰 행사가 있은 후, 그 다음 어떤 단계에서 보다 더 확실(確實)하게 그리스도를 발견하는 것은 그와 같은 개인적인 관심 때문이다. 사실 모든 상황에서 동일한 원칙이 적용되지만, 특별히 학생 전도에 관해서 존 스타트(John Stott)는 이렇게 쓴 적이 있다.

> 세계의 여러 곳에서 대학선교의 효과는 그리스도인 학생들이 비그리스도인들과의 접촉의 정도에 따라 달라진다는 것을 세계 각지에서 계속 관찰해왔다. 종종 그래왔듯이 그리스도인들이 일종의 폐쇄적이고, 보수적이고, 수도원적인 사회로 돌아갔을 때에는, 그 조직과 공공성이 훌륭할지라도 그 선교의 영향은 보잘 것 없게 된다. 그러나 그리스도인 학생들이 그들의 대학 생활에 충실하고, 대학 내에서 알려지고, 존경을 받게 되면, 그들의 친구들은 그 선교회에 와서 복음을 잘 받아들일 것이다.[1]

비슷한 성질의 것으로, 최근에 확산되어 온 고도로 조직화된 선교 단체에 대해 완고한 비평가이며, 방송가겸 작가인 데이비드 윈터(David Winter)는 이렇게 단언하여 말했다.

> 감명을 주는 연설, 시청각 교육 기구, 영화, 세미나, 토론 그룹들은, 결국 화려하지는 않지만 평범한 그리스도인의 횡적, 종적 증거를 대신하지 못한다. 만일 그러한 증거가 지속적이고 개방적이라면, 그리스도인을 얻는 방법으로서의 전술 전략의 진전 없이도, 그 증거는 더 좋아질 것이다. 만일 그렇지 않다면 그 전도 계획이 아무리 야심적이고 세련되었어도 거의 효과가 없을 것이다. 이것은 우리가 잘 깨닫지 못하는 교훈이다.

---

1) 『전도의 동기와 방법』 (*Motives and Methods of Evangelism*) (I.V.P.), 14.

— 제6장 개 인 전 도 —

이러한 중요성이 과장되었다고 해도, 실제로 전도하기보다 복음 전도에 관해 이야기하고 글을 쓰는데 더 많은 시간을 들이는 그리스도인들에게 복음 전도하는 일이 있어져야 할 필요가 있다. 나는 이 책을 쓰는 동안에 이 사실을 절실히 느끼게 되었다. 예수님에 관해 사람들에게 이야기하는 이 끝없는 기회를 한 원고로 만드는데 매우 어려움을 느꼈고, 원고 마감일을 지킬 수 없게 되는 동안에도 출판사에서 상당한 인내를 보여주었다!

자, 그러면 제자들에게 사람낚는 어부가 되게 하겠다고 약속하신 사람낚는 대장어부, 예수님을 보자. 예수님이 요한복음 4장에서 가난한 사마리아 여인에게 온유하게 접촉하신 것은 특히 교훈적이 아닌가.

□ 예수님은 접촉하셨다 □

복음전도할 가장 좋은 기회들은 보통 일상생활 가운데서 아주 자연스럽게 일어난다 (버스 정류장, 기차안, 병원 등 어디서나!). 만일 우리가 성령 안에서 생활하는 것을 익히고 있다면 이러한 기회들은 곧 생기기 때문에 억지로 접촉의 기회를 만들 필요는 없다.
여기 예수님께서 곤하고 목마르셔서 우물 곁의 남의 눈에 잘 띄는 곳에서 쉬실 때, 한 여인이 그곳에 왔다. 물론 거기에는 극복해야할 많은 당면 문제들이 있었다.
민족적(民族的)으로, 유대인과 사마리아인은 서로 상종을 하지 않았고, 사회적으로, 남녀가 공공연히 서로 이야기한다는 것은 생각지도 못하는 일이었다.——
그 접촉이 단순하게 될 일은 아니었다. 영적으로 예수님은 흠없는 하나님의 아들이었고 그녀는 매춘부에 불과했다. 예수님께서 마실 물을 청했을 때 그녀가 의아스럽게 대답하는 것은 당연하다. 정말 이 사실은 그녀에게는 아직까지도 성적으로 그녀를 요구하는 또

— 복음전도 —

다른 한 사람에 불과한 것으로 생각했으리라. "당신은 유대인으로서 어찌하여 사마리아 여자 나에게 물을 달라 하나이까?" 거의 모든 말투가 의심과 불신의 장벽을 쌓고 있다. 물론 예수님은 그녀가 이같이 반응할 것을 알고 계셨지만, 사랑으로 온유하고 친절하게 그녀에게 신세를 지려고, "물을 좀 달라"고 하셨다. 적어도 접촉이 이루어진 것이다.

몇년간의 개인전도 후에 나는 특별한 두 개의 기초원리를 배우게 되었다. 첫째로 정말로 마음만 있으면 기회는 온다는 것이다. 만일 우리가 믿음을 다른 사람에게 나눠주기를 싫어한다면, 비록 우리의 핑계가 그럴듯하더라도 기회는 쉽사리 오지 않으며, 나눠줄 사람을 볼 수도, 얻을 수도 없을 것이다. 그러나 우리가 발견(發見)한 예수님의 사랑을 다른 사람들이 알기를 진심으로 바란다면, 아무리 신경질적이고 어려운 상황이라고 느껴져도 계속해서 자연스러운 상황이 연출될 것이다. 우리의 마음 속에 부은바 된 성령의 사랑이 나이, 지위, 교육, 인종, 문화 등의 있을 수 있는 어려운 장벽들을 극복해 줄 것이다.

하나님으로부터 복음전도의 은사를 받은 남녀를 통해 종종 놀라운 일들을 보아 왔다. 서로 다른 기질과 개성에도 불구하고 하나님께서 그들을 사용하실 수 있게 한 것은 단순한 믿음과 또한 사람에 대한 진실한 사랑 때문이었고, 이 사랑이 다른 사람들을 그리스도께 인도할 마음을 주었다.

나는 영국 남쪽지방 콘 월(Corn Wall)에서의 휴가를 생생하게 기억하고 있다. 그때는 내가 결혼은 했지만 아이들이 있기 전이었고, 독서를 좋아했기 때문에 내 서재에 쌓여 있는 책들을 모두 섭렵할 계획을 갖고 있을 때였다. 그리고 그때까지만 해도 사람들에게 상담해 주는데 대부분의 시간을 보내왔기 때문에 나는 내가 묵고 있는 호텔에서 대화의 문을 열 마음이 내키지 않았다. 매일 성경을 읽으며 조용한 나날을 보내던 중, 어느날 아침 기도하는 가운데 하나님께서 그리스도의 대사(大使)가 전도하지 않고 호텔에 묵고 있는 것

― 제 6 장 개 인 전 도 ―

을 조용히 책망하시는 것이었다. "그러나 주님, 나는 휴가 중인걸요!" 나는 주님께 항의했다. 그렇지만 자기 아들을 주시기까지 나를 사랑하시는 하나님께 내 변명이 용납되리라는 생각에는 전혀 자신이 없었다. 그래서 약간의 갈등을 겪은 후 곧 주님께 순종했다. "그렇습니다, 주님, 당신이 옳습니다. 내게 길을 보여 주십시요. 여기에 있는 누구에게나 전도하겠읍니다."

그 날은 비가 오고 있었다. 호텔 휴게실에는 많은 사람들이 음울한 구름이 걷히기를 바라면서 창 밖을 내다보고 앉아 있었다. 내 옆에 앉아 있는 사람은 아주 멋장이 신사였다. 나하고 나이가 비슷했고 내가 며칠동안 멀리서 은근히 부러워했던 사람이었다. 그는 모든 것을 소유한 사람 같았다. 사랑스런 아내와 귀여운 두 아이, 점잖고, 강인한 체격의 소유자였고 나중에 안 일이지만 아주 전망이 좋은 사업을 하고 있었다. 실제로 젊고 부유한 관원이었다. 그렇지만 나는 그에게 그리스도를 전할 기회를 달라고 기도했다. 우리는 깊이 대화할 시간이 전혀 없었지만 그날은 세 시간 가량 삶과 죽음, 하나님과 인간에 대한 근본적인 이야기를 했다. 그는 자신이 비록 모든 것을 갖추었으나, 인생에 대한 궁극적인 목적이 없다는 것을 인정했다. 휴가가 끝나기 전 며칠동안 몇차례 만나서 계속 이야기했다. 두 주일 후 그는 십사숙고한 끝에 그리스도를 영접했다. 수년이 지난 오늘날 하나님은 그와 그의 아내와 가족 가운데서 크게 역사하셨다.――이 모두가 그 호텔에서 내가 기꺼이 하나님의 종이 된 결과였다.

둘째로 외관상으로는 전혀 그렇게 보이지 않더라도 근본적으로는 모든 사람이 하나님을 찾고 있다는 것이다. 예수님은 친히 사람 속에 있는 것을 아셨다. 걸보기와는 딴판으로 사람의 마음은 그것을 만드신 바로 그 분에 의해 채워지기 전에는 항상 공허할 것이다. 사람이 양식의 존재를 부인한다해도 계속 배고픈 것은 사람이 원래 그렇게 만들어졌기 때문이다. 마찬가지로 사람이 하나님의 존재를 부인(否認)한다해도 계속 영적으로 굶주리게 됨은 사람이 원래 그렇

― 복 음 전 도 ―

게 만들어졌기 때문인 것이다. 예수님께서 제자들에게, "내가 너희에게 이르노니 눈을 들어 밭을 보라 희어져 추수하게 되었도다"라고 말씀하셨다. 많은 사람이 우리가 상상하는 이상으로 준비되어 있고 하나님께 가까와 있다.

어느날 축호전도를 갔었다. 마지막 순간에 준비해간 내용의 이야기를 다른 이야기로 바꾸기가 부자연스러웠다. 자연히 이야기 하려던 것을 더듬거렸다. 모두가 아주 뒤죽박죽이었고 거기 모인 다소 품위있는 사람들에게는 전혀 어울리지 않는 이야기가 되어 버렸다. 그래도 그리스도를 생에 구세주로 모실 준비가 되어있는 사람들을 위한 기도로서 끝내었다.——이것은 내가 응접실의 가벼운 모임에 알맞게 할 수 있는 것이라곤 생각할 수 없는 일이었다. 몹시 어색한 침묵이 흘렀고, 얼렁뚱땅해서 넘긴 것 때문에 나는 정말 어떤 용서받을 수 없는 죄를 지은 것만 같았다. 결국 사람들은 일어나서 자리를 옮겼다.

한 성숙하고, 자신감을 갖고 있는 귀부인이 다가왔다. 그녀는 화가 나서 격해 있었다. 평소보다 더 불안해진 나는 그녀에게 부드럽게 대답하려고 했는데, 갑자기 그녀가 멈춰서더니 다소 자포자기가 되어 말했다. "그러나 저는 하나님께서 저를 도저히 사랑하실 수 없다고 생각하는 그런 죄인이예요." 그녀는 하나님의 용서와 평안을 알고 싶어 했다. 잠시 후 우리는 다른 방으로 가서 무릎을 꿇고 그녀는 예수님의 사랑을 마음에 받아들였다. 잠시 후에 내가 응접실로 돌아오자 거의 동시에 또 다른 사람에게도 같은 일이 일어났다. 2년 후에 또 다른 몇 사람들이 그 때 바로 그 모임에서 그리스도를 발견했었다는 것을 알게 되었다.

내가 이 이야기를 이렇게 길게 쓰는 것은, 겉으로 보기에 그 곳에 참석한 사람들이 문화혜택을 받고 교양있는 사람들이라고 판단해서, 그들의 마음에 분명한 영적 굶주림이 있으리라고는 전혀 생각지 않았기 때문이다. 예수님같이 사람의 마음에 호소하는 것이 아니라 사람의 외모를 보고 말을 하는 것은 얼마나 쉬운지 모른

— 제6장 개인 전도 —

다! 또 다른 경우를 보자. 어떤 그리스도인 학생이 우리 대학에서 가장 다루기 힘든 아이라고 하면서 한 여학생을 가리켰다. 평판이 얼마나 나쁜지! 그녀는 성적(性的)으로 문란했고, 마약을 복용했으며, 사람을 못살게 굴고, 남에게 해를 주는 일만 했다. 그날 저녁 내가 해준 이야기를 듣고 그리스도를 발견했을 때 그녀는 과거 6년동안 지옥같은 죄책감에 빠졌었던 이야기를 했다. 이같이 다루기 힘든 여학생도 하나님을 갈망하고 있었다.

그러므로 접촉하기 위해서 우리는 성령께서 온전히 인도해 달라고 기도해야 한다. 우리가 예수님께 의지할수록 그의 사랑이 우리를 통해서 언제, 어디서, 누구에게나 미칠 수 있다. 듣지 않을 것 같다는 두려움은 아마 우리의 제일 큰 장애물이겠지만, 이것은 정말 자기 자만으로 돌아가는 것이다. 우리가 무시나, 거부 당한다 하더라도 그것이 무슨 상관이겠는가? 우리가 예수님이 당하신 고통과 거부됨을 조금이라도 이해한다면, 우리가 당하는 것은 다른 사람들로 하여금 그들 안에 새 생명을 발견할 수 있게 하기 위한 조그만 대가에 불과하다.

□ 예수님은 그녀의 호기심을 불러 일으켰다 □

처음 접촉이 끝난 다음이라고해도, 호기심을 불러 일으키는 일은 확실히 더 어렵다. 무관심이 특징이고, 그리스도인의 믿음에 관한 오해와 편견이 얼킨 오늘날 그것은 더욱 어려운 일이다. 예수님은 한편으로는 불가피하게 사람을 끄는 사랑의 온유(溫柔)함으로, 한편으로는 약간 베일로 가린듯하면서도 자극하는 말투로 이 여인을 끌어들이셨다. 그는 성경구절을 인용하시거나, 그녀가 준비되기도 전에 복음의 비밀을 드러내지 않으셨다. 단순히 그녀가 이제까지 경험하지 못했던 만족스럽고 놀라운 것을 암시해주는 말씀을 하셨다. "네가 만일 하나님의 선물과 또 네게 물 좀 달라하는 이가 누구인 줄 알았더면 네가 그에게 구하였을 것이요, 그가 생수를 네게 주었으리라." 그녀의 대답으로 그녀가 당황하고 있고 호기심이 있어 한다는 것을 알 수 있다.

그러나 그녀가 물을 길으러 온 것을 보고 아주 의미심장한 표현으로 예수께서 말씀하셨다. "이 물을 먹는 자마다 다시 목마르려니와 내가 주는 물을 먹는 자는 영원히 목마르지 아니하리니 나의 주는 물은 그 속에서 영생하도록 솟아나는 샘물이 되리라"고 계속해서 말씀하셨을 때 그 호기심은 극에 달했다.

이 불쌍한 여인과 관련된 개념을 가진 말을 사용하심으로써 훌륭하게 복음을 유추하신 것이었다. 신체적으로 그녀가 끊임없는 갈증을 덜어 보려고 피곤하면서도 끊임없이 물을 길으러 이 우물에 와야만 했다는 것은 당연했다. 그러나 더욱 명확한 것은 이것이 그녀의 영적 상태──항상 갈증을 느끼고, 무엇인가 갈망하고, 절대로 채워질 수 없고, 만족이 없고, 공허하고, 가물고, 환멸을 느끼고, 가끔 풀이 죽는 그녀 자신의 상태를 깊이있게 나타내는 장면이라는 것이다. "주여 이런 물을 내게 주사 목마르지도 않고 또 여기 물 길러 오지도 않게 하옵소서"라고 말하는 그녀는 아직도 어리둥절해 있긴 했지만 분명히 알고 싶어 했다.

어떻게 하면 사람들이 우리에게 질문하도록 하고 우리의 도움을 청하게 하는 데까지 이르게 할 수 있을까? 그들이 이런 상태에 이르기 전에는, 주님의 복음을 그들에게 전할 때 우리 말에 귀를 기울이지 않을 것이다. 어떻게 하면 그리스도께 호기심을 갖게 할 수 있을까? 다음 세 단어는 도움을 줄 만한 것이다. 즉 진실성, 정직성, 간증이 그것이다.

첫째, **진실성**: 진실성이 정말 필요하다. 허위로 가득차고 교리에 싫증난 이런 조성화된 세상에서 많은 사람들은 진실한 것을 갈망한다.──즉 삶에 **굶주려** 있다. 그것이 진실인가? 개인적인 체험으로써 그것이 정말같이 들리는가? 당신이 말하는 것에 대한 증거가 어디 있는가? 무엇보다도 우리의 삶이 우리가 말하고 있는 것의 진위를 판명해 줄 것이다. 이러나 저러나 어쩔 수 없이 우리는 그리

— 제 6 장 개 인 전 도 —

스도의 증인이다. 우리는 말하는 것으로는 물론 우리의 삶으로도 주님을 전하거나 혹은 주님을 부인하거나 하는 수 밖에 없다. 세계교회협의회(World Council of Church)의 뉴 델리 집회(New Delhi Assembly)에서 나일즈(D. T. Niles)는 올바르게 말했다. "베드로처럼 우리는 예수님께서 심문받으시는 법정 바깥 뜰에 있다. 예수님은 심문받고 계신다. 그는 오늘날 세상에서 고소받고 계신다. 스스로 주님은 사람들의 손에 넘겨지신다. 이것이 우리가 말해야 하거나 그렇지 않으면 베드로처럼 예수님을 부인하는데 동참하게 되는 이유다." 그러나 말보다 더 호소력 있는 것은 우리의 삶이다. 그리스도인은 많은 비난을 받고 있으며, 받는 것이 당연하다. "그리스도인들은 예수 그리스도가 죄인들의 구원자라고 떠들지만, 그들에게는 구원받았다는 표시가 다른 사람보다 더 나타나지도 않는다"라고 수년 동안 그리스도인 삶을 조사한 한 힌두교 지도자가 말했다. 그리고 니이체(Nietzche)는, "내가 구세주를 믿게 되려면, 그의 제자들이 보다 더 구원받은 것으로 보여야 할 것이다"라고 했다.

의심할바 없이, 처음 복음의 영향이 교양은 있었지만 불신자였던 내게 미친 것은, 아주 낯선 사람에게서 그리스도의 사랑과 기쁨이 실재함을 보았을 때였다. 그는 한 모임에서 이야기했었다. 나는 그가 말한 것을 거의 기억하지 못한다. 그러나 그 때 말로 표현할 수는 없었지만, 그에게서 나는 명백하고도 매우 매력적으로 그리스도께서 실재하신다는 느낌을 받았다. 이러한 이유만으로 나는 호기심이 생겼다. 그리고 나의 호기심이 계속 커져서, 나는 기꺼이 말하고, 듣고, 생각하고, 질문하고, 이해하려고 애썼고, 마침내 24시간이 못되어 나의 삶을 그리스도께 맡기게 되었다. 나는 그때까지도 믿을 수 없을 만큼 신앙에 관한 아주 기본적인 사실들을 거의 몰랐다. 철저하게 혼합된 종교 배경에서 자랐기 때문에 많은 뒤엉킨 생각들을 몇달에 걸쳐 해결해야 했다. 그러나 또 다른 한 사람의 삶 가운데 그리스도께서 살아계심을 알고 계속 그분을 발견하게 되었다.

― 복음전도 ―

그리스도인들이 예수님 안에서 그들의 일상생활(―常生活)을 나누는 단체 간증은, 인간관계의 단절이 일반화된 오늘날 특히 더 효과적이다. 다른 어느 곳에서 보다도 그 단체 간증에서 그리스도의 온유한 사랑과 풍성한 기쁨이 더 쉽게 증명될 수 있다. 2천년 전에 사람을 어쩔 수 없게 끌었던 것은 그리스도였지, 개인적으로 흠이 있는 개개의 제자들이 아니었다. 오늘날 대부분의 사람들로 하여금 하나님을 갈망하게 만드는 것은 개개의 그리스도인이 아니고, 사랑으로 깊이 연합된 그리스도의 몸인 것이다. 그리스도를 사랑함은 물론 실제로 서로 사랑하는 그리스도인들에게는 전염성의 행복이 있다.

그리스도를 사랑하고 서로 사랑하는 것이, 전에 경험 못했던 어떤 매력적인 것을 보고 느낀 사람들과 함께 그리스도를 믿는 믿음을 나눌 수 있는 자연스러운 기회를 주고 있다. 그리고 이 사실이 조금이라도 거짓이 없으면, 그와 같은 기회를 주고 있다는 것은 분명하다. 그리스도의 몸, 즉 교회의 이 간단한 증거는 많은 열매를 맺는 것일 뿐만 아니라, 특별한 전도의 은사를 가졌는가에 상관없이 누구나 참여할 수 있는 복음전도의 한 형태가 되는 것이다.

인도의 한 그리스도인이 다음과 같은 의미있는 논평을 했다.

> 사람들은 이제 더 이상 한 교리에 개종하지 않는다. 그들은 소외적인 물질 경쟁 사회의 가치와 가정에 실질적으로 대처할 수 있는 것으로 보이는 한 생활양식에 매력을 느낄 뿐이다. 우리는 기독교(그 체제)를 소개했지 그리스도를 소개하지 않았다…우리는 이 세상에 살아있는 그리스도, 생생하며, 항상 생명을 주시며, 우리를 양육하시는 그리스도를 소개해야 한다…기독교 신앙은 성령 안에서의 삶이며, 그것은 오직 사랑하고, 용서하고, 함께하고, 자연스러운 교제 안에서만 체험될 수 있다.[2]

둘째, **정직성**: 사람들은 또 정직한 것을 찾는다. 권위와 지도력

---

2) 『C.M.S. 소식』 (*C.M.S. Newsletter*), 1975년 4월호에서 인용.

— 제 6 장 개 인 전 도 —　　　　137

을 가진 특권층을 포함한 거의 모든 사회 계층에 만연된 부정직성으로 인간 본성이 의심받게 된다. 바울은 그 당시 요즘과 같이 부정직하고, 우상 숭배하는 세상에서 그의 사역에 있어서 매우 정직함을 애써 강조하고 있다. "이에 숨은 부끄러움의 일을 버리고 궤휼 가운데 행하지 아니하며 하나님의 말씀을 혼잡케 아니하고 오직 진리를 나타냄으로 하나님 앞에서 각 사람의 양심에 대하여 스스로 천거하노라."[3]

우리가 사는 삶이나, 전하는 진리의 말씀이 눈에 띄게 모순이 있다면, 이것은 심각한 장애물이 될 것이다. 특히 지식인들에게 있어서 로쟌의 세계복음전도대회(Lausanne Congress on World Evangelisation)에 발표한 그의 훌륭한 연구 논문에서 오스 기네스(Os Guinness)는 '지식인들에 대한 복음전도'에 관해 이렇게 말했다.

> 만약 기독교가 사실이라면… 왜 그렇게 많은 증거가, 삶이 따르지 않는 말씀으로만, 또는 잠재의식 속에 죄책감(너는 이번 주에 몇명에게 전도했는가?), 혹은 비성경적인 호소(세상을 이기는 방법으로서…)에 자극받는 것 같은가? 그리스도인들이 하나님의 절대적인 것으로 사회관습을 혼란시키고, 그것들을 많이 금기(taboos)화하는 이유는? 일반적으로 예술작품은 부정하면서 왜 특별하게도 복음전도를 목적삼아 예술작품을 오용하는가? 중요한 원리와 논제들(정의, 은혜, 폭력, 인종, 빈곤)은 실제로 무시하면서, 대수롭지 않은 점들(술, 담배)에 집착하고 있는 이유는? …우리의 삶 하나하나가 말하는 것보다 더욱 영향력이 있다. 진리의 실행이 없는 한 복음전도는 아주 습관적인 말버릇에 불과하게 되거나, 아니면 포스터(E.M. Foster)가 조롱조로 말한 '불쌍한 수다스러운 작은 기독교'가 될 위험이 있는 것이다![4]

오스 기네스는 역시 메시지의 정직성이 문제가 되는, 많은 다른

---
3) 고후 4:2 기타.
4) 『온 땅으로 그의 음성을 듣게 하라』 (*Let the Earth hear His Voice*), 718 f.

논제들 중에서도 중요한 것만을 예를 들어 서술했다. 그러나, 그 정직성이 어느정도 발견된다면 오늘날 세계는 아마도 더 놀랍게 여기며 주의를 기울이게 될 것이다.

그리스도인의 정치와 사회정의(社會正義)에 참여하는 문제가 그 한 예가 된다. 런던 통조림 제조 마을(Canning Town)의 메이플라우어 가족센터 의장(Warden of the Mayflower Family Center)이며, 영국 국교회의 정규 목사인 로저 세인즈베리(Roger Sainsbury)는 부시장으로 선출되었다. 그가 정치 참여 문제에 관해 질문받았을 때 다음과 같이 대답했다.

> 그리스도인으로서 나는 우리가 이웃을 사랑해야 한다고 믿습니다. 사랑은 반드시 사회복지만 아니라, 사람들에게 손해를 주는 것들을 포착해내고, 손해를 입히는 사회를 개선하기위해 실제적으로 일하는 데도 관여한다는 것을 나는 압니다. 가령 직업을 못 구한 졸업생에게, '직업이 없어서 참 안됐읍니다라'고 말하거나 도와주기 이전에 그가 경찰서에 잡혀가는 신세가 될 때까지 기다리는 것은 아무 소용이 없읍니다. 나는 졸업생들에게 직장을 구해주기 위해 일해야 합니다… 우리는 경험을 통해서 사랑의 힘이 정치가의 손에 있는 사태를 변화시킬 수 없음을 알고 있읍니다. 그리고 만일 내가 이웃 사랑하기를 정말로 원한다면 틀림없이 나는 정치에 뛰어들 준비가 되어 있어야 할 것입니다. 교구 목사로서 나는 그리스도의 복음이 사랑과 정의의 복음이란 것을 압니다. 그리고 주위를 살펴볼 때 모든 것이 무관심과 불의라면 내가 이것을 어떻게 말할 수 있겠읍니까?[5]

로저는 하나님께서 본래 자기를 그리스도의 사역자로 부르셨음을 알고 있으며, 그래서 다음번 차기 시 의원으로 재선되기를 노력하지 않을 것이라고 계속 강조했다. 그러나 확실히 교회는 전체로서 사람들이 생활할 건전한 환경과 올바른 사회를 분명하고 세심하게 조성해 나갈 필요가 있다.

---

5) 『메이플라우어』(*Mayflower*) 1975년 가을호에서 인용.

— 제6장 개인 전도 —

우리 교회에서 파송한 한 선교사가 이러한 정직성의 필요를 더욱 절실케 하는 페루에서의 한 사건을 서술하고 있다.

성경을 요구한 사람에게 성경책을 주러 가는 길에 집을 잘못 찾아 다른 집 주인을 만나게 되었다. 그 주인은 내가 방문하게 된 이유와 내가 하는 일의 성격을 이내 알아차리고는 내게 말했다. '그거 옛날 책 아닙니까?' 성경이 널리 읽히는 유럽, 영국, 북아메리카를 보십시오. 그 책들이 오늘날 어디에 있읍니까? 솔직히 모두 잃어버렸읍니다. 아닙니다! 오늘날 복음은 레닌과 모택동의 것입니다. 우리는 성경이 필요치 않습니다. 우리가 원하는 것은 정치적 변화입니다. 내가 당신이 외투도 입지 않고, 맨발로 걷는 것을 본다면, 나는 당신의 메시지에 무엇인가 있다고 생각하기 시작할 것입니다. 우리의 젊은이들은 그 책〔성경〕을 필요로 하지 않습니다. 그들에게 필요한 것은 전문교육——그들이 생활하는데 도움을 주는——을 받는 것입니다. 그러나 세계 종말이 다가왔으며 죽은 후의 삶을 살면서 끝없이 찬양한다는 헛소리는 필요치 않습니다. 그렇습니다, 선교사님, 우리가 원하는 것은 여기서 지금 살아가는데 도움을 주는 것입니다!

나의 친구는 다음과 같이 말한다. "오늘날의 선교사는 그가 전도하라고 부르심을 받은 그 지역에서 당면하는 문제들을 처리하는데 있어서 지혜와, 통찰력과, 믿음과, 솔선수범이 크게 필요하다."

셋째, 간증 : 개인 간증 역시 사람들로 하여금 보다 더 알고 싶은 호기심을 불러일으킬 수 있다. 그리고 이것은 그 자체로 피상적이 될 수도 있다. 확실히 개인 간증은 그것을 뒷받침해줄 수 있는 부합된 그리스도인으로서의 삶과, 그것을 자세히 설명해줄 수 있는 객관적인 진술을 요하고 있지만, 개인의 경험에 사람들은 자연스럽게 흥미를 느낀다. 바울은 몇차례 자기 개인의 부활하신 그리스도와의 만남에 관해 이야기하고 있다.[6]

베드로는 영화로신 그리스도를 직접 경험한 것을 강조했다.——

---

6) 행 22 : 4—16; 26 : 9—18.

"우리는 그의 크신 위엄을 친히 본 자라,"⁷⁾ 요한은 그가 말하고 있는 것을 알고 있다고 강조했다── "우리가 들은 바요…눈으로 본 바요…주목하고 우리 손으로 만진 바라". ⁸⁾ 그러한 간증은 그 자체의 권위와 확신을 전달한다. 대부분의 사람들이 이 실용주의 시대 속에서 말씀 가운데 이해하기 어려운 추상적인 개념들을 발견한다 할지라도, 그들은 삶에 흥미를 느끼며, 또 우리 자신이 그리스도를 경험한 간단한 설명은, 안 믿기로 작정한 사람들에게는 확신시키지 못할지라도, 어떤 사람들에게 흥미를 주고 더 알고 싶도록 해 줄 것이다.

물론 호기심을 일으켜 주는 다른 방법들이 있다. 문학작품, 녹음테이프, 영화, 라디오, 텔리비젼 등의 선용(善用)이 그것이다. 또한 예언이나 치유와 같은 영적 은사가 사람들로 하여금 정말로 영적인 것을 찾도록 자극할 수 있다. 그러나 열매있는 전도가 되려면 사람들을 무관심과 혼란한 불신앙으로부터 진지한 질문을 하게되는 상태에까지 끌어들일 필요가 있다. 묻지도 않는 것을 대답해 줄 필요는 없다. 이러한 기술은 바로 사람으로 하여금 전에는 부적당해 보였으나, 실제로는 근본적으로 중요한 문제라는 것을 깨닫도록 불러일으키는 일이다.

□ 예수님은 아픈 곳을 찌르셨다 □

사마리아 여인이 '이 물'을 달라고 하신 예수님의 말씀에 호기심을 갖게 되자(비록 그녀가 그때까지도 당황해 있다해도), 곧 예수님은, 온유하고 민감하게, 그녀의 숨겨져 있는 삶의 일부를 끄집어 내셨다. "가서 네 남편을 불러 오라." 여기에 '진리의 말씀'⁹⁾이 있었다. 왜냐하면 옳지못한 관계의 복잡하게 얽킨 부분들이 해결되기

---
7) 벧후 1 : 16—18.
8) 요일 1 : 1—3.
9) 고전 12 : 8.

─ 제 6 장 개 인 전 도 ─

전에는──적어도 이 여자의 의지와 관여 하는 한──더 이상 이야기의 진전이 있을 수 없었기 때문이다. "나는 남편이 없나이다"라고 그녀는 믿을 수 없을 만큼 순진하게 대답했다. 그러자 예수님은 충격을 줄만큼 직접적으로 말씀하셨다. "네가 남편이 없다하는 말이 옳도다. 네가 남편 다섯이 있었으나 지금 있는 자는 네 남편이 아니니 네 말이 참되도다."

그녀의 삶 가운데 틀림없이 수정(修正)되어야 할 다른 많은 문제들이 있었는데 예수님은 하필이면 그녀의 성생활에 그렇게 솔직하게 말할 필요가 있었을까? 그 대답은 예수님께서는 종종 그 사람에게 가장 문제가 되는 삶의 영역을 정확하게 지적하신다는 것이다. 거기서 회개(행동의 변화를 일으키게 하는 정신과 마음의 변화)가 있을 수 있다면 모든 것은 잘 될 것이다. 그러나 만일 회개(悔改)하지 않는다면, 그 사람은 하나님의 나라에 들어갈 수 없게 된다. 회개하지 않는 것은 바로 예수님을 '주여! 주여'라고 부르지만 예수님이 말씀하신 것을 행치않는 것을 의미한다. 그렇기 때문에 예수님께서 그 젊은 부자 관원에게 그의 삶에 중심 문제인 소유에 대한 사랑에 관해 말씀하셨던 것이다.

만일 그가 자기 소유를 다 팔아서 가난한 사람들에게 주었더라면 다시 와서 예수님을 따라 갈 수 있었다. 그리고 그 사마리아 여인에게는 그녀의 남자 관계를 말씀하셨다. 결국 그녀는 후에 친구들에게, "와서 나의 행한 모든 것을 내게 말한 사람을 보라"고 말했다. 이것이 그녀의 삶을 요약한 것이다! 그러므로 예수님이 그녀의 중심되는 삶의 주님이 된다면 예수님은 바로 그녀의 구주가 될 수 있다. 우리는 부분적으로 그리스도를 모실 수 없다. 주님의 주님되심에 복종치 않고서 주님과의 교제나 용서하심을 누릴 수 없다.

개인전도할 때 우리는 항상 어떤 사람의 사적인 삶을 통찰하고 항상 진리의 말을 할 수는 없지만, 진리의 말씀은 성령의 은사이기 때문에 분명히 이를 위해 기도해야 하며, 항상 제자의 값을 치루는 삶에 대해 명확하게 말해야 한다. 예수님은 결코 타협을 허락하신

적이 없다. 종종 예수님은 진지하게 대하는 사람에게만 그들을 낙심시켜서 하나님 나라를 필요로 하게 하셨다. 만일 어떤 사람이 기꺼이 그리스도를 첫자리에 모시고, 자기를 부인하고 제 십자가를 지고 복음을 위해 생명을 버리기까지 그리스도를 따르지 않는다면 그리스도의 제자가 될 수 없다. 전도하고자 하는 마음에서 복음에 관련되는 헌신을 결코 무시해서는 안된다. 예수님은 하나님 나라에 관해 설명해 주시는 동시에 이 헌신에 관해 여러 사람에게 여러 모양으로 자세히 설명하셨다. 마음이 상하고 외로운 자를 예수님은 하나하나 은혜(恩惠)를 베풀어 치유해주시고 사랑을 베푸셨으나, 하나님의 능력이 역사하는 것을 보고 흥분에 사로잡힌 사람에게는 하늘나라에는 영적인 전율보다 더 큰 것이 얼마든지 있다고 경책하셨다. 말할 것도 없이 우리는 우리와 대화하는 사람에게 민감해야만 한다.

☐ 예수님은 주제를 이탈하지 않으셨다 ☐

위안이라기에는 조금 지나치게 개인적이고 독특한 도전을 받자 사마리아 여인은 비슷한 상황에 처했을 때 사람들이 의례이 하는 말을 했다. 즉 재빨리 그녀는 신앙에 관한 비개인적이고 일반적인 질문으로 대화를 바꿨다. "주여 내가 보니 선지자로소이다 우리 조상들은 이 산에서 예배하였는데 당신들의 말은 예배할 곳이 예루살렘에 있다 하더이다." 이것을 하나의 논평이라고 본다면 그렇게 부적당한 말은 아니다. 그런 식으로 그녀는 그녀를 도전한 그리스도의 권위를 의심하고 있는 것이다. 결국 유대인과 사마리아인은 올바른 예배 장소는 어디인가와 같은 종교 문제에 관해 서로 다른 생각을 많이 가지고 있었다.

나는 캠브리지(Cambridge)대학에서 한 학생에게 전도한 적이 있었다. 나는 성경을 통해서 하나님을 발견할 수 있다고 그에게 설명하고 있었다. 그러나 내가 내 설명에 대해서 그 자신의 의지로 이

— 제6장 개 인 전 도 —   143

제 어떤 결정을 내려야 한다고 했을 때, 그는 관심 전환의 전형적 (典型的)인 형태인, "나는 성경이 하나님의 말씀이라고 믿지 않습니다"라는 말을 내던졌다. 사마리아 여인같이 그는 실제로 말씀의 권위에 도전하고 있었다. 이같이 복음을 듣고 결정해야 할 때 다음과 같은 말들을 나는 수차례 들어 왔다.

"다른 종교는 어떻습니까?"
"그건 해석상의 문제가 아닙니까?"
"어떻게 당신이 세상의 모든 고통을 설명할 수 있읍니까?"
"예정론과 자유의지는 어떻습니까?"
"나는 하나님이 있다는 것을 전혀 확신할 수 없읍니다."
"나는 예수가 하나님의 아들이라는 것을 믿을 수 없읍니다."
"하나님에 관한 내 생각은 당신과 다릅니다."

이와 비슷한 모든 경우에서도 같은 수법이 사용되고 있다. 이 중 몇몇은 아주 지적이고 신학적인 질문일지도 모른다. 간단한 질문이라면 대답해 줄 수도 있다. 그러나 아주 개인적이고 도전하는 대목에 이르러서는 그들은 늘 하는대로 행동하며, 고의적으로 현 문제로부터 관심을 돌리려고 한다.

나는 그 캠브리지 학생이 무엇을 하려 하는지를 알았기 때문에 그의 반대 질문에 답변해 주었다. "그래요 나는 성경이 하나님의 말씀임을 믿습니다. 그리고 나는 그 이유를 갖고 있읍니다. 하지만 잠시동안 당신이 어떻게 그리스도를 발견할 수 있는가를 함께 이야기해도 되겠읍니까?" 그는 그러자고 했다. 우리는 한 두 구절을 성경에서 찾아보면서 더 이야기했다. 그가 거기서 나와 함께 기도하기를 꺼려했기때문에, 나는 만일 예수님을 삶 가운데 모셔 들이길 원한다면 다시 만나자고 부탁하면서 그에게 소책자를 주었다.

다음날 아침 일찍 그가 찾아와서 영생에 이르는 길을 내디뎠다고 말했다. 나는 그와 함께 기뻐하면서 어디로 가는 길인지 더 이야기해 준 다음 성경이 하나님 말씀이라고 믿는 몇가지 이유들을 검토해보자고 말했다. 그는 "나는 걱정하지 않습니다. 그것은 실제로 문제가 되지 않거든요"라고 대답했다. 그는 지금 영국국교회의 정규 목사이며 수년간 사람들로 하여금 그리스도를 발견하는데 도움을 주도록 하나님께 쓰임을 받아왔다.

예수님은 사마리아 여인이 어리둥절해하는 것을 간단히 다루시고 그녀를 다시 영적 문제로 유도하셨다. "하나님은 영이시니 예배하는 자가 신령과 진정으로 예배할지니라." 확실히 이 단계에서는 흥미있는 것이지만 그녀의 긴박한 필요에 직접적으로 상관이 없는 신학적인 문제 때문에 주제에서 이탈할 필요는 없었다.

□ 예수님은 그녀가 주님께 삶을 의탁하도록 하셨다 □

그녀는 지금까지 별로 저항하지는 않았지만 잘 알려진 지연술을 쓰려고 했다. "메시야 곧 그리스도라 하는 이가 오실 줄을 내가 아노니 그가 오시면 모든 것을 우리에게 고하시리이다." 다시 말해서 이것은 매우 흥미로운 일이지만 아직 이것에 대비해서 어떤 행동을 취해야 할 필요는 없다. 아마 어느날엔가는 메시야가 올 것이다. 그 때 우리는 무엇을 해야 할지 알게 될 것이다라는 식의 말인 것이다.

다음과 같은 것은 얼마나 귀에 익은 말들인가! "내가 시험에 합격하면… 내가 다른 종교들을 살펴 본 후에… 좀 더 여유가 있을 때… 이사를 한 후에… 휴가가 오면… 아이들이 자란 후에… 예수를 믿겠오."

메시야가 올 때까지 그녀의 삶을 의탁하는 것을 피하려 했을 때, 다행히도 예수님께서는 그녀에게, "네게 말하는 내가 그로라"하고 마지막 말씀을 하셨다. 그녀는 더 이상 할 말이 없었다. 그녀는 그리스도와 만난 것이다. 그래서 그녀는 동네에 들어가서 그녀의 친구들과 이웃들을(그녀는 사마리아에서 잘 알려져 있었다) 예수님

— 제6장 개인 전도 —   145

께로 데려왔다. 그때 그녀는 절실하게 갈망해온 삶과, 자유와 사랑을 체험하기 시작했다.

사람들이 그리스도를 발견하도록 개인적으로 도와줄 때 긴박감이 있어야 한다. 그들은 주님을 찾을 만할 때 찾게되고 가까이 계실 때에 부르게 된다. 내 경험 가운데——많지는 않지만—— 하나님의 임재(臨在)하심을 특별히 발견하거나 예수 그리스도께서 가까이 계심을 느낄 때가 있었다. 바로 이런 때가 아슬아슬하고도 중요한 순간이므로 민감하게 다루는 것이 필요하다. 수차례 나는 사람들이 결정의 순간에 직면해서는 그때마다 이러저러한 이유를 대고 그 결정을 뒤로 미루는 것을 보았다. 여러가지 마음을 강퍅하게 하는 과정이 일어나기 시작하면 그들은 결코 다시는 주께로 가까이 올 것 같지 않게 보인다. 그러므로 온유하게 믿음을 갖고 한 사람이 개인적으로 그리스도를 만나도록 설득시킬 필요가 있다.

때때로 나는, 지금이 바로 당신이 그리스도를 발견할 때입니다라고 말한다. ——그것이 사실이라고 확신한다. 동시에 예기치 못하던 억압으로 영적인 유산을 일으킬 수 있다. 일단 사람이 무엇을 해야할지 알고있는 경우에 보통 나는 다음과 같은 질문을 한다. "당신이 그리스도를 초청하는 기도를 할 때에 기도사항을 미리 말해 드릴까요? 아니면 당신이 미리 읽어 본 다음에 준비가 되었다고 느낄 때 당신 스스로 하나하나 기도하시겠읍니까?" 이 양자택일의 질문은 사람들을 궁지에 몰아넣지 않게 하는 한 방법이 된다. 만일 그가 읽고 스스로 기도하기를 원하면, 그가 삶을 그리스도께 맡겼다는 표시로, 또는 그가 처음으로 주님을 만난 후 많은 지도와 격려가 필요해서, 그가 기도가 끝나자마자 나는 그 사실을 내게 알려달라고 한다. 만일 그때 그가 그곳에서 나와 함께 기도하기를 원한다면, 때때로 나는 내가 무엇을 기도할 것인가를 설명해주고 그 때 그가 이것을 기쁘게 여기면 내가 먼저 조용히 혹은 큰 소리로 한 구절 한 구절 기도함으로써 그가 나를 따라 자신이 기도하도록 한다. 나는 이렇게 기도한다.

"주 예수님, 저는 죄인입니다.
지금까지 내 길로 걸어 왔읍니다.
저를 용서해주십시오.
내 죄를 위해 십자가에서 돌아가셨음을 믿고 감사드립니다.
나는 기꺼이 당신을 내 삶의 첫 자리에 모시겠읍니다.
지금 이 순간 제 삶을 온전히 당신께 맡깁니다.
당신께서 나의 주인이며 구주가 되어 주십시오.
또 당신의 성령께서 내 마음에 들어와 영원히 나와 함께 해주십시오.
감사하오며 주 예수님의 이름으로 기도합니다. 아멘."

이러한 기도의 세밀한 부분들은 내가 복음을 설명한 방법에 따라 달라질 수 있다. 그러나 그것은 대개 비슷하다. 그때 나는 다시 감사의 기도와 그 새로운 주님의 제자가 주님과의 관계를 심화시키고 다른 그리스도인과 교제하며, 주께 봉사할 영역을 찾게 되고, 성령이 충만하도록 간절히 기도한다. 여기서 한두 권의 소책자가 그 생명의 첫 걸음을 확고하게 하는데 도움을 줄 것이다.

나의 개인적인 접근 방법을 요약하는데 있어서 내 특별한 기술을 주장하는 것은 아니다. 그리스도께 인도하는 방법은 많다. 역시 한 사람 한 사람을 한 개인으로서 보살펴 주어야 한다. 구변좋고 기계적인 접근은 필수적(必須的)이다. 동시에 나는 간단하고도 명확해야 할 필요가 있다고 확신한다. 거의 모든 사람이 어리둥절해하기 때문에 모호하고 일반적인 것은 누구에게도 도움을 주지 못할 것이다. 그리스도께 삶을 맡기는 이 일을 내가 간단하게 깨달을 수 있었던 것을 매우 감사하고 있으며, 다른 사람들에게도 동일한 방법으로 전도하려고 애썼다. 물론 간결하게 하려면 확고하면서도 분명하게 복음의 핵심을 반드시 알아야 한다.

비록 변화가 있었을지는 몰라도 수년간에 걸쳐 거대한 가치관의 기본적인 틀을 찾아냈다. 최근 20년이상 수천번이나 대략 비슷한 형태로 복음을 전해왔고 남녀노소 할 것없이 그들이 예수 그리스도와 살아있는 관계를 계속 발견하는 것을 보고 기뻐할 수 있었다.

― 제 6 장 개 인 전 도 ―

내가 사용해온 성경구절들은 다음과 같다.

당신에게 그리스도가 필요함을 인정하시오 : 로마서 3 : 23; 6 : 23, 이사야 59 : 1, 2.

그리스도께서 당신을 위해 돌아가셨음을 믿으시오 : 이사야 53 : 5 상반절, 베드로전서 2 : 24; 3 : 18.

제자로서 치루어야 할 값을 계산하시오 : 마가복음 8 : 34―38.

하나님의 선물인 성령을 받으시오 : 누가복음 11 : 13, 요한복음 1 : 12, 13.

제 7 장
새신자 육성
(Growing Up)

 어머니라면 누구나 출산이 쉽지않다는 것을 알고 있다. 상당한 고통이 불가피하므로 항상 전문의사의 기량이 긴히 요구된다. 그러나 모든 부모들이 알고 있는 바와 같이 아이를 키우는 참되고 엄밀한 일은 오로지 출산(出産)에서 시작된다. 사랑하고, 먹이고, 입히고, 훈련시키고, 격려하고, 훈계하고, 가르치고, 바로 잡고, 이해시키고, 의논해주는 일 등등――유아로부터 성년에 이르기까지의 자람은 우리가 가진 모든 지혜와 힘과 인내를 요구한다. 이와 똑같은 원리가 영적으로도 적용된다. 양육의 책임을 받아들이지 않은 채하는 전도는 한갓 무익한 일에 지나지 않는다. 가장 좋은 것은 교회를 육아실(育兒室)로 만드는 일이다.
 신약에 있어서, 여전히 "그리스도 안에서 어린아이들"[1]인 형제들에게 보내진 훈계들보다 유감스러운 교훈들은 극히 드물다. "때가 오래므로 너희가 마땅히 선생이 될터인데 너희가 다시 하나님의 말씀의 초보가 무엇인지 누구에게 가르침을 받아야 할 것이니 젖이나 먹고 단단한 식물은 못먹을 자가 되었도다. 대저 젖을 먹는 자마다 어린아이니……"[2] 예수님께서도 이해에는 더디면서 말다툼에는

――――――
1) 고전 3:1-2.
2) 히 5:12-14.

— 제7장 새신자 육성 — 149

재빨리 그들의 믿음에 있어 실수 투성이였던 그의 제자들의 무덤과 미숙함을 슬퍼하셨다. 바울은 그가 거짓 교리의 풍조들과 박해의 압박과 도덕적 몰락의 부패성에 대하여 굳건해야 될 교회들을 세우려고 하고 있었을 때, 자상하고도 수고스러운 양육이 절대적으로 중요하다는 것을 깨닫고 있었다.

유익한 것은 무엇이든지 공중 앞에서나 각 집에서나 꺼림이 없이 너희에게 전하여 가르치고……그러므로 너희가 일깨어 내가 삼년이나 밤낮 쉬지 않고 눈물로 각 사람을 훈계하던 것을 기억하라……우리가 그를 전파하여 각 사람을 권하고 모든 지혜로 각 사람을 가르침은 각 사람을 그리스도 안에서 완전한 자로 세우려 함이니 이를 위하여 나도 내 속에서 능력으로 역사하시는 이의 역사를 따라 힘을 다하여 수고하노라…우리가 오직 너희 가운데서 유순한 자 되어 유모가 자기자녀를 기름과 같이 하였으니 우리가 이같이 너희를 사모하여 하나님의 복음으로만 아니라 우리 목숨까지 너희에게 주기를 즐겨함은 너희가 우리의 사랑하는 자 됨이니라.³⁾

실로 양육의 목표는 그리스도인들이 "다 하나님의 아들을 믿는 것과 아는 일에 하나가 되어 온전한 사람을 이루어 그리스도의 장성(長成)한 분량의 충만함에"⁴⁾ 이르기까지 봉사의 일을 하게 하며 그리스도의 몸을 세우려 함에 준비를 갖출 수 있도록 하는데 있다.

신약을 연구해보면 이 목표를 달성하는 데에는 다음 몇가지 사항이 필요하다는 것을 분명히 알게 된다.

□ 적응성 □

비록 많은 '방식들'이 유용한 것으로 판명되어 왔으나 사실상 이상적(理想的)인 모범형식이란 존재하지 않는다. 그리고 하나님께서

---
3) 행 20 : 20, 31, 골 1 : 28—29, 살전 2 : 7—12 등등.
4) 엡 4 : 12—13.

우리들을 각자의 개별적이며 상이한 요구들에 따라 개인적으로 대하여 주신다는 사실을 기억하는 것은 매우 중요하다.

개심한 직후 내 자신은 그 당시 나와 마찬가지로 캠브리지 대학 (Cambridge University)에서 공부하고 있었던, 지금은 리버풀의 감독인 데이비드 쉐퍼드(David Sheppard)의 손에 의탁 되어졌었다. 사실상 우리 두 사람은 성경 가운데서 신중하게 선택된 어떤 구절을 함께 연구하는 것을 주목적으로 삼아 일년중 가장 좋은 기간동안 매주일 마다 만나곤 했었다. 물론 수많은 다른 개인적이거나 지적인 질문들도 같은 시간에 제기되었었다.

인간적인 판단으로 생각할 때, 이 자상한 개인교수가 없었던들 내가 지금까지 그리스도인으로 남아있을 수 없었던가 아니면 최소한 내 영적 성장속도는 현저하게 더디었을 것이다. 그러나 그러했기에 1년 안에 나는 영국국교회의 성직수임을 위한 하나님으로부터의 분명한 소명을 받았으며, 그 성직수임을 위한 후보생으로 교회에서 채택받을 수 있었던 것이다.

신앙적으로 장성한 연후에 나도 다른 여러 대학생들에게 똑같은 양육방법을 사용하여 얼마간의 분명한 결실을 풍성히 거두었다. 그러나 내가 조선소지대의 부목사로서 사역을 시작할 무렵에 크게 다른 환경 속에서 조선기능공들과 함께 대규모의 사역을 하면서, 방식의 노예가 된다는 것이 얼마나 어리석은 일인지를 깨닫게 되었다. 그와 함께 나는 적응성이 절대적으로 필요함을 통감했다.

그 수년 동안 나에게는 다른 여러가지 확신들이 있었다.

첫째로 단시일내에 너무나 많은 것을 기대함은 잘못이다. 예를 들어 그리스도 안에서 여러가지 방법으로 풍성하게 되었던 고린도교회에는, 오늘날 우리들의 훌륭한 많은 교회들의 지주도 흔들어 놓을 수도 있을 통탄할 만한 분열과 심각한 도덕적 문제들을 갖고 있었다. 그러나 회심자(悔心者)들이 혼란하고 부패한 사회에서 왔으므로 약간의 과거의 찌끼가 남아있다는 것은 불가피한 일이었다. 분명히 바울에게는 그들을 향해 하고싶은 심한 이야기가 있었을 것이다. 그러나 그는 그가 항상 그러했듯이 예수 그리스도 안에서 그들에게 주어진 은혜에 대해 하나님께 감사드림으로써 위로를 받곤했다. 실로 그들은 '모든 은사에 있어 부족함이' 없었다. 나는 가끔 그리스도를 믿노라고 공언한 후에도 다시금 어떤 지독한 도덕적 과오를 범한 일로 해서 어떤 사람의 회심을 의심하는 오래믿은 그리스도인들의 이야기를 자주 듣는다. 그러나 우리들의 개인적인 실패를 들먹일 필요가 없다. 다윗의 간음, 욥의 격분, 베드로의 부인 등은 항속적인 사람의 연약성과 죄악성에 대한 상기물이자 인간이 하나님의 은총에 일상적으로 의존해야 한다는 것을 기억케 해주는 것들임을 알아야 한다. 판단에 있어 우리는 자신에 대해서는 엄격하고, 타인에 대해서는 너그러울줄 아는 법을 배워야만 한다.[5]

둘째로 이 육성의 일에 대해서 지나치게 염려하는 것도 잘못이다. 끊임없이 자기 아이의 건강(健康)을 걱정하는 어머니는 건강한 성장에 필요한 최선의 환경을 조성치 못할 것이다. 한번은 바울이 빌립보의 교인들에게 "너희 속에 착한 일을 하신 이가 그리스도 예수의 날까지 이루실 줄을 우리가 확신하노라"[6]라고 편지한 일이 있었다. 처음부터 끝까지 그것은 중요한 하나님의 일이다. 우리는 하나님과 함께 일하는 자들임을 항상 기억하자. 하나님께서 연약한 그리스도인의 생활 속에서 자신의 역사를 훌륭하게 계속해나가실 수 있으리라고 안심하는 가운데 갖는 기도의 확신은 심지어 싸움이 아주 격렬할 때에 조차 만사에 유익이 된다. 우리는 이것을 예수님께서 시몬 베드로에게 그가 그 때까지 당했던 시험중 가장 커다란 시험에 대하여 경고하시는 인자한 말씀 가운데 잘 나타나고 있음을 볼 수 있다. "시몬아, 시몬아, 보라 사단이 밀까부르듯 하려고 너희를 청구하였으나 그러나 내가 너를 위하여 네 믿음이 떨어지지 않기를 기도하였으니 너는 돌이킨 후에 네 형제를 굳게 하라." 비록 이것은 다가오는 시험에 대한 생생한 경고였으나 그것은 믿음으로 충만했

---

5) 잔 6 : 1—5을 보라.
6) 빌 1 : 6.

으며 믿음은 믿음을 일으켰다.[7] 연약한 그리스도인의 영적 안녕(安寧)에 대한 우리의 걱정과 염려는 거의 항상 그의 생활에 부정적이고 파괴적인 영향을 미친다.

셋째로 동성(同性)의 상대를 상담하는 것이 현명하며, 또 비슷한 연령층이거나 조금 어린사람을 상담하는 것이 일반적으로 현명하다. 디모데는 사람을 가르침에 있어서 늙은이들에게는 아비에게 하듯하며 젊은이를 형제에게 하듯하라고 들었다. 디도 역시 "늙은 여자로는……젊은 여자들을 교훈하도록 하게하라"[8]는 촉구를 받았다. 감정적인 얽매임은 영적인 진보에 결코 도움을 줄 수 없다.

네째로 너무 교만해져서 다른 그리스도인의 도움을 청하지 못하는 자리에 이르지 말아야 한다. 만일 한 지역교회(地域敎會)가 그리스도의 살아계신 몸으로 발전하는 중이라면, 거기에는 항상 일어나는 온갖 종류의 은사와 봉사의 일들이 있게 마련이다. 우리가 그리스도 안에서 성장하게 될 때, 우리는 하나님의 가족들의 요구들을 함께 감당할 수 있도록 하기위한 특수한 목회의 기술들이 꽃피기를 바라보며 진정으로 기도해야만 한다.

나는 그 수년동안 우리교회를 발전시키는 일에 하나님께서 사용하신 방편들에 대하여 하나님께 감사드린다. 즉 지식과 지혜를 가진 사람들과 예언자적 통찰력을 가진 사람들, 기억력의 치료에 대한 일견이 있는 사람들과 구원받게 하는 일에 대한 경험이 있던 사람들과 중보의 사역에 경험있던 사람들 등등에 대해서 하나님께 깊은 감사를 드린다.

분담된 목회사역의 가치는 아무리 강조(強調)해도 지나치지 않는다. 모든 지역교회들은 '교회를 세울 수 있도록' 성령의 은사들이 상호보완적이면서도 성숙하게 나타날 수 있기 위해 기도해야만 한다.

---

7) 눅 22 : 31f.
8) 딤전 5 : 1f., 딛 2 : 2f.

□ 가 르 침 □

바울은 심지어 전도여행 중에도 모든 기회를 다해 연약한 그리스도인들을 가르치고 하나님의 말씀으로 그들의 힘을 북돋워주곤 했다. 예를 들어 고린도에서는 "1년 6개월을 유하며 그들 가운데서 하나님의 말씀을 가르쳤었다."⁹⁾ 후일 그가 에베소에서 장로들에게 작별로 고한 바와 같이 그는 그들을 "3년이나 밤낮 쉬지 않고 눈물로 각 사람을 훈계하였다"고 말했다. 그는 덧붙여서 "지금 내가 너희를 주와 및 그 은혜의 말씀께 부탁하노니 그 말씀이 너희를 능히 든든히 세우사 거룩케 하심을 입은 모든 자 가운데 기업이 있게 하시리라"¹⁰⁾고 했다.

신약의 서신(書信)들 역시 자상한 가르침의 중요성을 아주 분명하게 하고있다. 실용적 훈계들 만으로는 충분한 것으로 생각되지 않았다. 심지어 바울은 이교(異敎) 세계로부터 계속 흘러들어오던, 조금 밖에는 교육을 받지 못했던 가지각색의 잡다한 그리스도인들에게까지도, 그 후 모든 시대의 신학자들의 학식을 소모케한 복음에 관한 완벽하고도 알기쉬운 해설을 써보내곤 했다! 도로시 세이어즈(Dorothy Sayers)가 한 번은 영국국교회의 일반적 평신도는 마치 소총을 가지고 탱크에 맞설 수 있는 어린애처럼 도전적인 불가지론자나 무신론자를 대항할 수 있을 뿐이라고 말했었다.

연약한 그리스도인에 대한 우리들의 가르침은 일종의 소총과는 비교도 할 수 없이 슬픈 일이다. 극소수만이 "견고한 진을 파하는 강력"¹¹⁾을 지닌 '무기'로 무장되고 있다. 그리스도인들의 신앙을 이해하고 보다 깊게 연구하는 기독교교육에 보다 많은 시간과 정력이 투입되어야만 할 것이다.

---

9) 행 18:11.
10) 행 20:31f.
11) 고후 10:3ff.

몇가지 방법들이 이 목적에 가치가 있는 것으로 인정되어 왔다. 서방 그리스도교 세계에서는 개인적 성경공부에 상당한 강조를 두어 왔고 따라서 다양한 연구교재들을 거의 모든 시대와 모든 계층의 사람들이 이용할 수 있었다.[12] 분명히 그리스도교 신앙의 핵심은 하나님의 아들 예수 그리스도를 통한 하나님과의 개인적 관계에 있다. 이 관계는 한편으로는 성경공부와 다른 한편으로는 기도로서 계속해서 깊어져야될 필요가 있다. 그러나 새로 믿는 그리스도인의 경우에는 적합한 성경읽기 체계를 가지고도 불과 소수만이 스스로의 충분한 발전을 성취할 뿐이므로, 정규적인 개인상담이 가장 가치 있는 것이 될 것이다.

바울은 공중에게만 가르친 것이 아니고 집집을 방문하여 가르치기도 했다. 그는 각 사람을 권하였다. 각 사람을 가르쳐 각 사람을 그리스도 안에서 완전한 자로 세우기 위하여 그의 모든 힘을 다해서 수고와 노력을 기쁘게 하고 있었다.[13]

많은 연약한 그리스도인들에게는 매주마다 일대일 단위의 만남을 갖도록 정하여 단지 신앙에 관한 것 뿐만 아니라 대화를 통해 나오는 개인적인 요구(要求)들과 질문들에 대한 개인적이고 자상한 교훈을 주는 기회를 마련하는 것이 가치 있을 것이다. 그리스도인의 확신, 성령의 능력, 기도, 친교, 증거와 봉사, 시험과 영적인 싸움, 보호하심, 관계들 등등과 같은 기본적인 주제들이 한 시간에 걸쳐서 취급될 수 있을 것이다. 하나님의 속성, 예수 그리스도의 인격, 성령의 역사, 십자가의 못박히심과 부활, 믿음으로 말미암는 칭의(以信稱義), 성경의 권위, 심판과 예수 그리스도의 재림 등등의 신앙에 있어서 중요한 어떤 교리들을 취급하는 것도 매우 중요한 일이다. 이런 주제들에 관한 효과적인 성경공부의 체계를 잡기 위한 준비구절의 목록이 부록에 마련되어 있다.

---

12) E. g. 이것들은 성서 유니온에서 발간된 것들이다. 47 Marylebone Lane, London W 1 M 6AX.

13) 골 1 : 28f.

— 제 7 장 새신자 육성 —

이러한 각종의 개인적인 양육 가운데에서 나는 다음의 몇가지 원칙들이 유용하다는 것을 알아냈다.

첫째로 각 단락에 들어가기 앞서 기도하라. 기도하는 중에 연약한 그리스도인들의 요구(때때로 숨겨진 요구)가 발견되는 일이 종종 있다.

둘째로 사람의 영적 배고픔을 너무 과대평가하지 말라. 각 단락을 걸고 부담스러운 영적 권고들로 압박을 가하지 말고 오히려 짧게 진행하는 것이 좋다. 네번의 코오스를 거쳐 나오는 식사동안 내내 앉아있는 일을 누구나 다 할 수 있는게 아니다!

세째로 가능한한 알기쉬운 성경을 사용하라. 그것은 삶을 변화시키는 잠재력을 갖고 신앙에 영양을 공급한다.

네째로 자연스럽고도 자동적으로 만나서 가르치고 상담할 기회를 찾기에 신경을 집중하라. 산책하는 동안이라든가 함께 일하러 직장에 가는 동안에 아주 가치있는 일이 만들어지는 경우가 종종있다. 예수님께서는 보통의 일상적 사건들을 그의 가장 효과적인 가르침에 사용하셨다. 그는 농사일, 요리, 고기잡이 등의 일상적 사건을 이용하여 가르치셨다. 기독교를 살아있는 신앙으로 만들고 그리스도를 살아계신 구세주로 만든 것은 바로 이러한 일상생활에서 자연스럽게 끌어낸 교훈들이었다.

다섯째로 사유와 행동을 자극하기 위해 잘 균형잡힌 규정식의 그리스도교 서적들과 소책자 또는 글들을 읽도록 빌려주라.

이 모든 것을 논의(論議)함에 있어서, 서구 세계에 어느 정도 광범위하게 퍼져있는 양육방법들과 성경읽기를 위한 자료들이 중간계층의 수준을 가진 사람들을 위해, 그리고 개인적 성경연구에 대한 훈련이 잘 되어있는 사람들과 개인으로서 홀로 생각하고 행동하는 일에 익숙한 사람들을 위해서 고안되어 왔음에는 거의 의심의 여지가 없다. 실로 '개인적인 경건의 시간'(private quiet time) 이 대개 영적성장과 성숙에 있어 불가결한 것으로 생각되어 왔기 때문에 사회의 커다란 부분이 심각하게 불리한 처지에 빠지고 말았다.

보통 그리스도인의 생활의 기준이 터무니 없이 높게 보였기 때문에 이것을 따라 살 수 '있어야만'할 중간계층의 환경 가운데 있는 사람들 중에 이것에 놀란 몇몇 사람들은 깊은 자책감을 느끼며 낙담하곤 한다. 강박관념과 긴장에 사로잡혀 낙심하여 불안이나 공포로 떠는——그런 작은 아이들이나 그와 같은 아이들을 가진 어머니들은 강렬하고 능력있는 그리스도교의 지도자들이 개인적 성경연구(聖經研究)와 기도를 지나치게 강조할 때 극심한 실패감으로 고통을 당할 수가 있다.

신약시대의 교회에서는 함께하는 공동생활에 큰 강조를 두었다. 그들은 함께 성경을 연구하고, 함께 기도하고, 함께 예배를 드렸고, 함께 식사하고, 함께 생활하고, 함께 고통을 당했다.

친척관계가 급속도로 붕괴됨에 따라 고독과 우수가 몰아닥친 이 시대에 있어 집단활동의 가치는 아무리 강조해도 지나치지 않는다.

> 많은 인간의 행위가 직관적으로 그리고 비이성적으로 습득된다. 사람에게 있어서 느끼는 것은 생각하는 것보다 훨씬 중요하다. 행위는 사회 속에서 획득될 수 있다. 성령의 은사와 은혜의 수단들을 나눔으로 하나님을 향해서 그리고 서로를 향해서 개방되어 있는 서로 돌보아주는 그리스도인의 사회는 그리스도인들이 거기에서 그들의 훈련의 내용들을 함께 성취시킬 수 있는 환경이다. 특히 사춘기 청소년에게 있어 모임의 힘은 어마어마한 것이다. 문제들을 함께 탐구함으로써 그리스도인들을 돕는 자료들과 집단작업기술들이 몹시 부족되어 있다.[14]

결국 그것은 우리가 "모든 성도와 함께……그 넓이와 길이와 높이와 깊이가 어떠함을 깨닫는"[15]것이다. 그러므로 작은 모임의 가치는 무궁무진하다. 그러한 모임에 속해있는 모든 구성원들이 그들의

---

14) 마이클 이스트만, "젊은이들 사이의 도덕적 기준의 변화" (Changing Ethical Standards among Young People) in *Frontier Youth Trust Review*, No. 5.

15) 엡 3 : 18.

생활을 함께 나누는 것을 배우는 것이 이상적이다. 즉 성경공부가 그 모임의 확고한 기반이 될지라도 그들의 협동활동(協動活動)은 휴식, 오락, 봉사 등등의 훨씬 넓고 다양할 수가 있어야 한다.

가르치고 함께 나누고 친교함을 위하여 작은 모임을 장려하는 교회와 이런 모임들을 위해서 현명한 지도층 양성에 힘과 시간을 투자하는 교회는 확고부동한 성장을 위한 훌륭한 기초를 놓는 교회이다. 예를 들어서 사실상 도시교회연구계획(Urban Church Project)[16]에 의해 되어진 조사는 한 사람의 지도자(교구목사나 담임목사) 혼자서는 결코 최대로 해야 150명내지 170명을 목회할 수 없다는 사실을 보여주었다. 그러므로 말하자면 4명의 지도자가 있는 큰 교회라면 600명 정도까지 회중의 성장을 바라볼 수 있을 것이다. 그러나 항상 그 수치(최대한 비율로 150대 1)에는 기복이 있다. 교구의 크기나 교회를 둘러싼 지역의 인구밀도는 커다란 차이를 가져온다. 우리가 도시에서와 산업지역사회(産業地域社會)에서의 실패를 자인해야만 했던 것은 바로 교회가 목사님들의 사역에만 지나치게 의존하고 평신도 지도자들에게는 등한시 했었기 때문이었다.

분담된 지도자와 함게 하는 작은 모임의 활동에 대한 재발견이 긴급히 요구되고 있고 그리스도의 몸전체가 목회사역에 연관되어 있다. 교육과 친교를 위해서 매주일마다 한 번씩 평신도 지도자들의 인도아래 모이는 소집단으로 되어있는 감리교 분반체계(Methodist Class System)은 일반 평신도들을 위한 그리스도인 양성훈련으로는 가장 효과적인 것의 하나였다. 그런데도 이 체계는 영국국교회에서 비극적으로 배척되었는 바 그 손실이 지금도 미치고 있다.[17]

마이클 이스트만(Michael Eastman)이 현대의 정황을 평하는 말을 다시 한번 인용해보자.

    각 사람들은 모임 속에서 자신이 어떠함을 발견한다. 온정과 후원, 자발성, 그리고 상호간의 배려 등이 조직되지 않은 비공식적 모임의 제

---

16) Papers available from 19 Bosworth Road, Dagenham, Essex.
17) 소규모 모임에 대한 보다 많은 내용이 다음 장들에 나온다.

반영역을 특징지우며 그러한 요소들 가운데 성경은 하나의 형식적인 공부형식이 아닌 실존적이며 삶과 연관된 공부형식 속에서 생동케 된다. 하나님께서 사회를 창조하셨다. 진리는 경험 속에서 살아 움직이고 다함께 생활함이란 정말 훌륭한 교제이다. 이것이 함축하고 있는 의미는 너무도 분명하다. 성경을 읽지 않은 사람에게 개인적 성경읽기로부터 시작함은 무의미한 일이다. 어떤 이들은 인쇄되어 있는 글자들 조차 결코 이해하지 못할 수도 있다. 다른 방편이 필수적이다. "성경을 읽지 않는 사람이 성경을 읽는 일은 어떻게 하면 도와줄 수 있을까"라고 묻기 보다는 오히려 다른 각도의 질문, 즉 "어떻게 하면 사람들이 그들의 일상생활 가운데서 살아계신 하나님과의 만남을 체험할 수 있을까"라는데 관심을 집중시킬 필요가 있다.[18]

성서 유니온(Scripture Union)이 이 문제에 대한 답변으로서 중요한 작업을 완성시킨바 있다. 그러므로 이제는 모임의 전반적 대략을 짐작케 해줄 수 있는 매우 훌륭한 자료가 이용 가능하다. 사실상 성경공부를 계속할 수 있도록 충분한 자극을 제공하는 것이 바로 이 모임이다. 또 하나님의 말씀이 살아있는, 그리고 적절한 말씀으로 되어지는 것도 이 모임에서의 일이다. 다른 전달형식들 즉 카세트 테이프(조만간에는 비디오 테이프), 연극, 댄스, 시각예술(視覺藝術), 음악 등등이 역시 도움을 준다. 그러나 이런 수단들이 훈련에 의하여 일등 그리스도인에게 사용되어지는 우수한 일상적 성경읽기 체계의 마술적인 차선(次善)의 체계로 생각되어서는 안된다.

말씀을 묵상함에 사용되는 수단들은 명상과 기도, 실천, 경험의 교환 등을 통해서 사람의 인격 속으로 흡수되어 오는 것보다 훨씬 중요하지 않다. 그리스도인의 모임생활은 필수적이며, 어떤 그리스도인들은 다른 그리스도인들과의 섞여있는 가운데서 많이 하나님과 만날 수 있다. 성경은 과거 수세기 동안이나 자유롭게 이용될 수 없었고, 당시에는 그

---

18) "성경읽기와 성경을 읽지 않은 사람들"(Bible Reading and non-Bible Readers) in *Frontier Youth Review*, No. 5.

── 제7장 새신자 육성 ──

리스도인들 만이 성경을 읽을 수 있었다. 구스내시와 실망에 젖어있던 두 제자들은 함께 시간을 보내는 가운데 피와 살의 말로서 뼈에 사무친 말씀을 받았던 것이다! [19]

개인적으로 말해서, 20년 이상에 걸쳐 고도(高度)의 훈련을 받은 성경공부를 (한 가지를 덧붙이자면 많은 유익을 얻었던 점이 있다) 한 뒤에야, 그리고 거의 같은 정도 길이의 시간 동안, 더우기 지난 몇년 간에는 훨씬 깊숙히 그룹성경공부를 경험한 후에야 비로소, 나는 모임을 배경으로 하여 하나님께서 개인과 더불어 얼마나 능력 있는 교제를 하실 수 있는가를 철저하게 깨달을 수 있었다. 비록 성경을 읽는 사람이라 할지라도 그리스도인의 교제의 중요성을 재발견할 필요가 있다.

이런 작은 모임들과 함께 '하나님의 전반적인 계획을 선포하는' 보다 형식적인 임무와 전체의 유익을 위해 그들의 임무를 행하도록 승인받아야만 하는 하나님으로부터 명백하게 가르치는 은사를 부여받은 사람들이 또한 필요하다. 요크(York)에 있는 나의 교회에서 우리들은 주간에 모이는 구역예배의 가치를 잘 보아왔다. 그 구역예배에서는 회중 가운데 핵심인물이 가정에서 모이는 훨씬 소규모의 모임에 함께 참석한다. 이것은 가르침과 피차간에 은혜를 나눔의 균형을 제공하고, 예배와 친교를 균형있게 해준다.

예루살렘에서 박해가 일어나기까지, 초대교회 그리스도인들은 "날마다 마음을 같이 하여 성전에 모이기를 힘쓰고 집에서 떡을 떼었다." 그러나 즉시 교회에 나오게 된 사람들이 하던 그밖의 일은 "자신들을 사도들의 가르침에 전념케 한 것"[20]이었다.

□ 친   교 □

우리는 이미 건전한 영적 성장을 위한 친교의 필수성((必須性)에

---
19) Ibid.
20) 행 2 : 46, 42.

대해 다룬 바 있다. 아기에게 필요한 것은 단지 먹을 것 뿐만이 아니고 실제로 그 아기가 속해있는 가정의 온정, 사랑, 안정도 요구된다. 만일 전체로서 교회가 그 그리스도인들에게 적절하게 가르침에 있어 어느정도 실패하거나, 교회에 나오는 성경을 읽지않는 사람들에게 효과적으로 전달함에 실패한다면, 그 교회는 그리스도 안에서 진정한 친교를 창조함에 있어서는 더욱 크게 실패를 한다. 외인(外人)이 그리스도 사랑의 직접적인 영향을 느낄 수 있는 교회가 몇개나 될까? 하나님의 백성들로 불리우는 사람들 사이에서 실로 깊고 의미있는 관계를 얼마나 자주 발견할 수 있을까? 당신의 교회에 들어온 불신자가 즉시 진실로 하나님께서 당신들 중에 계신다 라고 고백하는 것이 언제인가? 지역교회에 출석하려고 하던 회심한 한 젊은 청년이 꼭 자신이 '냉장고'속에 들어앉은 기분이었다고 말한 것이 이상한 일이겠는가? 수년동안이나 기독교 교리를 잘 교육받은 그리스도인들 가운데서, 그들이 갖고 있는 신학적인 능력에 비해 그들 자신은 그리스도 안에서 온전한 사람이 되지 못했음을 보여주는, 성숙되지 못한 인간성, 상호간의 관계에 있어 어색함, 쌀쌀맞고 지독한 태도, 심리학적 압박과 불안 등을 자주 발견하게 되는 것이 이상한 일인가?

　이 모든 것의 주요 원인이 신약시대 교회의 그토록 넘치는 활력을 특징지우던 사랑과 허물없는 관계의 부재라는 것이 매우 설득력있게 들린다. 실로 서신들의 저자들은 그들의 시간 가운데 많은 시간을 그 수신자된 그리스도인들이 그들의 관계를 사랑과 허물없는 것으로 지속하도록 촉구함에 사용했다. 왜냐하면 오직 이 길로 만이 그들이 정말 그리스도 안에서 성숙하고 완성될 수 있기 때문이었다.

　　　오직 사랑 안에서 참된 것을 하여 범사에 그에게까지 자랄지라. 그는 머리니 곧 그리스도라……그러므로 사랑을 입은 자녀같이 너희는 하나님을 본받는 자가 되고 그리스도께서 너희를 사랑하신 것 같이 너희도 사랑 가운데서 행하라……성령의 충만을 받으라. 시와 찬미와 신령한 노래들로 서로 화답하며……그리스도를 경외함으로 피차 복종하라…… 이

― 제 7 장 새신자 육성 ―

모든 것 위에 사랑을 더하라. 이는 온전하게 매는 띠니라.[21]

한 사람이 그리스도를 발견(發見)했을 때 그는 전혀 새로운 나라에 들어가 전혀 새로운 가족에 속하게 된다는 것은 진리다. 일단 그는 어두움의 왕국으로부터 모두를 떨치고 나와 하나님의 나라의 영광스러운 빛 가운데로 들어온다. "너희가 전에는 백성이 아니더니 이제는 하나님의 백성이라." 영적인 삶을 지닌 그 첫 증거는 그가 하나님의 얼굴을 올려 뵈올 때 '아바 아버지'라고 부르짖는 일이다. 여기에 그가 진정한 하나님의 아들이라는 사실을 그의 영과 더불어 증거하시는 성령이 계신다. 그러나 예수님께서 그것을 일러 새로운 출생이라고 부르실 수 있었을 만큼 뭔가 근본적인 사건이 새 그리스도인에게 일어난다면, 새가족에 속하게 되는 것 역시 근본적인 것이어야 한다. 그것은 새로운 삶이요, 새로운 형식의 삶이다.[22]

여러가지 면에 있어 그것은 결혼과 비슷하다. 실로, 바울은 남편과 아내의 관계에 대한 훌륭한 교훈을 한 후에 계속해서 말하기를 "이 비밀이 크도다 내가 그리스도와 교회에 대하여 말하노라"[23]라고 했다. 아무리 단단히 결속된 결혼관계 (이상적인 형태에 있어서)라 할지라도 그것은 그리스도와 그의 몸인 교회사이의 강력하고 영원한 결속관계의 희미한 반영에 불과할 뿐이다. 그러므로 마치 젊은 신부가 그녀의 신랑에게서 그녀의 감정, 그녀의 충정, 그녀의 인생을 찾으며 그에게만 '전념하며 다른 모든 이를 잊을 것을' 약속하는 것과도 꼭 마찬가지로 그리스도의 몸인 교회를 포함해서 한 연약한 그리스도인과 그리스도도 그러하다.

새로 그리스도인이 된 사람은 이제 그의 감정의 중심을 하나님의 가족에게로 옮겨야 한다. "이곳이 본질적으로 내가 속한 곳이다. 이것이 내 가족이며, 이곳이 내 가정이다. 여기에 내 형제 자매가

---

21) 엡 4 : 15; 5 : 1f., 18f., 21, 골 3 : 14.
22) 이것은 Hodder & Stoughton 출판사에서 출판된 것으로 양육에 관한 마이클 그린의 훌륭한 책 제목이다.
23) 엡 5 : 32.

있고, 여기에 나의 주, 나의 아버지, 나의 하나님이 계신다." 이래서 그리스도께서는 "아비나 어미를 나보다 더 사랑하는 자는 내게 합당치 아니하고 아들이나 딸을 나보다 더 사랑하는 자도 내게 합당치 않다"[24]라고 말씀하셨다. 너무도 오랫동안 교회가 하나의 클럽같은 인상을 지녀왔다. 그래서 사람들은 자기 좋을 때 잠깐씩 들리고, 자기가 원하는 만큼만 개입할 수 있는 것이다.

그러나 신약의 모습은 결코 그것이 아니다. 교회는 그리스도의 몸이고 우리는 뗄 수 없는 그 교회의 구성원(構成員)이다. 교회는 하나님의 가족이고 우리는 여기에 속해있다. 교회는 하나님의 집이고 돌 하나하나가 완전을 이루는데 불가결하다. 교회는 예수 그리스도의 군대이고 모든 군사는 그를 모집한 그분을 만족하게 해드려야만한다. 그러나 지역교회가 깊고도 사랑에 넘치는 관계를 베풀면서 살아있는 친교를 나누지 못한다면 이 어마어마한 말들은 단지 종교적인 상투어가 되고 만다.

연약한 그리스도인이 가장 빠르게 성장할 분위기란 바로 이것이다. 예를 들자면 우리는 바울 서신에서 비쳐나오는 따스한 격려를 볼 수 있다. "우리가 너희 가운데서 유순한 자가 되어 유모가 자기 자녀를 기름과 같이 하였으니……하나님의 복음으로만 아니라 우리 목숨까지 너희에게 주기를 즐겨함은 너희가 우리의 사랑하는 자가 됨이니라……우리가 너희 각 사람에게 아비가 자기 자녀에게 하듯 권면하고 위로하고 경계하노니 이는 너희를 부르사 자기 나라와 영광에 이르게 하시는 하나님께 합당히 행하게 하려 함이니라."

더 나아가서 데살로니가의 회심자들은 하나님의 사랑이 어느 정도 바울과 그의 동료들로부터서 느껴질 수 있고 체험될 수 있었던 상황 속에 태어났기 때문에 바울은 우리가 너희 가운데서 너희를 위하여 어떠한 사람이 된 것은 너희의 아는 바와 같으니라 또 너희는 우리와 주를 본받는 자가 되었으니"[25]라고 쓸 수 있었다. 그들은

---
24) 마 10 : 37.
25) 살전 2 : 7—17 ; 1 : 5f.

삶과 관계에 있어 모두 함께 사랑과 부활하신 주 예수의 실체에 대한 가시적(可視的) 증거였었다. 후일 그가 쓴 데살로니가후서에서, 그가 증거한 바와 같이, 같은 친교의 온정이 그 연약한 그리스도인들 속에서 발견되었으며, 그는 하나님께 "너희 믿음이 더욱 자라고 너희가 다 각기 사랑함이 풍성함이며"[26]라는 감사를 드렸다. 물론 그리스도인의 사랑은 주로 감정상의 문제가 아니다. 오히려 그것은 주고 섬기는 사랑이며 일곱번씩 일흔번을 용서하는 사랑이고, 생활을 서로에게 깊숙하고 진지하게 의탁하는 가운데 표현되는 사랑이다. 그러나 이것은 필히 극적인 고난에 말려드는 것이 아니다. 단지 서로의 발을 씻어주는 겸손한 일을 의미한다.

실로 헬라어의 친교를 의미하는 말인 '코이노니아'($\kappa o \iota \nu \omega \nu \iota a$)는 신약에서 주로 돈과 재산을 나누어 쓰는 문맥에서 나타나고 있다. 이것은 하나님께서 그의 독생자를 주셨던 바 하나님의 사랑에 대한 약간의 실제적이며 고귀한 반영이다. 지역교회에서 표현될 때는 이 친교의 질(質)보다 복음의 진리를 능력있게 말할 수 있는 것은 아무 것도 없다.

□ 예　배 □

한번은 토져(A. W. Tozer)가 다음과 같은 아주 타당한 말을 한적이 있었다. "우리는 먼저 예배하는 자가 되기 위하여 이곳에 있고 일하는 자가 되는 것은 단지 두번째의 일이다. 우리는 회심자를 취해서 그를 즉시 사역자로 만들고 있다. 그러나 하나님께서는 결코 그렇게 의도하지 않으셨다. 하나님께서 원하시는 바는 회심자(悔心者)가 예배자가 되는 것을 배우는 일이다. 그 후에야 그는 사역자가 되기를 배울 수 있다. 예배자에 의해서 성취된 일은 그 속에 영원을 소유할 것이다."

물론 진정한 예배는 단지 찬송만이 아닌 우리의 몸과 소유물의

---
26) 살후 1:3.

희생도 포함한다.[27] 그것은 우리가 가진 모든 것과 더불어 그의 재산을 하나님께 드림을 의미한다. 그러나 우리의 입술로서 그를 찬양하는 것(또 행동이나 춤을 통해 우리의 몸을 가지고 할 수도 있다)을 배우는 것은 우리의 마음과 생명을 드려 그를 놀랍게 사랑하는 것을 도울 수 있다.

그리스도인이 "하나님과의 사랑에 빠지기 시작할 때"(예를 들면 아가서에 아름답게 표현되어 있는 것과 같이) 그 나머지 것들은 저절로 따라올 것이다. 토져는 다시 한번 고발하여 다음과 같이 말한다. "나는 설교자가 내게 그리스도는 보여주지 않으면서, 방침에 따르도록 채찍질 당하고, 보다 열심히 봉사하고, 보다 많이 기도하고, 보다 활수히 헌금하라고 촉구당하는 일에 지치고 말았다." 나는 자주 교역자들과 교회 지도자들로부터 그리스도인들로 그들의 신앙을 증거하거나, 활수하게 헌금하거나, 보다 즐거이 봉사하게 하려면 그들을 어떻게 격려해야 하는가라는 질문을 받곤 한다. 나는 오직 단 하나의 대답을 알고 있다. 그들로 그리스도와의 사랑에 빠지게 도와주라. 이것이 오순절 성령의 부으심에 대한 즉각적인 표식이었다. 제자들은 하나님의 사랑과 그리스도의 사랑에 압도되었다. 그 일 후에는 반대가 얼마나 극심하든가, 싸움이 얼마나 고달프든가 문제가 되지 않았었다.

그들은 "그리스도의 사랑이 우리를 강권하시는도다"라고 기록할 수 있었다. 그리고 오순절에 그들이 그리스도를 향한 자신들의 새로 세운 사랑의 첫 증거가 바로 예배였다. 그들은 그의 위대한 사역을 위해 하나님을 영화롭게 하도록 성령에 의해 그들에게 주어진 바 된 방언들을 사용하며 찬송하는 일에 몰두되었다.

때때로 나는 연약한 그리스도인이 정말로 하나님을 예배하기 시작하여 힘과 영을 다하고 전심으로 그를 사랑하는 일을 배우기 시작할 때, 그의 인생은 하나님을 향하여 열리고, 그는 놀랍게도 신

---

27) 히 13 : 15f., 롬 12 : 1. 전도에 있어 예배가 차지하는 위치에 대해 보다 자세히 설명되어 있는 9장을 보라.

— 제 7 장 새신자 육성 —

속하게 성령의 능력과 은사를 받을 수 있게 되는 것을 종종 보아왔다. 물론 가르침과 친교가 없는 찬양이란 공허하고 피상적인 것일 수가 있다. 그는 자신을 십자가에 못박고 그리스도의 주권에 복종하는 고통스러운 훈련을 계속 쌓아야만 할 것이다. 영적 성숙에는 지름길이 존재하지 않는다. 그러나 그 과정은 가속화 될 수 있고, 적절한 가르침과 사랑에 넘치는 친교와 가슴을 다한 찬양, 이 삼자의 조화는 정말 아주 강력할 수가 있다.

더구나 하나님께서 간혹 예언의 말씀을 통하여 말씀하실 수 있었던 것도 이러한 찬양의 맥락 속에서 자주 있었다. 그러므로 예배는 하나님의 말씀을 받아들이도록 마음을 준비시키고 그리스도의 몸을 세우고 강하게 만들기 위해 주어지는 성령의 은사를 방출시켜준다. 또한 예배는 하나님과의 연결을 더욱 풍성케 해주고 기도가 더욱 의미깊고 적극적인 것이 되도록 해준다. 우리가 하나님이 어떤 분이심에 대하여 그리고 그의 사랑과 신실하심과 위대하심, 능력 등에 대하여, 하나님을 찬양하는 것을 배우는 것과 동시에 우리의 기도와 간구가 새로운 믿음으로 보강될 수 있는 것이다.

제자들은 사도행전 4장의 긴장된 순간에 처해있었을 때, 기도하기 시작했다. 그 장(章)에 기록되어 있는 것과 같이 그들의 연합된 기도에 있어서 대부분의 시간을 전세계를 다스리시는 하나님의 왕권에 대해 하나님을 찬양하고 가장 막강하고 증오에 찬 지배자들이라 할지라도 오직 그의 손과 그의 계획이 되어지도록 예정한 그 일들 만을 행할 수 있음에 대해 하나님께 감사를 드림으로 보냈다. 그리고 나서 이 승리에 찬 찬양을 발판으로 해서 하나님의 말씀을 외칠 수 있는 담대함과 예수의 이름을 통하여 주어질 기사와 이적들을 이어서 간구했다. 그들 모두가 성령으로 충만했었다. 그들 모두 위에 놀라운 은혜가 임하였다는 것은 놀라운 일이 아니다.

우리는 예배를 통하여 하나님을 영화롭게 하는 것을 배운다. 우리의 찬양이 우리의 삶의 예배를 정확하게 반영하다고 가정할 때, 하나님께서도 역시 우리를 영화롭게 하실 것이다.

□ 훈　　련 □

　예수님께서 우리가 모든 족속들을 제자로 삼아야 할 것을 분명하게 명하셨다. 교회들을 그리스도인으로 채우는 이나, 심지어 그 그리스도인들이 하나님의 진리 안에서 잘 교육된 것으로, 하나님의 백성들 사이에서 친교를 즐기는 것과 하나님의 영광을 높이 찬양하는 것만으로는 충분하다고 할 수 없다. 뭔가 그 이상의 것이 필요하다.
　부에노스 아이레스(Beuenos Aires)에서 온 유색의 아르젠티나인 목사인 쥬안 칼로스 오르티즈(Juan Carlos Ortiz)는 그의 감동적인 책인 『제자에로의 부르심』(Call to Discipleship)[28]에서 오늘날 교회가 갖는 근본적 문제 세 가지를 다음과 같이 요약했다. "그 첫째는 그리스도인들의 영원한 어린아이 상태이다. 둘째는 그리스도인들의 배치이다. 세째는 단합의 결여다."
　하나님께서는 그가 외면적으로는 번창하고 있던 그의 교회를 살펴 보았을 때 이것을 분명하게 알게 하셨다. "비록 날마다 새로운 그리스도인의 등록이 많아졌으나, 모두가 어린아이에 머물러 있었고, 같은 내용을 해마다 가르침 받아야만 할 아기로 남아있었다……수년동안 같은 찬송을 부르고 수년동안 같은 기도를 드리고 꼭같은 教會構造(교회구조)와 똑같은 메시지를 필요로 하는 사람들은 실상 성장하지 않은 것이다. 그들은 영원한 어린아이다."[29] 슬프게도 이것은 오늘날의 대부분의 교회에 해당하는 정당한 논평이다. 그러면 어떻게 우리가 날로 그리스도 안에서 성숙되어가는 진정한 제자를 훈련시킬 수 있을 것인가?
　첫째로 중요한 것은 우리의 목적을 분명하게 만드는 일이다. 그리스도를 믿는 새 그리스도인들로 교회를 채우는 것으로 만족해 할

---
28) Published by Logos.
29) Op. cit., 3f.

— 제7장 새신자 육성 —

것이 아니라, 적으나 모든 그리스도인을 그리스도의 몸에서의 그리스도를 위한 사역자로 보는 신약적 모습을 깨닫는 것이 훨씬 중요하다. "그의 은사들은……성도들을 온전케 하며 봉사의 일을 하게 함이라."[30] "이렇게 함으로써 전체 교회가 사역자가 된다"라고 오르티츠는 말한다. "사역자는 신학교를 졸업한 특별한 혈통의 양이 아니다. 그들은 단지 계속 전진한 그리스도인들이다. 그러므로 목회자의 목표는 제자를 만들면 그가 또 제자를 만들고, 또 그가 제자를 만들고, 또 그가 제자를 만들 제자를 만드는 것이다."[31] 이 이상을 지양함에 있어 많은 그리스도인에 대해서 근본적인 재고가 필요된다. 먼저는 '교역자'와 '평신도' 사이에는 구별이 없다는 점이다. 모든 교역자(教役者)들은 평신도(이 말은 영어로 layman인데 이것은 하나님의 백성이란 뜻의 헬라어인 laos에서 온 말이다)이고, 모든 평신도는 교역자이다──즉 "당신은 충성된 제사장인 것이다."[32] 너무도 자주 모든 목회자들이 교회의 모든 것이 그것을 통해 들어가고 나와야만 하는 병의 목부분 노릇을 한다. 그러한 축소와 더불어 대부분의 교회에서 은사와 사역자의 부족이 극심하게 일어나는 것은 지극히 당연한 일이다. 그들은 단지 흘러나와 발전하지 못하도록 금지당하고 있을 뿐이다.

둘째로 이 개념이 분명하게 이해되었다면 교역자나 사역자들이 이 교회 저 교회로 정규적(定規的)으로 또는 자주 몰려다닌다는 것은 무의미하게 된다. 오르티츠가 다시 한번 이것을 실감나게 표현하고 있다.

> 회합이라면 매년마다 선거로서 회장을 바꿀 수도 있을 것이다. 그러나 교회는 그것이 한 가족이므로 목회자를 바꿔서는 결코 안되며, 목회자는 더욱 그러하다. 가족이 매년마다 아버지를 갈아낸다든가 아니면 가족의 아버지가 보다 큰 다른 가족을 거느리기 위해 자기 가족을 팽개

---

30) 엡 4 : 11f.
31) *Op. cit.*, 18.
32) 벧전 2 : 9.

치고 도망간다는 이야기를 들어본 사람이 있는가? 아버지는 그의 자녀들이 일을 돌볼 수 있도록 훈련시켜야만 한다. 그러므로 이것이 그 나라에 대하여 배우기를 원하는 젊은이는 누구나 자기의 목사에게 지도를 요청해야할 이유를 말해준다. 그가 성경학교에 가기 위해 교회를 떠나는 것은 교회가 그 사명을 다하기를 실패했기 때문이다.[33]

만일 지역교회(地域敎會)들이 제자를 만드는 이 사명을 정말로 파악했더라면, 성경대학과 신학대학의 역할과 '사역을 위한 보다 많은 인원'을 요청하는 긴급한 아우성들은 다시 생각될 수 있었을 것이다. 만일 그와 같은 근본적인 관념이 많은 사람들에게 수납될 수 없는 것이라 할지라도, 제자를 훈련시켜야할 필요는 여전히 분명하게 남아있다.

세째로 교회의 그리스도인들이 바른 위치에 배치되어 있는지를 살피는 것은 각 지역교회 지도자들의 책임이다. "대부분의 교회의 회중들이 영적인 건물이 아니라 그저 벽돌더미일 뿐이다."[34] 그리고 대개의 복음주의적 활동들은 그 벽돌더미를 더하는 것으로 만족하고 있다. 그러나 하나님의 뜻은 그 살아있는 돌들이, 각 개개의 그리스도인들이 건물 내에서의 자신의 역할과 위치, 즉 자기 옆에는 누가 있으며, 자기 아래는 누가 있고, 자기 위에는 누가 있는 것인지를 분명하게 아는 가운데 영적인 건물로 지어져야만 한다는 것이다. 서로간의 관계와 피차간의 복종이 가장 중요한 일이다. 그리고 이것이 제자훈련을 중요하게 만드는 부분이다.

예수님께서는 직설적이고도 놀라운 말씀으로 제자가 될 수 있는 조건을 열거하셨다. "무릇 내게 오는 자가 자기 부모와 처자와 형제와 자매와 및 자기 목숨까지 미워하지 아니하면 능히 나의 제자가 되지 못하고(이 의미는 예수님을 향한 우리의 사랑이 무조건적이고 또 비타협적으로 우선이어야 한다는 것이다), 누구든지 자기 십자가를 지고 나를 쫓지 않는 자도 능히 나의 제자가 되지 못하고…

---
33) *Op. cit.*, 23.
34) *Op. cit.*, 26.

— 제 7 장 새신자 육성 —

너희 가운데 이 모든 것을 포기하지 않고는 누구도 내 제자가 될 수 없느니라."[35]

간단히 말해서 만일 우리가 그의 제자라면 우리 자신과 우리가 소유한 모든 것이 100퍼센트 전부 주님께 속한 것이라는 뜻이다. 이것은 나의 모든 시간을 의미하며 내가 집회나 예배를 위해 바친 한 두 시간만을 의미하지 않는다. 이것은 내가 주님의 일을 위하여 떼어놓은 그 부분 뿐 아니라 내 모든 돈을 의미한다. 그것은 나의 집, 나의 차, 나의 개인적 보화들――즉 모든 것, 나의 모든 소유를 의미한다. 이것들 가운데 얼마를 나와 내 가족을 위해 사용할 수 있도록 허락받은 것 뿐이다.

예수님께서는 만유의 주가 되신다. 그러므로 제자들은 모든 탐심과 현대사회(現代社會)에서 가장 심하게 나타나는 특징인 소유욕을 완전히 포기할 필요가 있다. 그의 것이라고는 아무 것도 없다. 그는 자기 자신에 대해서도 전혀 권리가 없다. 그러므로 "우리가 가진 바"――저금통장, 보험, 가구들, 귀중품들, 취미, 여가이용, 의복, 가족, 친구들, 계획, 소망, 직업, 시간의 사용과 힘의 사용, 은사와 재능 등등의 모든 것에 대해서 조심스레 생각해 보고, 그것들 전부를 예수님께서 우리의 삶의 소유주가 되신다는 사실을 인정하면서, 그에게 정신적으로, 그리고 기도하는 가운데 넘겨드리는 것이 도움이 될 것이다. 아니 심지어는 필요할지도 모르겠다. 이것들이 그리스도인 제자직의 단계들이다.

만일 우리가 이것들이 지나치고 극단적이며 또는 광적인 것이라고 생각한다면, 우리는 이것이 바로 초대교회로 하여금 그리스도를 위해 불타게 했던 정신이었고, 이것이 20세기 그리스도의 교회보다 훨씬 더 영향력있는 가장 혁명적인 단체들을 만든 정신도 바로 이것임을 기억할 필요가 있다. 만일 우리가 그리스도에게 뿐만 아니라 그에 대한 존경심으로부터 다른 사람들에게도 역시 복종하기를 배우면서 그리스도의 왕권을 신중하게 생각하기만 하면, 오늘날 그

---

35) 눅 14 : 26—33.

것이 이 세계에 미치는 영향은 실로 어마어마한 것이었을 것이다.

하나님의 나라의 원칙들은 세계가 이제까지 보아온 가장 엄청난 혁명인 사랑의 혁명을 세계에 제공하는 근본적인 것일 뿐만 아니라, 그 원칙들은 실제에 있어서 그것들을 실질적인 것으로 만드는 성령의 능력과 함께 있는 것이기도 하다. 비극적으로 우리는 이 원칙들을 오늘날 교회에 나오는 그리스도인 숫자의 수준으로 해석해 오고 있다. 그리스도의 제자로서 우리는 급히 2천년 전에 우리 주님으로부터 맡겨진 것과 같은 진정한 의미의 제자직분을 향해 다시 한번 우리의 마음과 삶을 열어야 할 필요가 있다. 우리를 향한 제자직분의 전면적인 도전을 받아들임으로써 만이, 우리는 '너는 우리와 주를 본받는 자가 되었다'라고 하며 다른 사람들을 제자로 만들 소망까지 갖을 수 있는 것이다.

실제적으로 이 일을 해낼 수 있는 유일의 방법은 아마도 작은 모임을 갖고 거기에 우리의 삶을 부어 넣는 일일 것이다. 예수님께서도 열두제자를 택하시어 그의 놀라웁게 짧았던 지상에서의 공생애 동안 그들과 함께 살고, 그들에게 말씀하셨으며, 그들과 함께 기뻐하시고, 그들과 함께 우시고, 그들과 함께 고통을 당하셨다. 그는 그들을 단기간의 사역에 파송하셨고 그들이 돌아왔을 때 더욱 깊이 가르치셨다. 그는 그들을 사랑하셨으며 그들을 용납하며 인내하셨다. 때로는 꾸짖고 바로 잡아주셨다. 그는 모든 면에 있어 자신의 생을 그들에게 주셨고 그렇게 하심으로 말미암아 그가 그들을 떠나실 때가 왔을 때, 그들을 제자를 만들 수 있는 제자로 만드셨던 것이다.

거의 같은 형식으로서, 오르티즈는 부에노스 아이레스에 있는 자기교회의 변혁을 설명하고 있다. 그는 장차 나머지 회중들에게 파문을 던져갈 영향력을 가진 소규모 모임과 더불어 아주 가까이 일할 '새로운 지하교회'를 자기 집안에 조직할 필요를 느꼈다.

그래서 나는 나의 인생을 이 제자들에게 주었다. 나는 그들을 섬겼

— 제 7 장 새신자 육성 —

다. 우리는 시골에 함께 내려갔다. 우리는 같이 식사했다. 나는 그들에게 내 집을 공개했다. 그들은 내 집에 와서 잠을 자고 나도 그들의 집에 자러가곤 했다. 우리의 아내들도 함께 모이기 시작했다. 우리는 한 가족처럼 되었다. 육개월 가량이 지난 후——그것은 결코 하룻 밤에 일어나지 않았다.——이 사람들은 그토록 달라졌다. 다른 사람들도 이것을 느끼기 시작했고 3년 안에 교회는 그리스도의 진정하고도 순결한 제자들의 가족이 되었다. 36)

비슷한 원칙들이 많은 그리스도교 단체들과 '복음전도 폭발' (Evangelism Explosion)과 '총동원 작전(Operation Mobilisation)과 '십대 선교회'(Youth With a Mission) 등의 운동들의 원동력이 되어왔다. 그리고 항상 똑같은 교훈들이 분명하게 존재한다. 즉 사람들이 단지 그리스도를 위해 획득될 뿐만 아니라 전심을 다하는 제자로 훈련되었을 때만이 교회가 현대세계의 얼음 속을 자르며 헤쳐나갈 수 있는 것이다.

---

36) *Op. cit.*, 77f.

제 8 장
복음전도와 지역교회
(Evangelism and the Local Church)

사웅 파울로(Sao Paulo)의 감리교 자유 신학교(Free Methodist Theological Seminary)의 학장 호와드 신더(Howard Synder)는 로쟌 대회(Lausanne Congress)에 제출한 그의 논문(論文)에서 다음과 같이 말하고 있다. "교회는 하나님으로부터 임명된 복음전파 만을 위한 수단이다……더욱 나아가서 그리스도인들의 사회라는 사실을 떠나서는 복음전도의 의의를 찾을 수 없다…… 복음전도의 소명이란 예수 그리스도를 그들의 핵심과 주권적인 머리로 간직한 신자들의 사회 즉 그리스도의 몸으로 사람들을 부르는 일을 의미한다." 확실히 복음전도는 모든 살아있고 건강한 지역교회들에게서 흘러나와야만 한다. 실로 신약에 나오는 여러가지 놀라운 모습중 한 가지는 사도들이 그 많은 교회들을 향하여 전도하라고 촉구하는 일이 별로 없었다는 사실이다.

물론 그리스도께서 내리신 지상명령은 위대하고도 아주 명백한 명령이었다. 그러나 그것은 어떤 면에 있어서 창세기 1장 28절에 나오는 하나님의 명령인 '생육하고 번성하여 땅에 충만하라'는 것과 영적으로 동일한 것이다. 이제는 대개의 민족들에게 생육하고 번성하라는 계속적 권고가 불필요하게 되었다. 도리어 현재의 인구

— 제8장 복음전도와 지역교회 —   173

폭발은 정반대의 경우를 요구하고 있다! 건전(健全)한 교회생활에서 기인되는 복음전도의 자연적이고 자동적인 폭발이 같은 방법으로 있어야만 할 것이다. "사도시대 교회에 있어서 전도란 어느정도는 '짐짓 몸에 배다 싶이한 일'이었고, 따라서 특별한 기술이나 계획없이 진행되었었다. 그저 복음전도가 일어났던 것이었다! 태양에서 방사되어 나온 태양의 빛처럼 신자들의 모임에서 별다른 노력없이도 방출된 복음전도는 자동적이며 자발적으로 계속해서 전파되어 나갔다."[1]

여러가지 면에 있어서 교회의 선교와 복음전도 십자군운동은 하나님에게 있어서는 차선(次善)의 것이다. 만일 모든 지역교회들이 하나님의 성령과 더불어 진정하게 살아 움직인다면 이런 특별한 일에 그토록 많은 시간과 정력과 돈을 써야할 필요가 전혀 없을 것이다. 복음전도의 메시지는 항상 그리스도이지만, 복음전도의 목적과 수단은 교회이다.

하나님께서는 개인의 구원(救援)과 개개인을 제자로 훈련시키는 일뿐만 아니라 지상에 그의 나라를 세우는 일에도 관심을 두신다. 하나님께서는 우리가 새롭고 살아 움직이는 사회를 이루어 그 사회가 지니는 새로운 생활방식과 새로운 가치관과 새로운 관계를 가지고 세상을 향한 하나님의 뜻이 무엇인지를 밝히 보여주기를 원하신다.

하나님이 가지신 본래의 계획이자 궁극적인 목적은 그가 자신의 형상으로 창조하신 인간들이 사랑의 사회를 이루어야만 하겠다는 것이다. 그러므로 한 사람이 그의 인생을 예수 그리스도께 맡겼을 때, 그는 자기의 인생을 교회에 맡기는 일 역시 꼭같이 중요하다. 이것이 세례의 중요성이 차지하는 부분이다. 오순절날 베드로가 군중들에게 회개하고 세례를 받으라고 말했을 때, 그의 의도는 그 외적인 징표가 죄로부터 정결케함과 죽고 새 생명을 향해 다시 사는

---

1) R. Halverson이 Brain Griffiths 의 *'Is Revolution Change?'* (I.V.P.) 87f에서 인용 했던 것이다.

일과 성령의 선물만을 상징하는 것이 아니라 교회에 가담하는 것도 상징하고 있다는 것에 있었다. 어쨌든 그들은 그 메시지를 받았고 즉시 사도들의 가르침을 받는 것과 친교에 전혀 힘썼으며, 하나님께서는 교회에 구원받은 무리를 날마다 더하셨다. 만일 우리가 사람들로 교회의 공동생활을 세우도록 하는 일에 실패한다면 우리는 복음전도의 목적을 상실하는 것이 되고만다.

또한 교회는 복음전도에 있어 하나님의 도구이다. 바울이 '그리스도의 몸'이란 말을 사용할 때, 그 '몸'이란 단어는 부분적으로 전달수단을 의미하고 있음을 우리는 이미 앞에서 보았다. 그리스도께서 자신을 세계에 나타내시는 것은 바로 자신의 몸인 교회를 통하여 하십이다. 하나님의 말씀은 결코 분해된 교리의 명제들을 모아놓은 것이 되고자 한 적이 결코 없었다. 하나님의 말씀은 어느 곳에서건 모든 세대들을 위한 육신을 이루셔야만 한다. 그러므로 다른이들이 이미 생각했던 것과 같이, 교회가 그 시대의 문화와 사회적 환경에 조화를 이루어야만 한다는 것이 극히 중요하다. 그렇지 않고서는 교회가 스스로 전파한 복음을 효과적으로 부정하는 결과가 되고 말 것이기 때문이다. 예수님께서는 지상에서 일하시는 동안 그의 인간에 있어서나 가르침에 있어 매우 진보적이었던 동시에 극히 조화를 이루는 삶을 사셨다.

그러면 교회가 어떻게 이처럼 끝없이 가속도적인 속도로 변화하는 세계 속에서 조화를 이룰 수 있으며, 어떻게 그 조화를 유지시켜나갈 수 있을까? 예를 들면 젊은이들 세대의 문화적 생활은 매 4년 내지 5년 마다 완전히 바뀌고 있다. 더구나 알빈 토플러 (Alvin Toffler)가 『미래의 충격』(Future Shock)에서 생생하게 묘사했던 바와 같이 많은 사람들이 이 변화 속도에 자신들을 전혀 적응시킬 수 없다는 사실을 발견하고, 결국 무관심과 고독, 당혹, 침체와 실망 속에 빠지고 만다. 그러므로 만일 교회가 비교적으로 볼 때 우선 구조적으로 경직되고, 예배에 있어서는 완고하며, 목회와 친교, 조직과 봉사에 있어 형식들을 고정시킨 기구로 남아있는다면

— 제 8 장 복음전도와 지역교회 —

교회는 결코 오늘날의 세계를 향해 입을 열려고 하지 않을 것이다. 실제로 만일 당신이 뭔가 경직된 것들을 완화시키려 노력한다면, 당신은 오직 그것들을 깨뜨리고 말게 될 것이다.

우리는 비극적으로 그들을 필요로 하거나 원하지 않던 것으로 보이던 사회에 대하여 무슨 일을 해야 할런지에 혼동을 일으키고 있다. 그리고 사회와의 적절한 관련성을 잃어버린 그리스도인들이나 교역자들 가운데서 수많은 분열이 있어온 사실도 목도하고 있다. 더구나 교회의 체계를 개혁하려고 노력하는 일이란 끝없는 연구보고와 의원회의 새로운 정치방법, 새로운 목회방식, 새로운 예배형식과 함께 많은 시간이 소요되는 너무나도 느린 작업이라는 점이 우리의 당황을 더하게 한다.

의도는 좋을지라도 교회가 변화하는 속도란 교회와 세계 사이에 벌어져 있는 틈이 넓어지는 속도에 훨씬 뒤떨어지고 있는 상태이다. 한 마디도 조심스럽게 말하는 일이 드문 데이비드 윈터(David Winter)가 한번은 "우리는 사람이 모순과 실망 속으로 자살하듯이 뛰어드는 그 시간에 그리스도 교회의 제도적인, 다 죽어가는 내향성 체계 속에서 우리끼리 사담을 나누고 있다"라고 쓴 일도 있었다.

그러나 하나님의 성령은 운동(運動)하시는 성령이시다. 만일 교회가 하나님의 의도대로 계속적인 영적개혁에 대해 열려있다면, 그것은 복음전도에 대해 그토록 영금거리는 융통성없는 기구가 되는 대신에 살아있고 융통성있는 그리스도의 몸이 되어야 마땅하다. 그러므로 하나님께서 온 세계의 주님이심을 믿는 우리는 그의 성령께서 교회에서 뿐만 아니라 세상에서도 무엇을 말씀하시고, 무엇을 행하시는지를 알아야할 필요가 있다.

과거의 전통들을 가볍게 무시하는 것은 잘못일 수 있다. 그러나 우리는 오늘날의 세계에 있어 조화되는 것이 무엇인가를 물을 필요가 있다. 어떻게 하면 교회가 전도에 있어 하나님의 효과적인 도구 즉 이제 존재하고 있는 세계 속에서 선지자적인 동시에 구속의 역할을 지닌 하나님의 새로운 사회가 될 수 있을까? 우리에게는 어제의 전투를 싸울 이유도 없거니와 오늘의 전투를 싸우기 위해 어제의 방법을 사용할 수는 더욱 없는 것이다.

I. 새로운 관계

아마도 지역교회가 전도함에 있어 가장 중요한 요소는 그리스도 안에서 교회가 보여주는 공동생활(共同生活)의 우수성일 것이다. 만일 교회가 살아계신 그리스도를 그리스도인들 사이의 단결되고 사랑에 가득찬 관계로서 선포할 수 없다면, 공허한 단어들이나 메마른 불모의 신학사상 이외에는 달리 할 말을 가질 수 없게 된다. 복음의 핵심은 그리스도 안에서 모든 장벽이 허물어지는 새로운 관계이다. 즉 우리는 하나님 그분의 면전 바로 앞에 나아갈 수 있게 되고, 문화나 계급에 상관없이 그리스도 예수 안에서 하나가 된다. 우리의 평화가 되신 그리스도께서는 "십자가로 이 둘을 한 몸으로 하나님과 화목하게 하시려고"[2] 오시었다.

그 진리를 선포(宣布)하는 교회는 그 진리를 이런 장벽들이 참으로 허물어 무너뜨려진, 살아있는 그리스도인의 사회 속에서 입증해야만 하며, 그렇지 않고서는 그 메시지가 의미없는 것이 되고 만다. 예를 들어서 말한다면, 바울이 어째서 자기 편지 속에서 그토록 많은 지면을 그리스도인들에게 그들의 관계를 올바르게 유지할 것을 당부하는 일에 할애했었는지에 대해서는 의심의 여지가 없다. 오로지 이 방법으로서 만이 그들은 세상의 빛으로서 효과적으로 빛날 수 있었던 것이다. 바울에게 있어서는 이것이 복음화를 위한 계속적인 초대보다 훨씬 더 근본적이고, 훨씬 더 필요한 것이었다.

다루기 어렵고 힘든 교구에 있는 한 교회의 목사는 친구에게 자기의 교회가 아무런 적극적인 복음전도 계획도 갖고 있지 않다고 털어놨을 때 심한 비판을 받았다. 그 당시 그들은 그리스도인들 간의 관계를 강화하는 일에 많은 주의를 집중시키고 있던 중이었다.

---
2) 엡 2:12—22.

— 제 8 장 복음전도와 지역교회 —

그는 그 교회가 장차 내부지향성(內部至向性) 시야를 갖은 채 사멸하게 될 것이라는 경고를 받았다. 그러나 그는 다음과 같이 대답했었다. "몸을 세우는 일과 성령께서 우리들을 가려내시도록 맡겨드리는 일에 전심전력을 다한 결과, 그것은 지난 수년동안에 있었던 내가 기억할 수 있는 것보다도 훨씬 많은 수의 사람을 단 일년동안에 교회에다 더해 주었다. 나는 복음전도가 오직 건강한 몸에서만 계속 흘러나올 수 있다는 신념을 가지고 있다."[3]

그와 같은 그리스도인들의 몸은 복음이 지닌 진리를 정당화 할뿐만 아니라, 사랑에 넘치는 관계들의 안정된 분위기 속에 거할수 있게 된다. 그렇게 됨으로 해서 그 그리스도인들은 성령께서 움직이시는 대로 움직이기를 더욱 더 즐거이 할 수 있게 되는데, 이는 하나님께서 그 그리스도인들을 두어 살게한 사회 속에서 그들이 하나님의 살아계신 말씀으로서 생생함과 적절함을 계속 유지키 위함이다.

1세기의 그리스도인들은 비록 그들 자신들의 대부분이 극히 가난했었음에도 불구하고, 뛰어난 인정을 베품으로 세상을 놀라게 했다. 그들은 과부들과 고아들, 병든 자들과 약한 자들을 실질적으로 돌보아 주었으며, 갇힌 자들과 노예들, 배고픈 자들과 압제를 당하는 자들에 대해 사랑에 넘치는 관심을 기울였고, 그리스도인 여행자들에 대해 후하게 접대함으로 세상을 놀라게 하였다. 그들은 그들이 지닌 성적(性的) 순결성과 잔인성이나 불의에 대한 증오로서 유명 했었으며, 또한 세속 정부에 대한 순종과 선량한 시민으로 유명했었다. 비록 슬픈 일이 많았으나 그들은 언제나 즐거워하였고, 그들은 비록 가난했어도 많은 사람들로 부유케 하였다. 그들은 비록 가진 것이 없었어도, 모든 것을 소유하고 있었다. 바로 여기에서 그리스도의 성령이 그 하나님의 백성들의 단합된 증거를 통하여 수 많은 말씀을 하셨던 것이다.

오늘날에는 소속감이 결여되어 있거나 거의 없는 사람들이 부지

---

3) Bryan Ellis, 『산업화 지역에서의 그리스도인』 이란 논문에서 인용.

기수이다. 그들은 고독을 느끼며 상실된 채 뭔가 중요성을 찾고자 몸부림치고 있으며 분열된 세계 속에서 혼동을 일으키고 있다. 이와 같은 상황 속에서 단지 교회가 진정 사랑으로 보살펴주는 사회가 되기만 해도, 교회는 크게 적합한 것이 될 것이다. 순전히 자기를 둘러싼 아주 평범(平凡)한 그리스도인들의 사랑을 통하여 살아계신 그리스도를 발견한 한 젊은 여인은 나에게 이렇게 말했다. "나는 내 평생동안 누군가가 나를 원하는 사람이 되기를 갈구해 왔었 드랬어요." 그녀는 수년동안이나 자기에게 제시되어온 종교에 대해 별다른 인상을 받지 못했었다. 그녀는 복음을 듣고자 하지 않았었고, 완전한 관심의 결핍으로 해서 단 한권의 복음전도 서적도 읽으려 하지 않았었다. 그러나 그녀가 주 예수님에 대한 사랑 가운데 그녀를 사랑해주고 또 서로서로를 사랑하는 그리스도인들의 조그마한 모임에 둘러싸였을 때, 자기가 본향에 돌아온 것을 알게되었다. 그녀에게 그리스도께 나오는 방법을 설명함에는, 이미 그녀가 체험한 것들을 잘 이해할 수 있도록 도와주는 일 이외에는 단 한마디의 간단한 설명도 거의 필요하지 않았었다.

물론 그와 같은 깊은 관계에 도달하는 일이나 그것을 지속시키는 일이 결코 쉬운 일은 아니다. 우리는 사랑을 창조하기 위해서 목표를 설정해야만 한다. 그리고 나서 우리는 평화를 찾아, 그것을 추구해 나가야 한다.4) 그리고 이 모든 것들 뒤에는 서로서로의 깊은 의탁이 있어야만 한다. 즉 우리가 우리 자신을 그리스도에게 의탁하듯이 서로를 서로에게 의탁하는 법을 배워야만 하는 것이다. 우리는 기꺼이 서로서로에게 봉사할 수 있어야만 한다. 우리의 생활을 서로서로에게 의지할 수 있어야만 한다. 이것이 뜻하는 것은 단지 돈이나 재물에 있어서의 나누어 가짐에 국한(局限)되지 않는다. 이것은 가장 값비싼 것인 우리 자신을 나누어 가짐도 포함한다.

그리스도인의 사랑은 어느 면으로도 이기심에 근거한 것이거나 감정과 정서에 근거한 것이 아니다. 오로지 결단에 근거한 것이다.

---
4) 고전 14 : 1, 벧전 3 : 11.

"이 말의 의미가 결코 그리스도인의 사랑은 우리가 이를 악물고 뛰어들어야만 하는 뭔가 악착스럽고 낙이 없는 것이란 뜻이 아니다. 충만한 믿음과 결단이 필수적인 것이나, 이것은 기쁨과 사랑이 우리들의 관계 속에서부터 꽃피는 의탁된 사랑에서 나오는 것이다. 세상에서는 영속적인 관계를 감정이나 이기심의 흔들리는 기초 위에 세우고자 하고 있다. 주님께서는 우리의 삶을 전적으로 서로서로에게 의탁하라고 교훈하신다. 그러면 기쁨과 사랑이 거기에 뒤따라 올 것이다."[5] 부활하신 주님의 삶을 전파하려는 열망을 가진 교회라면 먼저 자체 내의 친교에 있어 그 관계들을 더욱 심화시키는 일에 관심을 집중시켜야만 한다.

Ⅱ. 새로운 표현

복음이 가진 메시지의 본질은 우리에게 엄숙히 위임된 고정불변(固定不變)의 진리이다. 그러므로 그것은 결코 바뀌어 질 수 없는 것이다. 사도 바울은 젊은 디모데에게 권고하여 다음과 같이 말했다. "너는……내게 들은바 바른 말을 본받아 지키고 우리 안에 거하시는 성령으로 말미암아 네게 부탁한 아름다운 것을 지키라."[6] 그러나 이 진리에 대한 표현은 시대마다 다를 수 있고, 또 달라야만 한다. 이 시대는 대개의 사람들이 하나님에 대한 질문이나 그리스도교 신앙에 대한 질문을 물어오지 않는 시대이며, 묻는 질문이 없을 때 대답을 시도하는 것 역시 아무런 소용이 없는 무감동의 시대이다. 더군다나 우리는 우리의 메시지를 전달함에 있어 적절한 자세를 가지려고 노력하다가 단지 세상의 풍조들을 모방하는데 그쳐서도 안된다.

확실히 우리는 오늘날에 효과적인 전달방법을 연구해내야만 한다.

---

5) J. McFadden의 『예수님께서 사랑하신 것처럼 사랑하라』 (*in New Covenant*), May 1975, 21.

6) 딤후 1 : 13f.

그러나 결코 모방적인 분이 아니신, 창조적인 하나님의 성령을 믿는 우리들은 살아계신 그리스도를 보여주는 생생하고도 창조적인 표현들을 찾되 다음의 사항들을 염두에 두어야만 한다. 즉 그 표현들은 오늘날에 적합한 것이어야 하지만 다른 한 편으로는 세상이 말하고 있는 내용들과 세상이 그것을 이야기하는 방법으로부터 전혀 구별될 수 있는 다른 것이어야 한다.

이것에 대한 한 가지 실례로서 그리스도교 신앙을 표현하는 음악과 노래는 물론이고 연극, 무용, 무언극, 시, 공예 등등의 예술(藝術)에 대한 관심의 부활을 들 수 있다. 이러한 발전에 대하여 분명히 어떤 사람들은 조심스럽게 혹은 공개적으로 비판을 가해왔던 것도 사실이다. 그들에게 있어서는 성경의 지상적 권위가 오직 신약의 방법론에 대한 모방만을 허용하는 셈이다. 그들은 신약성경 어디에 춤이나 연극이 있었다는 증거가 있느냐고 묻는다. 또 그리스도가 오신 후에는 하나님께서 오직 한 가지 전달수단, 즉 하나님의 말씀의 설교만을 인간구원의 방법으로 축복하셨다는 확신에 막대한 강조를 두면서 역설하곤 한다. 그리하여 다른 모든 전달방법에 대한 실험은 말씀 전파의 사역을 손상시키고 성경의 권위를 약화시키며 개인적인 성경공부에 대한 욕구를 감소시키는 것이다. 그것들은 '그리스도교적인' 향락의 육적(肉的)인 형태에 지나지 않는다는 것이다.

이와 같은 혹독한 비판에 대해 답변함에 있어서, 성경은 하나님께서 수세기에 걸쳐서 여러가지 다양한 방법으로 말씀하셨으며, 그의 행하신 활동 역시 그의 말씀만큼이나 계시에 있어 중요한 부분을 차지한다는 사실을 분명히 보여주고 있다는 점을 들 수가 있다. 더우기 무슨 근거로서 우리들 자신을 신약적인 방법론에 오로지 제한시킬 수 있겠는가?

예수님 자신도 권위와 구약적 모범에 대해 항상 비판적인 자세를 견지하셨다. 구약에서는 실례로서 그에게 주어진 하나님의 사역의 핵심을 이루는 예언자적이며 상징적인 무언극 또는 연극을 연출했던 에스겔을 발견할 수 있다. 한층 더 나아가서 오늘날의 그리스도교의 전달방식을 신약적인 방법론에 제한시키는 일은 사실상 그리스도의 주권을 현저히 제한하는 행위이다. 만유의 주님이신 그리스도께서는 문화의 주님이시기도 하다. 또한 그리스도께서는 당신의 주권 가운데서, 모든 시대와 모든 문화 속에서 복음의 불변적 메시지의 적합한 표현을 가질 수 있도록 우리를 인도하시기 원하고 계실 것이 확실하다.

사실상 신약 가운데 나오는 하나님과 인간 사이의 소통방식도 매우 다양하다. 성육신(成肉身)에 있어서 그 말씀은 육신이 되었다. 아무 것도 이것보다 능력있고 극적인 것이 없었지만, 이것 역시 말로 행해지는 설교는 아니었다. 앞의 제 2 장에서 이미 본 바와 같이 예수님의 사역에 있어서도 말씀선포와 예증은 거의 같이 일어나고 있었다. 그는 이적들과 기사(奇事)들은 물론이고 비유와 시각적인 보조교재들(즉 제자들 가운데 앉아있던 어린아이라든지 고기의 입 속에서 나온 은화 한 닢)을 사용하셨다.

바울 역시 하나님께서 이방 가운데서 그와 같이 풍성한 사역을 그에게 내리신 것이 "말과 일이며, 표적과 기사의 능력이며, 성령의 능력"[7]이었노라고 말하고 있다. 다양한 영적 은사들과 특히 예언의 은사가 하나님께서 백성들에게 말씀하시는 중요한 부분을 이루고 있었다. 더우기 이 예언들 가운데 어떤 것은 연극과 같은 형태를 취하고 있었다. 아가보가 바울에게 나아왔을 때, "그는 바울의 띠를 가져다가 자기의 수족을 잡아매고 말하기를 성령이 말씀하시되, 예루살렘에서 유대인들이 이같이 이 띠 임자를 결박하여 이방인의 손에 넘겨주리라"라고 말했다.[8] 바울 그 자신도, 비록 스데반의 순교와 같은 다른 여러가지 요인들이 그에게 회심의 길을 예비해 주었음에 틀림없다.

그러나 그가 회심한 것은 설교로 말미암은 것이 아니다. 부활하

---
7) 롬 15 : 18f.
8) 행 21 : 11.

신 그리스도와의 직접적인 만남으로 말미암은 일이었다.

사람들이 말을 듣는 일에 넌더리를 느끼는 시대에 있어서는 **적어도 일단계 전달에 있어서라면 다양한 예술형식이 극히 효과적일 수** 있다. 한 지역교회의 관점에서 이것에 관한 한 가지 실례를 들어보자.

요크(York)에 있는 내가 섬기고 있는 교회에 노래하고 춤추는 작은 모임을 구성했는데, 그 모임으로 우리는 우리의 삶과 예배를 함께 표현할 수 있게 되었다. 우리는 유명한 관광도시의 중심부를 차지한 특권적 위치에 놓여있었다. 더구나 유럽에서는 최대이고 아마도 최고인 고딕식 건축물인 요크 민스터(York Minster)에 아주 가깝게 있었기 때문에, 우리는 세계 도처로부터 모여드는 수 많은 방문객들로 둘러싸여 있었다. 그래서 여름내내 저녁예배나 주간에 모이는 점심예배의 30분쯤 앞서서, 이 모임에 속한 사람들은 교회 앞의 마당에서 노래하고 춤추며 공연을 하곤 했었다. 그 춤들 가운데 어떤 것들은 우리가 예배 중에 부르는 찬송가 중 하나에 대한 해설이었으며 다른 나머지 것들은 발칸 댄스이거나 히브리 댄스였다.

이 공연에는 '복음을 전달 시키려는' 의식적인 시도가 없었다. 그러나 우리가 그리스도 안에서 체험한 사랑과 기쁨을 담은 그리스도와 함께 사는 우리의 삶 가운데 어떤 것들이 비록 말의 형태를 띠지는 않았으나 전달될 것은 의심할 나위가 없는 일이었다. 대개의 경우 시간이 전혀 소요됨이 없어도 상당히 많은 사람들이 몰려들었다. 그들은 즉시 이 사람들의 조화와 기쁨을 느끼었다. 이것이 가장 중요하고 의미 심장한 면인데, 많은 질문들을 던지곤 했다. 어째서 저 사람들이 그렇게도 행복한가요? 도대체 이것은 모두 뭔가요? 이런게 도대체 '교회'와 관련이 있는 것인가요? 일단 질문이 나오기만 하면 그들 속에 섞여있던 다른 교인들이 우리가 그리스도 안에서 발견했던 어떤 것들을 설명해주고 이어서 막 시작하려고 하는 예배에 함께 참여하자고 초대하는 일이란 아주 쉽고 자연스러운 일이었다.

— 제8장 복음전도와 지역교회 —

이와 같은 방식으로서 많은 사람들이 들어왔으며, 적지않은 사람들이 그들의 생애(生涯)에 있어 최초로 살아계신 그리스도와 처음으로 만났으며, 몇몇 사람들은 그들이 이전에 떠났던 그리스도를 만나기도 했다. 그들 가운데서 그 노래들과 춤은 피상적인 것으로서 깨끗이 망각될 수도 있으나, 그들은 그리스도 안에서 발견되어졌고 많은 기도와 하나님께 향한 전적인 의뢰심으로 보강되어진 깊은 관계들로부터 태어나는 것이었다. 이것을 볼 때 하나님께서 많은 다른 나라들로부터 온 많은 사람들에게 능력있게 전달하시기 위해 이 간단한 공연을 사용하셨음은 의심할 수가 없게 된다. 물론 거기에서 기회가 주어진다면 복음에 대한 분명한 설명이 뒤따라 있어야만 하겠다. 그러나 극소수만이 질문을 해오는 이같은 무감동의 세대에 있어서는 그 방법이 적어도 시작에 있어서는 길거리의 사람들을 불러모으는 놀랄만한 효과를 가지고 있음에 분명함이 판명되었다.

가두극장(街頭劇場) 역시 매우 효과적일 수 있다. 내가 아는 다른 한 교회는 많은 수의 교인들과 더불어 노래하며 춤추는 연주단과 함께 교구의 거리들을 누빔으로써 상당한 효과를 보았었다. 이러한 생생하고도 기쁨에 가득찬 방식 속에 보여준 그들의 단합된 복음증거는 보다 전통적인 축호전도방식보다 훨씬 더욱 긍정적인 반응을 불러일으켰다. 개인적인 접촉과 양육이 뒤이어 행해졌다.

그러나 의심할 나위없이, 최초의 관심은 교구의 그 거리, 거기에서 있었던 그리스도의 몸에서 튕기던 살아계신 그리스도의 불꽃으로부터 점화되었던 것이다. 즉각적으로 그것이 그리스도가 주시는 생명이라는 것을 이해하든 그렇지 못하든 간에 그러한 효과를 만들어 내는 것은 생명의 전달인 것이다. 물론 우리는 우리의 주어진 조건 속에서 가능한 한 최고의 수준을 가질 수 있도록 노력해야만 한다. 그러나 가장 중요한 요소는 그 공연이 지니는 전문적인 우수성에 있는 것이 아니다.

오히려 그리스도의 백성들이 가지고 있는 관계들과 생활에서 살아 표출될 뿐만 아니라, 그 지역교회의 사회적, 문화적 환경에 적합한 방식으로 표현되어진 살아계신 그리스도께 있는 것이다.

여기서도 우리는 하나님의 성령의 인도하심에 의지해야만 한다. 한 교회에 있어서 옳고 좋았던 것이 다른 교회에 있어서는 그렇지 못한 것일 수가 있기 때문이다. 하나님의 성령께서 안디옥의 교회 지도자들에게 다음으로 움직일 방향을 제시해준 것은 그들이 예배 드리며 기도하는 가운데 하신 일이었다.

성령의 주권과 창조성을 확고히 믿는 우리들은 다른 곳에서 개발된 어떤 것을 모방하는 일에 주저를 느껴야 하겠다. 동시에 그러한 믿음을 가진 우리는 그것이 부활하신 그리스도를 나타내 줄 수있는 신선하고도 새로운 표현이라면, 비록 그것이 이전에 우리가 해왔던 것들과 전혀 판이한 것일지라도 넓은 마음으로 받아들일 수 있어야 한다.

Ⅲ. 새로운 예배

새로운 예배의식과 실험적(實驗的)인 예배가 오늘날 많은 교파들 속에서 일반적으로 시행되고 있다. 예배가 정규적으로 예배에 참석하는 사람들에게 훨씬 더 이해하기 쉽고 의미깊도록 만들기 위해 엄청난 수고가 또한 들여지고 있다. 비록 이 책 앞부분에서 언급한 바와 같이 외부사람들에 관한 한 그들이 교회야말로 '사랑으로 서로를 돌보아주는 사회이며 하나님과 함께 사랑 가운데 살면서 진정한 예배를 드리는 분명한 사회라는 것'을 발견하는 때보다 더 의미깊은 것은 없다는 사실을 기억할 필요가 있다. 그러나 예배에 대한 연구는 하면 할수록 좋은 것이다.

그렇지만 이교세계의 사람들이나 불가지론자(不可知論者)들을 구할 수 있는 것은 본질이다.

그것이 결코 외형적인 재조정이 아님을 기억해야만 한다. 그럼에도 불구하고 어떤 형식의 예배들이 수년간에 걸쳐 복음전도라는 관점에서 볼 때 특별히 유용했었다는 것도 부인할 수 없다.

□ 불신자 초청예배 □

 회중들로 하여금 자기들의 친구들을 데려오도록 권고하는 가운데 진행되는 아주 단순한 전도예배는 자주 사람들을 그리스도께로 이끄는 효과적인 방법 중에 하나로 여겨진다. 이 글을 쓰는 지금까지 우리는 지난 9년여에 걸쳐, 요크지역에서 이러한 성격의 예배를 50회정도 가졌었다. 여기에서 수백명이 그들의 삶을 그리스도께 맡기고, 믿음의 확신으로 들어오거나 다른 형태의 영적인 새로움을 발견하는 것들을 보아왔다. 오늘날에 적합하면서도 복음의 기본적인 내용과 연결될 수 있는 주제를 설정할 목표를 가지고 적합한 제목을 가진 주제를 선정하는 일이 무엇보다 먼저 온다. 그리고는 소위원회가 그 채택된 주제의 표현을 위한 작업을 한다. 그렇게 하여 모든 예배가 그리스도에 대한 적합한 메시지를 제시할 수 있게끔 되는 것이다.
 예배가 성령으로 말미암아 영감된 기쁨과 함께 복음전도의 본질에 대한 징표를 가지고 있다는 점을 감안해볼 때, 그리스도인들이 함께 모여 예배드리는 일이야 말로 영향력있는 복음전도의 능력있는 한 가지 요소가 될 수 있다. 그러나 어떤 사람들은 몇가지 형태의 예배가 전혀 무의미하다고 생각할 수 있다는 점을 잘 이해할 필요가 있다. 예를 들자면 모든 대표 기도자들은 요점만을 간략하게 기도해야 한다. 어떠한 방법으로든지 '시온의 언어'(the language of Zion)나 아마도 초보를 거친 사람들에게나 의미심장할 수 있는 여타의 종교적인 특수용어들을 피해야 할 필요가 있다. 예배의 한 가지 표현으로서나 성경구절 한 곳에 대한 해설로서의 연극, 춤, 무언극등이 상연되는 것도 좋겠고, 개인적인 간증이나 상담시간도 집어넣을 수 있다. 그와 같은 분위기 가운데서, 설교는 단지 이미 다양한 방법으로서 선포된 바 있는 진리들을 자세히 되풀이 해주는 것을 목표로 삼아야만 한다. 그럼으로써 그것은 사람들로 하여금 자신들을 예수 그리스도께 개인적으로 의탁하라는 도전을 직면하게 끔 고무시켜야만 한다. 본 설교를 마친 후 조용한 성가나 찬송을 한곡 부른 다음에, 그리스도와 갖는 관계란 정말로 무슨 의미가 있는 것인지, 그리고 그것은 어떻게 시작될 수 있는 것인지를 설명해 주는 약 5분간의 설교요약을 들려주는 것도 매우 효과가 있다. 이러한 효과에 개인적인 기도시간을 주어 집회를 마치면 아주 적당하다.

그리고 그 예배를 마친 후 즉시 이제 막 앞으로 필요케 될 어떤 책자들이나, 더 많은 도움을 받기 위한 개인적 기도를 마친 사람들을 초대하여 상담의 기회를 제공해야만 할 것이다. 지역교회의 상황 속에서는, 이 초대가 개인적인 신앙의 어떤 공개적 선이 될 때에 사람들이 가지게 되는 많은 염려와 소심함을 잘 이해하는 가운데, 부드럽고 신중하게 초대하는 것이 현명하다. 동시에 사람들로 하여금 소책자 따위를 받기 위해 앞으로 나오게 하는 것과 같은 간단한 절차를 갖도록 고무하는 것도 그리스도께 대한 새로운 헌신을 인치는 가치있고 중요한 방법이 될 수 있다.

우리가 가진 믿음은 개인적인 것이지만 결코 사사로운 것은 아니다. 더욱 의심할 나위 없이 성경은 그 신앙에 대한 공개적인 고백과 더불어 마음 속에 깃들어 있는 은밀(隱密)한 믿음과 밀접히 연관되어 진다.[9] 이와 같은 공개적인 고백을 꺼려하는 많은 이들은 그들의 신앙이 진정한 것임에도 불구하고 즉각적으로 냉동되는 것을 발견하고 있으며, 그것은 단지 그와 같은 공개적 고백을 행했을 때에 많이 따스하고 살아있는 신앙이 되기 시작함을 발견하고 있다.

육성에 대한 전반적인 질문 역시 극히 중요한 것이다. 그리스도와 더불은 새로운 관계의 시작은 오직 하나의 시작일 뿐이므로 그 첫 발자국을 떼어놓은 연후에는 누구에게나 상당한 도움이 필요된다. 흔히 초청예배 그 자체에 있어서는 특별한 문제가 제기되지 않는한 그토록 많은 상담은 필요치 않다. 그때, 거기서 필요한 것들

---
9) 롬 10 : 9f.

이란 이름, 주소, 대략적인 나이, 그리고 그 사람이 만일 그리스도인이라면 지위등의 세부들이 요구되는 것이 전체이다. 현명하고 성숙한 그리스도인이라면 마땅히 가능한한 조속한 시일 내의 그 주간 안에 친교를 나누며 신앙의 기본에 대한 실질적인 도움과 간단한 교훈(敎訓)을 주기 위한 개인적인 만남을 가져야만 한다. 그 예배 후 하루나 이틀 후에 도착되는 몇가지 문서들과 성경읽기 노트를 담은 편지가 설교자에 의해서 보내진다면 그것 역시 큰 격려가 될 수 있다.

그러한 예배의 효과는 자연히 그 복음을 협동해서 표현한 그것 뒤에 숨어있는 다른 여러가지 요인들에 크게 의존하고 있다.

첫째로 교회 자체 내의 사랑과 조화가 가장 중요하다. 따라서 관계들의 문제점이 먼저 가려내져야만 한다. 그러한 특별예배를 준비함에는 모든 분열과 나뉨, 긴장 등의 치유가 포함되어야만 한다. 그렇지 못하고서는 하나님의 능력을 헛되이 바라는 것이 되고 만다. 하나님께서 우리 가운데 거하시며 당신 자신을 다른 사람들에게 나타내시는 것은 오직 우리가 서로서로 사랑할 때에 만이 뜻하시는 바이다. 특히 이 원칙은 그 예배에서 중요한 부분을 맡는 이들—— 즉 목사나 노래, 춤, 연극을 맡은 사람들, 또는 성가대 등의 사람들에게 무엇보다 중요하다. 그러나 그것은 또한 전체 회중들에게도 중요한 일이다.

둘째로 기도가 무엇보다 선행(先行)되어야 한다는 사실은 아무리 강조해도 지나침이 없을 것이다. 초청예배에 앞서 가능한 시간을 택해서 그 예배의 모든 점들을 포함할 뿐만 아니라 오리라고 예상되는 참석자들을 위해 기도하는 특별하고 상세한 중보기도를 드릴 특별 기도회로 모여야만 한다. 모든 복음전도 사역에 있어서의 전투는 "우리의 씨름은 혈과 육에 대한 것이 아니요 정사와 권세와 이 어두움의 세상 주관자들과 하늘에 있는 악의 영들에게 대함이라"[10]고 말하는 영적인 인물을 필요로 하는 싸움이다. 이 전투를

---

10) 엡 6 : 12.

진지하게 임하는 일에 실패하거나 어두움의 권세들에 대해 그리스도 안에서 우리의 권위를 내 세움에 있어서의 실패는 곧 복음전도에 있어서의 실패를 의미한다. 우리는 단지 말로서 기도하는 것이 아니다. 또한 우리는 단지 이 시대의 표현방식들로서 사람들을 설득하여 사단의 왕국으로부터 하나님의 왕국으로 나아오라고 설득함이 가능할 것이라는 기대를 할 수도 없다.

세째로 예배와 찬양은 그 자체로서도 능력이 있으므로 외부 사람들을 향해서 성가나 찬양을 특별히 조정할 필요는 없다. 물론 불신자들은 예배 중에서 찬양되는 성가에서 일반적으로 나타나고 있는 깊은 확신들에 동참할 수는 없을 것이다. 그러나 만일 그리스도인들이 사랑에 넘치는 하나님께 사로잡혀 하나님을 예배하면 그의 임재하심의 본질이 아주 효과적으로 전달되어질 것이다. 실로 하나님의 임재의식이 결여된 인간의 복음 설교란 그저 공허하고 허황된 것으로 보일 것이다.

□ 가정 예배 □

이 예배 역시 근래에 들어 매우 일반적인 것이 되어가는 것으로서 지역교회의 복음전도 사역에 있어서 흔들릴 수 없는 확고한 역할을 담당하고 있음이 밝혀졌다. 대개의 주민들이 교회에 나오지 않는 지역에 있어서는 전통적인 주일학교(主日學校)의 위치를 재검토할 필요가 있다. 심어지는 크고 외관상 번성하는 주일학교 조차도 11살이나 12살 이후에는 깜짝 놀랄만큼 줄어든다. 교회에 일생 동안 나오는 사람들은 비교적 소수이다. 더군다나 그리스도를 위한 실질적인 인물이 되는 부모는 극히 소수일 따름이라고 말하고 있다. 더우기 일요일에 아이들을 위해서 가르쳐지는 것이 얼마나 좋을지라도, 기본적이며 사람을 형성하는 영향은 가정으로부터 나온다는 사실을 의심할 수는 없다.

그러나 가정예배도 현대 주일학교를 받치고 있는 배후의 원칙들

— 제 8 장 복음전도와 지역교회 —

가운데 항상 하나로 자리잡아온 '아이들을 통하여 부모에 이르는' 방식보다는 오히려 '부모들을 통하여 아이들에게 이르는' 원칙으로 진행되어 오고 있다. 비록 가정예배가 많은 점에 있어서 유용하다 할지라도, 많은 선량한 부모들이, 비록 그들 자신들은 개인적으로 기독교적 신앙을 극히 적게 가지고 있든가 심지어는 전혀 믿지 않더라도, 그들의 자녀들이 그들의 삶을 위해 경건하고 도덕적으로 건실한 기초를 다지는 일에 많은 관심을 갖고 있음에는 의심의 여지가 있을 수 없다.

더우기 하나의 기구로서 가정이 실로 다양한 측면들로부터의 위협 가운데 있다. 따라서 사회의 넓은 저변에는 여전히, 적어도 4살이나 5살 이상된 모든 가족에게 뭔가를 베풀어 주고 짧으며 간단하지만 매력에 넘치는 예배를 베풀어주는 교회의 일원이 되고자 하는 열망이 있다. 이렇게 해서 많은 부모들이 그들의 자녀들 때문에 교회에 나오게 되는데, 그들 자신은 나오는 것을 생각조차 않지만 아이들은 주일학교에 보내고 있는 것이다. 그러므로 이 예배는 전 가족을 그리스도께로 인도하기 위한 효과적인 방법 가운데 하나가 되고 있다.

영사기를 사용하는 간단한 시청각교재들과, 사운드 스트라이프, 연극, 인형극, 합창, 십자형 수수께끼, 기도회에 가족을 초청하는 일과 가능하면 어린이 합주단, 어린이 독서교육에 대한 최대한의 참여와 헌금당번 등, 이 모든 것들 이외에 다른 요소들도 모두가 매력에 넘치는 예배를 만들어 내는 일에 도움이 될 수 있다. 가정예배는 가끔 어른들조차 그리스도 안에서의 진정한 제자훈련과 성숙함에서 떨어뜨려 밀크나 먹이며 키우는 보육원(保育院)의 응석받이 그리스도인이 되게 하는 영적인 코흘리개 상태를 만들어 낸다는 비판을 받곤한다. 분명히 거기에서는 '단단한 음식'을 주지 않으므로, 결과는 느린 성장이 있게 된다. 이러한 위험들은 확실히 실재한다. 그러나 만일 그것이 그 지역 내에서 하나님의 가정이 갖는 가정생활의 진정한 표현이며, 그것이 어른들의 예배와 성경공부 모

— 복음전도 —

임의 교훈으로 이끌어져서 그리스도인의 증거와 예배를 증가시키는 것이 되기만 한다면, 심지어는 매 주에 단 한번 모이는 가정예배라 할지라도 무한한 가치의 역할을 할 수가 있는 것이다.

모든 건강한 가정은 어린아이들을 포함한 모든 식구들이 참석하는 정규적인 '가정의 시간'을 함께 즐겨야 할 것이다. 물론 그 시간에는 가족들 중의 어른들 사이에는 훨씬 심각한 대화들과 자극을 주는 대화가 있어야 할 필요가 있다. 그러나 그보다는 훨씬 더 안온한 시간이 가정생활(家庭生活)의 중요한 부분으로 되어야 한다. 그것은 교회에서도 마찬가지다. 더욱 나아가서 교육양식을 준비함에 있어 간단히 하는 것을 준수하고, 이 예배 가운데서 아이들에게 거의 모든 영적인 진리를 설명하여 감동을 줄 수 있는 예들과 시각적 보조교재들도 사용할 수 있다.

그리스도의 천재적인 가르침도 거의 비슷한 방향을 지향하고 있었다. 즉 예수님께서는 매우 훌륭한 짧은 이야기들(즉 비유들)과 함께 자연적이고도 시각적인 자료들을 사용하시면서, 놀라운 단순성을 가지고 하나님의 나라에 대한 가장 심오한 원리들을 전파하셨었다. 그 예수님의 주위에 그토록 빨리 모여들었던 사람들은 어린아이들과 평범한 백성들이었다. 예수님께서는 그들의 언어를 사용하시어 지금까지 세계의 가장 박학한 신학자들이 그가 가르치신 심오함을 통달하려고 애써온 그와 같은 깊은 내용의 말씀을 전파하셨다.[11]

Ⅵ. 새로운 기회들

□ 가   정 □

만일 대부분의 현대인(現代人)들이 교회당에 대해 거리감을 느끼

---

11) 가정예배에 관한 완벽하고 훌륭한 책으로는 M. Botting의 *'Teaching the Families'* (Falcon)를 참고하라.

고 그것을 금단의 영역으로 생각하고 있다면, 교회가 복음전도에 있어 오로지 교회에서의 예배에만 집착하는 것은 대다수의 사람들을 무시하는 결과가 되고 만다. 그러므로 가정은 거기에서 그리스도의 복음이 베풀어질 때, 가장 훌륭한 전략적 요충이 된다. 분명히 이것은 초대교회의 형태이기도 했다. 의심할 나위없이 그 때의 정치적 상황이나 박해 그리고 그것이 주는 계속적인 위협이 사실상 복음을 위한 다른 모든 강단을 불가능하게 만들었음에 확실하다. 그러나 마이클 그린 (Michael Green)이 말한 바와 같이 "최초의 3세기 동안 교회는 대중전도집회와 교회에서의 복음전도라는 우리시대의 가장 높이 평가되고 있는 두 가지 전도수단의 도움없이 성장했었다. 그들은 그 대신으로 가정을 사용했었다."[12]

분명히 가정은 복음을 위한 보다 안온한 분위기가 될 수 있다. 가정은 불신자들에게 전혀 거리감을 느끼게 하는 어떤 형태의 예배도 강요하지 않는다. 오해와 어려움들도 추방될 수 있다. 누구라도 함께 참여할 수가 있는 것이다. 평범한 교인들이 들려주는 자발적인 간증에다 복음에 관한 간단한 설명도 곁들일 수 있다.

복음전도에 대한 교회의 장기적(長期的) 사업의 일환으로서, 가정 모임들을 구성할 필요가 있다. 전체적으로 교회가 정말 건강하다는 징표들 가운데 하나는 가정들에서 모이는 친교모임의 수효가 증가하는 일이다. 앞으로 이 모임들의 엄밀한 조직들은 다양화 할 것임이 확실하다. 그러나 교회에서 개발한 계획표가 실질적인 안내 역할을 하게 될 것이다.[13] 가능한한 각 모임들에 속하는 교인들은 인접 지역에 사는 사람들이어야 할 것이다. 왜냐하면 그것이 주간(週間)의 관계들을 결성하는 일을 보다 용이하게 만들어 진정한 의미의 서로 보살펴주는 사회를 발전시킬 것이기 때문이다. 어떤 모임이 교회에서 모일 경우에는, 비록 특별한 사람들의 특수한 요구들을 만족시키기 위해 어느정도의 융통성이 항상 필수적이긴 하더

---

12) *Let the Earth Hear His Voice*, p. 169.
13) St. Michael-le-Belfrey, York. p. 147

라도, 책임구역의 범위가 매우 조심스럽게 정의될 필요성이 있다.

그 모임들은 여러가지의 상호 관련성 있는 목적들을 위하여 존재한다. 그것들에는 다음과 같은 것들이 있다. 즉 은혜를 나누고, 도와 주어야 한다. 배우고, 격려하고, 사기를 높여주어야 한다. 때로는 필요하면 책망하기도 하면서 성원들 사이의 강력한 관계를 세워야 한다. 교회 일에 있어서 서로를 보강시켜 주어야 한다. 각각의 영역 안에서 복음을 증거하는 것과 전도와 예배를 진행함에 서로가 서로를 돕는 것 그리고 성경공부와 기도를 고취시켜야 한다. 하루동안, 또는 그 주간에 각각의 개인들에게 하나님께서 어떤 말씀을 주셨는가를 성경에서 간증하며 은혜를 나누는 것, 또 그 지역 내에 있는 다른 교회들의 어려움에 민감해지기 위함과 선교사역에 있어서 어떤 연관성을 발전시키기 위해야만 하는 것 등이다.

같은 교회에 다니고, 같은 지역 내에 산다고 해서 모든 사람이 전부 다 이러한 모임의 집회에 참석하기를 원하는 것이거나, 참석할 수 있는 것이 아니며, 실제로 전부가 오지도 않는 것이 사실이다. 그러므로 그와 같은 경우에도 역시 가능한한 훌륭한 사랑에 넘치는 관계를 세우는 것이 매우 중요하다. 또한 각 모임들은 매년마다 적어도 한번 내지 두번의 복음전도에 대한 가정집회의 개최를 위해 함께 기도하며 일해야 할 것이다.

모임에 모이는 사람의 수효는 8명 이상이어야 하고, 집회장소로서 쓸 수 있는 가정이 적어도 두 가정 이상이 되면 아주 좋다. 모임의 크기가 너무 커지도록 방치해서는 안된다. 12명이 이상적이고 20명은 절대적인 상한선으로 그것을 넘겨서는 안된다. 그리고 한 개의 모임을 두 개로 나누는 분할방식에 의해서나, 두 개의 모임을 세 개로 재구성하는 받아식 방법에 의하여 새로운 모임을 만들 수 있다.

물론 각 모임들은 자체의 리더를 한명, 또는 여러명 가질 수 있다. 그러나 그 모임 내부의 목회적 관심사는 구성원 모두의 책임이고 결코 리더 홀로 그 일의 부담을 떠맡지 않게 된다. 그럼에도 불구하고 리더는 그 모임의 목회에 대해 감독을 행해야만 하고, 교회

— 제8장 복음전도와 지역교회 —

라도, 책임구역의 범위가 매우 조심스럽게 정의될 필요성이 있다. 안에서는 목사나 장로에게 책임질 수 있어야만 하고, 정규적으로 리더들의 모임에 기꺼이 참석하려고 해야만 한다. 만일 자기가 참석할 수 없다면, 그는 자신 대신에 다른 사람을 보내야만 한다. 이러한 모임들은 부분적으로는 리더들을 위한 훈련의 도장으로서, 그리고 부분적으로는 리더들 사이의 강한 단결을 증진시킴에 매우 필수적이다. 실로 한 교회의 단결은 그 교회 내부의 리더급의 사람들 사이의 단결에 크게 의지되고 있다. 현명한 목회자라면 그는 자기 시간을 이 리더급의 사람들을 위하여 사용할 것이다. 왜냐하면 이것이야 말로 그 교회의 전체의 성장과 팽창의 열쇠가 될 것이기 때문이다.[14]

물론 특별 복음전도 가정집회는 모임 전체의 단합된 관심사이어야만 하는데 그 모임의 어떤 사람들에게는 이것이 복음전도를 최초로 접하여 행해보는 기회가 될 수도 있다.[15] 모든 사람이 자기들이 초청해올 수 있는 사람들에 대해 깊이 생각하고 그 모임이 열리기 앞서 그들을 위해서 정규적으로 기도할 것을 고무받아야 한다.

개인적인 초대가 그 모임에 앞서 2주일이나 3주일 전에는 보내져야만 하고, 거기에는 반드시 모임의 목적에 대한 약간의 암시도 있어야만 한다. 예를 들면 이야기의 주제를 초청장에 실을 수도 있고, '일상의 생활 가운데 계신 하나님', 또는 '믿음에 초점을 맞춰' 등과 같은 일반적이고 축소된 주제들을 써넣는 것이 훨씬 현명할 수도 있다. 한편 '당신에게는 그리스도가 필요 합니다!'와 같이 훨씬 직접적인 구호는 대개의 외부 사람들을 겁먹게 할 수 있

---

14) *'Urban Church Project'*의 Report No. 5를 보면 도움이 될 것이다. 그것은 19 Bosworth Road, Dagenham, Essex에 연락하면 구입할 수 있을 것이다.

15) 저자는 이 주제에 관한 한 많은 도움을 제공한 Revd. Gavin Reid 에게 감사를 드린다.

다. 그리고는 이러한 환경에 있어 전달의 은사를 받은 연사를 선택한다. 그것은 설교이거나 너무나 긴 이야기가 되어서도 안된다. 대개는 10분 정도가 아주 적합하고 그 목적은 그리스도인의 믿음의 핵심에 관한 귀중한 논의에 점화해주는 것으로 충분하다. 모두가 도착하고 있는 동안을 위해서 차나 커피 한잔을 마실 수 있도록 해두고 보다 작은 모임을 위해서 전체의 담화를 중단시키기 위한 전략적인 순간에 사용할 수 있는 짤막한 순서도 계획하라.

그와 같은 저녁의 순조로운 진행은 대체로 아주 적은 수효의 인원에 크게 의지하곤 한다. 그 모임이 당신의 집이 아닌 경우에는 준비과정에서 집주인과 그의 부인과 더불어 계획들에 대하여 충분히 의논하여 그들로 되어질 일에 대한 불확실성으로 말미암아 불안해 하지 않도록 하고 그들로 더불어 함께 기도하라. 상당기간을 거기에서 지내며 최대한의 담화를 허용하면서도 좌담을 잘 이끌어 갈 수 있도록 의자들이 제 위치에 잘 놓여져 있는지를 점검하라. 그리고 사용할 수 있는 책자들과 팜프렡 따위를 가져다가 잘 보관해 둔다. 모임 자체는 자유로운 대화가 계속될 수 있도록 하기 위해서 비공식적인 것이면서 철저히 안락한 것이 되도록 노력하라.

혹간 주의를 다른데로 끌고 가는 고통은 어떻게 된 것인가? 복음을 듣지 못했던 이들은 어떻게 되는가? 예정설이란 어떻게 된 것인가? 하나님은 우주인이었는가 따위의 질문이 나올 수 있다. 따라서 이것들을 조심하고, 계속해서 시간을 소비하는 그리스도교 신앙에 대한 이와 같은 표준적인 반대 질문들을 신속하게 처리하는 방법을 배워두라. 대화를 주도해나가는 일에 있어서도 주의하여 다른 그리스도인들을 끌어들여 자연스럽게 간증을 들려줄 수 있도록 고무시켜 주라. 이러한 것들이 대개는 아주 '직업적인' 어떤 인물에 의해 그리스도를 위해 조심스레 논쟁하는 것보다도 훨씬 더 능력있는 이야기를 하게 마련이다.

주된 모임이 끝난 후에는 개인적인 복음전도를 위해 충분한 시간을 주도록 하라. 왜냐하면 이 부분이야 말로 그 날 저녁 전체 가운

— 제8장 복음전도와 지역교회 —

데서 가장 열매가 풍성한 부분이 되곤 하기 때문이다. 이 시점에서는 성령의 인도하심에 맡겨두라. 어떤 이들은 이따금 기도받을 준비를 갖추게 될 것이다. 또 다른 이들은 다음 며칠 후에 찾아가면 효과가 있을 것이다. 그러나 사람들을 사람들 나름대로 민감하게 대처하라. 결단코 준비가 되지않은 사람에게 당신 자신이나 복음을 강요하지 말라. 복음전도는 처음부터 끝까지 하나님의 성령의 주권적(主權的)인 것임을 기억하라. 최선으로 해야 우리는 '그리스도와 함께 일하는 자들'로서 그분에게 협력하는 자임을 기억하라.

가끔 한 교회의 그리스도인들이 팀을 만들어 가능하면 적어도 1주일동안, 아니면 2주일 동안을 다른 교회에 방문하여 가능한 한 그들과 짝을 지어 거기서 그 사람들의 집에서 같이 살고, 같이 식사하고, 같이 기도하고, 그들과 함께 가정모임을 진행하고, 그들과 더불어 그리스도의 모든 것을 나누는 행사를 하는 것은 특별히 가치가 있는 일이다. 만일 이 팀이 모교회로부터 기도로 지원을 받는다면, 모두가 누리는 축복은 더욱 더 풍성한 것이 될 수 있다.

이러한 형태의 복음전도 사역은 비교적 쉽사리 조직된다. 그래서 운영하는데 있어 경제적이다. 형태에 있어서는 자연스러우며, 외부 사람들에게 뻗쳐나감에 아주 효과적인 것이 되는 일에 상당한 유익을 더해준다. 뿐만 아니라 일반 평신도들을 복음전도에 훈련시키는 방법으로서도 아주 우수하다. 복음전도의 설교에 대한 더욱 특별한 은사(恩賜)를 받은 한 명 내지 두 명의 연사가 주일예배를 위해서 초빙되어 오면, 바야흐로 이 때는 추수의 시기를 기대해볼 수도 있게 되는 것이다.

□ 심 방 □

최근에 들어서는 많은 수의 프로그램들이 개발되어왔다. 특히 매우 잘 알려진 라틴 아메리카에 있어서의 총력 복음전도(Evangelism-in-Depth)[16]나 플로리다(Florida)에서의 복음전도 폭발(Evangelism

Explosion)[17] 등에 꽌한 서적이 출판되어진 바 있다. 이 프로그램 체계들이 갖는 세부사항들은 다른 곳에서도 역시 발견될 수 있는 것들이다. 그러나 그 체계들은 전체 교회를 그것이 시도하는 복음 전도 사역에 총동원시키고 그들이 알지 못했던 그들의 잠재력 속에서 전도에 소용이 되는 어떤 은사들을 끌어내는 일에는 매우 장점을 가지고 있다.

그러나 일반적으로 말해서 주어진 지역 내의 모든 가정을 정규적 (定規的)인 간격으로 모두 탐방하는 것이 어느 정도의 가치를 가질 수도 있다. 그러나 그보다 가장 효과적인 심방은 선택적인 심방이다. 대체로 세례나 결혼식, 장례식, 또는 가끔 교회의 예배에 참석하는 것 등의 결과로서 이미 맺어진 만남을 육성하기 위한 일에 시간을 바치는 것이 최선의 방법이다. 가끔 이 만남은 하나님의 성령께서 이미 일하고 계시는 곳에 대한 일종의 암시를 주곤 할 것이며, 이런 가정에서 쓰여진 시간은 '회의론자들에게 복음을 전달하기 위해' 쓰여진 시간들 보다는 훨씬 더 가치있는 것임이 틀림없을 것이다.

물론 인내심있고 보다 끈덕진 가가호호의 방문이 하나님께 대하여 굶주려 있는 사람들에게 빛을 가져다 줄 수도 있을 것이고, 그런 방법 이외의 어떤 다른 방법으로도 접촉할 수 없을 사람들에게 빛을 가져다 줄 수 있을 것이다. 그러므로 이 방법은 무시되거나 과소평가 되어서는 안된다. 그러나 내 경험에 비추어 볼 때 그것은 거의 효과가 없었다. 따라서 각 교회들은 그 교회가 복음전도에 있어 무엇을 우선으로 할 것인지를 꾸준히 검토하여 설정해야만 한다. 복음의 기록을 살펴볼 때, 예수님께서는 자주 어려움에 처해있는 사람들이나 12제자들에게 많은 관심을 기울이셨음을 잘 알 수 있다. 예수님께서는 모든 군중들 가운데서 그의 힘을 무모하게 피상

---

16) W. D. Roberts의 *Revolution in Evangelism* (Scripture Union) 을 참고하라.

17) D. J. Kennedy의 *Evangelism Explosion* (Coverdale)을 참고하라.

적으로 분산시키는 것보다 이러한 일들을 더욱 귀중하게 생각하셨다.

□ 문서운동 □

가장 효과적인 정치적 운동들과 종교적 운동들은 인쇄물(印刷物)이 갖는 힘을 잘 알고 있다. 사람의 생각은 그가 읽은 것들에 의해서 크게 좌우된다. 이 매체가 지닌 영향력이 우리 현대인의 생활에 미치는 힘은 실로 어마어마하다. 이러한 이유에서 감독 존 테일러(John Taylor)는 다음과 같은 글을 쓴 적이 있다.

> 인쇄된 글을 나는 한 때 증오한 적이 있었다. 인쇄한 글은 사실이 아닌 것을 백성들에게 믿게끔 조작하고, 불필요한 공포들을 자아내게 하고, 불필요한 욕구나 분노를 일으키고, 마땅히 의문이 제기되어야 할 문제들에서부터 사람들의 관심을 다른 곳으로 돌리고, 모든 중대사에 하잘 것없는 접근을 시도하도록 사람들을 조정해왔다. 거짓말에 대한 유일한 해독제는 사실들, 참된 해석들, 참된 가치들, 참된 감정들, 참된 대상들 등등의 진리를 출판하는 것이다.

사람들이 텔리비전에서 보고, 라디오에서 듣고, 신문에서 읽는 자료들 가운데 대부분은 하나님의 말씀의 진리와 기준과는 전혀 동떨어진 것들이다. 그러므로 이 세계 도처에 있는 "하나님의 말씀을 들음에 기갈이 걸려있는……"[18] 셀 수 없이 많은 사람들의 마음을 채워줄 매혹적이고도 적합한 문서(文書)들을 사용할 긴급한 필요가 있다. 교회의 선교에 있어서 복음전도 서적, 소책자, 광고전단, 잡지 그리고 신문 등에 쓰여지고 있는 돈들은 이러한 문서들의 체계가 우수한 전달을 해내고 있다는 사실을 감안할 때 매우 잘 쓰여지고 있는 것이다.

---

18) 암 8 : 11.

― 복음전도 ―

□ 카세트 테이프 □

　녹음테이프와 카세트 그리고 지역방송의 상상적인 효용성(效用性)은 밖으로 뻗어가고자 하는 장차의 목표를 모두 형성시켜 줄 수 있다. 요크(York)에서, 우리는 아주 미미한 출발로부터 테이프 도서관의 운영을 시작했었다. 사실상 우리가 그것을 시작하게 된 것은 전혀 우연한 일이었다. 3년내지 4년 안에 족히 매년마다 1000여 개의 카세트가 방송되었는데 그것들 중 대부분이 직접 간접으로 복음전도와 연관성을 가진 것들이었다. 나는 다른 교회가 매년 2000여 개의 카세트, 또는 그 이상을 발송하고 있는 것도 알고있다. 이것은 다른 방법으로는 예수 그리스도의 사랑과 진리에 대해 들을 기회를 거의 갖지 못하는 가정들과 개인들에게 복음을 전달하는, 단순하지만 놀라운 힘을 가진 전달수단이 될 것이다.

V. 새로운 세대

　모든 교회에 있어 젊은이들에 대한 사역은 현재나 미래를 위해서 모두 막대한 중요성을 가진 일이다. 젊은이들을 무시하는 교회는 죽어가는 교회이다. 그러나 만일 교회가 젊은이들에 대해 적합한 노력을 하고 있다면, 그 교회는 그러한 보조를 계속해 나가야 할 것이다. 그것은 문화가 바뀜에 따라 적어도 어느 정도는 변화해야 한다. 그리고 교회는 복음을 표현함에 있어서 항상 신선하고 유연성이 있어야 한다. 또 교회는 젊음의 끓는 피들로 하여금 책임있는 지도적 위치와 사역의 위치로 들어올 수 있는 여지를 허용해야 한다.

　교회는 젊은이들이 노인층에서 차지하고 있던 어떤 위치를 차지하게 될 때 뿐만 아니라, 그들이 그 일을 보다 효과적으로 해냈을 경우에도 함께 기뻐해야만 한다. 교회는 교회의 가장 우수한 지도

— 제 8 장 복음전도와 지역교회 —

자로 하여금 최대한의 시간과 성의를 기울여 젊은이들을 돌보게 해
주어야 한다. 또한 교회는 미숙한 열심과 미처 잘 인도되지 못한
정력, 또는 교회기물에 대한 손상을 당했을 경우에 이해할 줄 알아
야 한다.

　더우기 교회는 어떤 대가를 치루고서라도 젊은이들을 향해서 '끊
을 수 없는 사랑을 지속해야만' 한다. 그렇게 함으로써 젊은이들은
그들이 하나님의 가족 가운데서 필요로 되고 있다는 사실을 알게되
는 것이다. 이런 일들을 하고자 하지 않는 교회는 자신의 무덤을
자기 손으로 파는 격이다. 더욱 나아가서 교회의 목회자와 지도자
들은 귀를 기울여 듣는 법을 배워야만 한다.

　오늘날 젊은이들이 제기하는 문제들은 어떤 것들인가?

　그들이 교회 내에서 발견하는 문제점들은 무엇인가?

　무엇을 그들이 부당한 것으로 느끼고 있는가?

　사회와 이 세계 속에서 그들이 진정하게 관심을 갖는 문제들은
무엇인가?

　그들 자신의 마음 속에 있는 개인적인 호소와 당황은 어떤 것인
가?

　그들이 직면하고 있는 시험과 압박은 무엇인가?

　그들의 의향은 어떠한가?

　어떻게 하면 그리스도의 메시지가 그들 속에 의미를 부여하면서
도달될 수 있을까?

　교회 내에서, 누가 그들에 대해 연관성을 가진 충분한 은사를 하
나님으로부터 받았을까?

　그와 같은 사람들은 미래의 교회를 건설하는 일에 그들 자신들을
전심을 다해 바칠 수 있도록 가능한 모든 격려를 받아야만 한다.
나는 여러분의 목사나 성직자들이 다른 여러가지 책임에도 쉽사리
연루될 수 있는 보조 성직자나 부목사를 두는 대신에 이 한 가지 일
에만 전심할 수 있는 풀 타임(full-time) 청년 지도자를 두려고 하
고 있다는 사실을 알고있다.

Ⅳ. 교회 성장

『결단』이라는 잡지가 눈부시게 성장해온 북아메리카와 오스트랄리아와 영국에 있는 17개의 교회들에 대한 편람을 수년간에 걸쳐서 기고(寄稿)한 일이 있었다. 그리하여 그들은 이 모든 교회들이 공통적으로 갖고 있던 어떤 특성들을 발견해냈다.

    기도 : 연구된 모든 교리들이 기도없이는 어떤 중요한 일도 교회생활에서 일어날 수 없었을 것이라고 말할 수 있을 만큼 기도에 대해 많은 강조를 두고 있었다. 철야기도회, 조찬기도회, 직원기도회, 기도수양회, 매일의 정규적인 기도시간과 특별기도회, 신유집회, 안수집회 등등 이러한 기도회들에 교회전체가 의존하고 있었다.

    복음증거 : 회중들의 상당한 부분의 사람들이 다른 사람들에게 예수 그리스도에 대한 개인적인 지식을 나누어주는 일에 매우 활발하게 참여하고 있었다. 이 일은 개인적인 활동과, 작은 모임을 통한 심방과 침투 방식을 사용하여 행하거나, 아니면 교회의 생활 속에서 되어졌다.

    회 심 : 실제로 사람들이 이들 교회에서 매주, 매일같이 구원을 받곤 했다(행 2 : 47). 그들 가운데 많은 경우에서, 그들이 모일 때마다 경건한 기대가 제시되곤 했다. 사람들은 "다음 사람은 누구일까?" 하는 기대를 했다. 평신도들과 젊은이들의 팀들이 다른 사람들을 그리스도에게로 인도하곤 했는데 이들은 근처에 사는 사람들에게만 그렇게 한 것이 아니고, 멀리 하와이나 한국, 일본 등지에 까지도 그 일을 뻗혀갔었다.

    기 쁨 : 사람들은 교회 문을 드나들기를 즐거워 했다. 그것은 정말 거하기 좋은 곳이었다. 그러나 그것은 훨씬 사교적인 분위기였다. 사람들은 주님에 대해 이야기를 나누고, 기도의 응답에 대한 간증을 하고, 하나님을 찬양했다.

    성 경 : 교회의 전체적인 교육 프로그램은 성경을 위주로 형성되었다. 목사가 성경을 가지고 설교할 뿐만 아니라, 사람들도 제자훈련을 통하여 성경을 사용하는 방법을 배우고 있었다. 그 교회들 모두가 성경의 절대적인 권위를 받아들이고 있었다.

— 제 8 장 복음전도와 지역교회 —

설　교 : 강단에서 전달되는 메시지들은 성경에 근거하여 훌륭한 내용과 효과적인 예들의 사용과 더불어 매우 잘 준비된 것들이었다. 설교자들이 자신들의 숙제에 충실했었다.

외부진출 : 모든 교회들이 국내의 전도활동에 엄청난 투자를 하고 있었다. 어떤 일은 도시 내부의 사역에 연관된 것이었는가 하면, 또 다른 것들은 귀머거리들과 정신박약자들, 노인들, 또는 해변에 놀러나온 관광객들을 상대로 한 특별한 봉사와 사역들에 관련되어 있었다. 모든 교회들이 전도사역에 50퍼센트 가까이, 심지어는 그 이상의 예산을 할애하고 있었다.

교회생활 : 각각의 회중들은 따사로운 교회의 가족생활을 양성해왔다. 비록 교인 수효가 도약적으로 증가했으나, 목회자 팀들은 작은 기본적 단위의 가족들에 조차 목회의 영향이 전달되도록 잘 관리했었다.

지도자층 : 그 교회들의 지도자층들은 '프리마돈나'적 망상과 전혀 관계가 없었다. 자애로운 상호존중 정신이 직원들 사이의 관계에 스며있었고, 또한 회중들에게도 깔려있었다.

사　랑 : 이들 모든 교회에 가장 중요한 공통적 특성은 교회 문을 밟고 드나드는 모든 사람들 사이의 배경과 지위, 피부색깔이나 생활방식에 관계없이 모두를 포용하는 사랑의 정신이었다. 거기에는 어떠한 장벽도, 가식된 얼굴도 없었다. 사람들은 서로 다른 이들의 짐을 져주고자 했다. 그리스도인들을 향해 목회자가 사랑을 발하면, 거기에서 받아들여지고 응답이 나오곤 했다.

　그 보고서(報告書)는 계속해서 말하기를 이 교회들이 그토록 성장한 것에는 다른 요인들이 더 있을 것임에 분명하지만, 이 열 가지 요인들이 특별히 중요한 것으로 보인다고 한다. 그 보고서는 "만일 어떤 교회가 결단을 내리고 이들을 따라가기로 애쓴다면, 그 교회의 회중들에게는 확고한 성령충만의 성장이 하나님의 축복으로 주어질 것을 우리들은 확신한다"라고 결론을 맺고 있다.

제 9 장
복음전도와 예배
(*Worship and Evangelism*)

베드로는 그의 첫번째 서신에서 말하기를 그리스도에게 나아온 자들은 첫째로는 예배, 둘째로는 복음증거라는 두 가지의 중요사항을 갖는다고 했다.

> 사람에게는 버린 바가 되었으나 하나님께는 택하심을 입은 보배로운 산 돌이신 예수에게 나아와 너희도 산 돌 같이 신령한 집으로 세워지고 예수 그리스도로 말미암아 하나님이 기쁘게 받으실 신령한 제사를 드릴 거룩한 제사장이 될지니라… 오직 너희는 택하신 족속이요… 거룩한 나라요, 그의 소유된 백성이니 이는 너희를 어두운데서 불러내어 그의 기이한 빛에 들어가게 하신 자의 아름다운 덕을 선전하게 하려 하심이라. [1]

그러므로 예배와 복음증거, 예배와 복음전도, 예배와 봉사 사이에 밀접한 연관이 있다는 것은 하등 놀랄 일이 못된다. 실제로 히브리어에 있어서나 헬라어에 있어서 까지도 예배로 번역될 수 있는 단어를 일이라고 번역될 수 있는 뜻으로도 사용하고 있다. [2]

그럼에도 불구하고 복음전도의 영역에 있어서 예배가 차지하는

---
1) 벧전 2:4—5, 9.
2) *abad, latreuo.*

— 제9장 복음전도와 예배 —   203

중요성은 여전히 대체로 무시되어 오고 있는 것이다. 예를 들어서 1,470페이지에 달하는 세계의 복음 전도에 대한 로잔대회(Lausanne Congress on World Evangelism)의 보고서의 경우에, 예배에 대해 특별히 언급하고 있는 내용은 단지 아주 짤막한 두 단락에 지나지 않는다. 그러나 나는 많은 경우에 있어, 성령께서 임재하심의 신선함과 자유가 뚜렷하게 드러나는 곳에서 하나님을 찬양하는 것과 능력있는 복음전도 사이에 밀접한 연관이 있음을 수없이 보아왔다.

또한 나는 예배와 설교가 거의 확신있는 그리스도인 만을 대상으로 행해지고 있는 성찬식 예배(예를 들면, 『영국국교회, 시리즈Ⅲ』)가 한창 진행되는 도중에 하나님의 백성들의 찬양을 통하여 많은 남녀들이 믿음에 들어서는 일을 대단히 자주 보아왔다.

그러면 예배란 무엇인가? 이것은 항상 쉽사리 이해되지 않는 문제이다. 5일간에 걸친 그리스도교 지도자들의 회의가 있었을 때의 일이었다. 나는 4일 이 강의들과 세미나와 성경공부 등으로 급히 시간이 지난 뒤에야, 우리가 단 한번도 진정하게 모여서 찬양으로 하나님을 예배한 일이 없었다는 사실을 점차로 깨닫게 되었다. 그래서 나는 이 점에 대해서 회의의 주최자에게 이야기했다. 그러자 그 주최자도 역시 이 점이 소홀했음을 내게 동의(同議)했다. 그렇게 해서 우리는 다음 순서를 시작하기 앞서서 30분 동안 찬송을 부르기로 결정을 내렸다. 나는 마음이 착 가라앉는 것을 느꼈다. 그리고 그러한 특별회의가 열리는 곳에서, 적어도 참된 예배를 경험하는 것이 얼마나 중요한 일인지를 깨닫게 되었다.

윌리암 템플(William Temple)이 예배에 대하여 다음과 같은 가장 유명하고도 가장 알기쉬운 정의를 내렸다.

> 예배는 우리의 모든 성품을 하나님께 굴복시키는 것이다. 예배는 그의 경전으로 우리의 양심을 활발하게 하는 것이다. 그의 진리로서 마음을 윤택하게 하는 것이다. 그의 아름다움으로 생각을 정결하게 하는 것이다. 그의 뜻하시는 바에 우리의 의지를 복종시키는 것이다. 그리

하여 이 모든 것들은 우리의 성품이 갖출 수 있는 최선의 헌신적인 감정인 찬양 속에 집합될 것이다.[3]

이것과 동일한 정의가 복음전도를 위해서도 크게 유익을 줄 수 있다는 사실은 잘 알아 둘 필요가 있다.

사실상 각각 다르지만 밀접하게 연관된 예배의 중요한 국면(局面)들 세 개를 말해준다.

첫째로 우리의 몸으로서 드리는 예배가 있다. 바울은 죄인들에 대한 하나님의 측량할 수 없는 은혜를 설명하면서 다음과 같은 명백히 실제적인 도전을 제기하기에 이른다. "그러므로 형제들아 내가 하나님의 모든 자비하심으로 너희를 권하노니 너희 몸을 하나님이 기뻐하시는 거룩한 산 제사로 드리라. 이는 너희의 드릴 영적 예배니라."[4] '산 제사'라는 구절은 수세기 동안 죽은 제사 개념에 익숙해온 유대인들에게는 특히 깜짝 놀랄 일임에 틀림없다. 그것은 조금의 유보함도 없이 한 생명을 전적으로 바치는 하나님을 향한 궁극적인 제사였다. 물론 이것은 쉬운 일이 아니다. 도리어 다윗왕이 한 번 말했던 바와 같이 "값 없이는 내 하나님 여호와께 번제를 드리지 않았었다."[5] 제사에는 불가피하게 희생이 있게 마련이다. 따라서 '산 제사'란 희생이 요구되고 고통스러운 것이 계속될 것이라는 점을 암시한다.

그러나 예배(worship)는 가치있는 상태(worth-ship)을 의미하는 말이다. 우리는 하나님께 우리의 삶의 전적인 응답을 드릴 수 밖에 없다. 왜냐하면 이것보다 못한 것은 어떤 것이라 할지라도 그의 독생자를 우리에게 주신 하나님께는 가치있는 것이 될 수가 없기 때문이다. 바울은 로마서 12장의 나머지 부분에서 하나님께 대해 예배하는 일이 진정 내포하고 있는 것들에 대하여 계속해서 열거하고 있다. 그것이 뜻하는 것은 이 세상에 적응된 존재가 되는 것이 아

---

3) *Readings in St. John's Gospel* (Macmillan), 68.
4) 롬 12 : 1.
5) 삼하 24 : 24.

— 제9장 복음전도와 예배 —

니라, 오히려 하나님의 뜻에 따라 우리의 마음을 항상 새롭게 함으로써 변화된 존재가 되고자 함이다. 또 그것이 뜻하는 것은 예언이건 봉사건 아니면 가르치는 것, 나누어 주는 것, 도와주는 것이거나 무엇이 되었든지 간에 하나님께서 주신 바로 그 은사들은 그리스도의 몸을 세우는 일에 사용되어야 한다는 것이다. 그것은 진정한 사랑과 아낌없이 주는 것과 따스한 환대, 조화를 이루는 관계, 끝없이 용서해 주는 것과 더욱 더 깊은 사랑을 의미한다.

예배란 종교적인 건물에서 일주일에 한번씩 한시간이나 두시간 동안 드리는 시간이 아니다. 그것은 삶의 전부로 온전히 바치는 것이다. 우리는 이 점에 현대의 혁명단체들로부터 많은 것을 배우게 된다. 예배란 예배의 대상에게 존재의 전부를 전적으로 굴복시킨다는 것으로 정의되고 있다. 세상에는 정당이나 대의명분에 모든 것을 내어바친 사람들이 상당히 많다. 효과적인 혁명의 배후에는 항상 이러한 것이 원칙으로서 깔려있었다.

> 도대체 그 누구가 오순절에 소수의 제자들의 무리가 그토록 막강한 로마제국을 실제로 정복하리라고 예언할 수 있었으랴! 그들은 팔레스타인 지역에 살던 약 400만명으로 어림되는 유대인들 가운데 단지 120명에 불과했었다. 그것은 약 33,000대 1의 비율이었다. 그것은 전체 미국 내에 단지 6,000명의 그리스도안이 있는 것과 마찬가지이다. 러시아 혁명(Russian Revolution)은 1퍼센트의 러시아인들에 의해서 야기되었다. 나치즘(Nazism) 역시 아주 후기까지도 여전히 소수에 불과했었다. 극좌파 학생 지도자 하나가 최근 빌리 그레함(Billy Graham)에게 그들은 단원들이 혁명을 일으킬 수 있을 만큼 잘 훈련되고 교육된 추종자들의 헌신적인 집단이 될 때까지 그들의 운동을 3분의 2로 축소하기 위해 노력하고 있는 중이라고 말한 일이 있었다.[6]

그와 같은 헌신이 예배의 한 가지 중요한 국면이다.

---

6) L. Ford, *One Way to Change the World* (Coverdale), 90.

둘째로 우리의 찬양으로서 드리는 예배가 있다. 히브리서의 저자는 그리스도를 위한 고난과 하나님으로 말미암는 연단, 지도자들에게 복종하는 것 그리고 주님을 위하여 절제하는 것 등에 대하여 엄숙히 말하는 구절들에 이어서 말하기를, "이러므로 우리가 예수로 말미암아 항상 찬미의 제사를 하나님께 드리자. 이는 그 이름을 증거하는 입술의 열매니라"[7]라고 했다.

분명히 험악하고 고통스러웠던 그 상황 속에서는 하나님을 찬양하려는 자발적이고도 넘치는 욕구가 적을 수도 있다. 우리가 그것을 하나님께 드리는 찬미의 제사라고 부르는 이유는 바로 거기에 있다. 시편의 시인은 "여호와는 광대하시니… 극진히 찬송하리로다"[8]라고 노래했다. 우리는 우리가 그것을 느끼기 때문이거나, 그가 우리를 위하여 행하셨던 놀라운 사건들 가운데 어떤 것을 기억했기에 그를 찬양하는 것이 아니라, 단지 그 분이 주님이시기 때문이다. 그러므로 항상 우리의 찬양을 받으실만 하시기 때문에 찬양하는 것이다. 우리는 그의 위엄과 주권을 인하여 주님을 찬양한다. 그가 지혜에 있어 무한하시며 능력에 있어 영화로우시기에 주님을 찬양한다. 그의 사랑에 있어 불변하시며, 그의 자비에 있어 다함이 없으심을 인하여 주님을 찬양한다. 그리고 그를 영화롭게 하기 위하여 우리의 입술로 하나님을 높이 찬양할 때, 하나님께서는 언제나 그 제사를 즐거이 받으실 것이다.

하나님께서는 아마도 그의 성령을 통하여 우리 가운데서 자유로이 움직이며 생기에 가득찬 사랑과 권능 가운데 우리에게 강림하실 것이다. 어떤 이들은 이 때에 하나님의 임재를 느낄 수 있게 되는데 그것이 정말 첫번째의 그와 같은 경험이 될 수도 있는 것이다. 그리하여 그들은 하나님의 말씀과 하나님의 진리를 받아들이기 위한 훨씬 넓게 열린 마음을 갖게된다. 나는 종종 진정하고도 능력있는 예배와 찬양의 시간을 마친 후에, 예수 그리스도의 좋은 소식을

---
7) 히 13 : 15.
8) 시 48 : 1.

— 제 9 장 복음전도와 예배 —

선포하는 것이 훨씬 쉽다는 사실을 헤아릴 수도 없이 보아왔다. 그러한 분위기란 마치 내가 "여기에 당신들이 이미 어느 정도는 보았고 또 들었던 그 진리가 있읍니다"라고 말할 수 있게된 것이나 다름없다.

베드로가 오순절에 군중들을 향하여 바로 그와 같은 말을 할 수 있었던 것은 매우 중요한 일이었다. 제자들이 성령으로 충만하여 성령께서 그들에게 말하도록 주신 방언들로 각기 하나님을 찬양할 수 있었을 그 때에, 베드로가 이 모든 것이 어떠한 일임을 모든 사람들에게 이어서 설명했던 것이다. 그의 설교는 단지 공허한 말뿐이거나 신학적 교리의 문제가 아니었다. 그의 그리스도에 대한 설교에서, 베드로는 "하나님이 오른 손으로 예수를 높이시매 그가 약속하신 성령을 아버지께 받아서 너희의 보고 듣는 이것을 부어 주셨느니라"[9]라고 말할 수 있었다.

하나님께서 이미 심령을 움직이는 찬양과 함께 성령을 부어주시는 가운데서 자신을 드러내 보여 주셨다. 비록 그들이 보고 들은 것들은 아직 해석되어야만 할 필요가 있는 일이긴 하지만, 그들 자신들을 위하여 이미 그들이 증거한 일들에 대해서 설교한다는 것은 얼마나 효과적인 일이었겠는가! 헥터 에스피노자(Hector Espinoza)는 그것을 이러한 말로서 잘 요약하고 있다.

> 예배는 하나님의 백성들이 하나님의 실체와 예수 그리스도 안에서 우리에게 알려진 하나님의 놀라운 사랑에 대한 진정하고 효과적인 증거를 가지고 그것을 통하여 구속받지 못한 이들이 세계 속으로 뛰어들기 위해 성령 안에서 세움을 받은 수단으로서의 기능을 담당해야 한다. 예배가 비록 우선적으로 그리스도인들의 필요사항들을 위한 것이며 동시에 하나님을 향한 주님의 백성들의 표현을 나타내는 것이긴 해도, 그 예배의 과정 속에서, 불신자들이 하나님의 눈길을 매우 잘 포착할 수 있으며, 그렇게 하여 믿음에 이를 수도 있는 것이다.[10]

---

9) 행 2:33.
10) *Let the Earth Hear His Voice*, 1101.

유대인들은 찬양이라는 말을 위해 세 가지 중요한 단어들을 사용한다. 그 말들이 지닌 가장 중요한 의미들은 '소리를 높여' (특히 사람의 목소리에 대개 쓰여진다)와 '악기를 연주하며' 그리고 '몸을 흔들며' 등의 세 가지이다. 물론 찬양에는 노래를 부르는 것이 항상 기본적(基本的)인 요소로 존재한다. 그리고 노래 속에는 어떤 신학적인 내용이 찬양으로서 확실하게 표현되기 앞서 존재해야 하는 것이 중요하다. 그러나 특히 속도가 강조되고 있는 이 시대의 세계 속에서는 노래로 불리워지고 있는 하나님께서 가지신 성품이나 성격에 대한 묵상이 말로서 전달될 필요가 있는 것이다.

그러므로 이것이 계속해서 단지 헛된 중언부언이 아니라 참된 예배가 되도록 만들어 주는, 단순한 내용이지만 자주 반복하여 찬양하는 예배의 성가대의 참된 위치가 될 수 있다. 실제로 시편 136편에는 "그는 선하시며 그 인자하심이 영원함이로다"라는 구절이 적어도 26번이나 반복되고 있다! 그리고 우리들은 대부분의 부활절 찬송 속에서 할렐루야라는 말을 거듭거듭하여 노래한다. 어떤 일부 사람들은 단순한 내용을 자주 반복하여 부르는 예배의 성가대에 대하여 반발을 하고 있다. 이는 성경적으로 볼 때도 정당치 못하고 옳다고 할 수 없다. 그러나 이것은 확실히 조심해야 할 명백한 위험성들을 갖고 있다.

'악기를 연주하며'라는 구절을 볼 때, 실제로 모든 악기들이 하나님을 찬양하는 일에 사용될 수 있음을 알게된다. 시편 150편은 나팔, 비파, 현금, 소고, 현악, 통소, 큰소리나는 제금 등의 모든 악기가 하나님을 예배하는 일에 사용되고 있음을 말해준다. 각기 자기의 악기를 다양하게 연주할 수 있는 많은 수의 사람들이 회중 가운데서 그저 수동적으로 자리를 지키고 있는 반면에, 오직 한 사람만이 오르간에 앉아서 그러한 광경을 압도하는 것이 예배의 보편적인 모습이다. 하나님께서 이미 주신 은사들을 사용하여 최대한으로 참여하여 함께 찬양하도록 격려하면, 찬양이 얼마나 훌륭하게 될 것인가!

— 제 9 장 복음전도와 예배 —

'몸을 흔들며'라는 문제에 관해서는 예배에 있어 춤추는 것에 대한 전반적인 논의(論義)들을 좀 더 구체적으로 잠깐 살펴보는 것이 필요할 것이다. 15세기의 몇몇 감독들은 세례 요한이 목숨을 빼앗긴 것이 춤 때문이었다는 이유로 교회에서 춤추는 것을 말살시키려고 노력한 적이 있었다. 나는 그러한 주장이 최근에 다시 제기되었다는 말을 들은 기억이 없으나, 춤을 전격적으로 예배 가운데 한 순서로 확고히 회복시키는 일에 대해서는 적지않은 그리스도인들 사이에서 상당한 의문과 조심스러움, 불안이 여전히 존재하고 있다.

확실히 춤추는 것은 구약시대의 예배 가운데 자연적이고 정규적인 부분의 하나였다. 이것은 신약시대에 있어서도 그러했을 가능성이 아주 높다. 신약성경에는 춤추는 것에 대한 별다른 언급이 없으며, 성경이 침묵하고 있는 것에 대하여 논쟁을 벌인다는 것은 항상 위험스러운 일이 될 수 있다. 그러나 수세기 동안 하나님의 백성들의 종교생활이 가지는 중요한 부분이었던 이 의식이 중단되었다는 암시를 받게 하는 어떠한 것도 찾아 볼 수 없는 것 또한 사실이다.

그리스도께서 넘치는 기쁨과 성령의 술을 가져오기 위하여 오셨던 것인데, 만일 춤추는 일이 중단되었다면 그것이야 말로 이상한 일이 될 것이다. 물론 초대교회는 모임을 가질만한 예배당을 갖고 있지 못했기 때문에 그리스도인들의 작은 집에서 춤을 추기란 비교적 어려웠을 것임에 틀림없다. 따라서 우리가 춤추는 것이 그리스도교 예배의 진정한 한 가지 형식이었다는 분명한 증거를 갖게 되는 것은 교회당이 건축되기 시작한 4세기에 들어와서야 가능하게 된다는 것이 조금도 놀랄 일이 아니다.

성경으로 돌아오면, 우리는 춤추는 것에 대한 주목할 만한 사실 몇 가지를 보게 된다.

1) 춤추는 것은 예언과 동시적으로 밀접한 연관을 맺고 있다. 예를 들어, 홍해를 건넌 후에 춤추는 일을 인도했던 사람이 여자 선

지자 미리암이었다는 사실은 우발적인 일이 아니었다. 춤은 하나님께서 그의 백성들에게 말씀하시는 방법 가운데 한 가지이며, 이것은 오늘날에도 여전히 마찬가지이다. 예언(豫言)의 영이 사울 왕의 위에 임했을 때 사울 왕은 격렬한 춤을 추게 되었는데,[11] 이것은 단순히 극한적인 흥분상태가 아니라 하나님과 그의 종 사이의 진정한 의사소통이었던 것이다. 춤은 단순한 말의 영역을 넘어서는 어떤 상황들 속에서 무엇인가를 '말할' 수 있다.

2) 춤추는 것은 출애굽기 15장 20—21절에 나오는 것처럼, 대개는 일단의 여인들이 동원되지만, 항상 그러했던 것만도 아니다. 다윗 왕은 주님 앞에서 춤을 추었고, 아마도 다른 왕들도 그렇게 했을 가능성이 매우 높다. 그는 예배 속에서 보여준 그의 열심 때문에 미갈에게 멸시를 당했다. 그러나 그는 대답하기를 "이는 여호와 앞에서 한 것이니라… 내가 여호와 앞에서 뛰놀리라"[12]라고 말했다. 순례자들의 축제를 가리키는 중요한 히브리 단어는 학(hag)인데, 어떤 주석가들은 이 단어가 순례자들의 춤으로부터 나온 것이라고 주장하고 있다. 예를 들어 시편 42편에서 시편의 저자는 이전에 그가 어떻게 "성일(聖日)을 지키는 무리와 동행하여 기쁨과 찬송의 소리를 발하며 저희를 하나님의 집으로 인도(춤추는 행진 속에서 일지도 모른다)하였던가"를 추억하고 있다. 여기에서 쓰여진 호겍(hogeg)이라는 단어는 성일에 행해지는 축제의 춤추는 행진을 뜻하는 말이다.

3) 대개 춤추는 일은 예배의 절정에 있곤 했다. 모세와 백성들이 여호와께 노래한 다음에 미리암과 '모든 여인들'은 같은 노래를 이어받아 그것을 춤추는 가운데 절정에 이르게 한다. 그것이 찬양의 노래를 해설하는 경우에 춤은 움직임 속의 해설과 같다.

4) 춤추는 것은 하나님의 좋은 소식을 선포하는 하나의 인정된 형식이었다. 따라서 그것은 복음전도와도 올바로 연결되어야만

---

11) *halal, zamar, yada*.
12) 삼하 6 : 16—23.

— 제 9 장 복음전도와 예배 —

한다. 실제로 어떤 춤추는 사람들이 '전도자'라고 불리워지고 있다. 예를 들면 시편 68편 11절 이하에서 우리는 다음과 같은 구절을 읽을 수 있다. "주께서 말씀을 주시니 소식을 공포하는 여자가 큰 무리라, '여러 군대의 왕들이 도망하고 도망하도다.'" 여기에 나오는 '소식을 공포하는 자들의 큰 무리'라는 말은 '전도자'를 가리키는 히브리어의 여성명사이다. 그러므로 11절을 보다 정확하게 번역하자면, "좋은 소식을 공포하는 여자들이 큰 무리로다"로 될 수 있다. [13]

의식에 따라서 하나님의 승리에 대한 좋은 소식은 여자 선지자들과 노래하며 춤추는 여인들에 의해서 인도되는 커다란 행진 가운데 선포되는 것이었다. 이것은 하나님의 성령께서 백성들로 하여금 하나님의 임재와 능력을 느끼게 하여 그들로 격려하고, 결과적으로는 그들을 예배로 이끄는 하나님께서 주신 방법 가운데 한 가지였다. 여기에서 마음과 영혼과 몸의 모든 기관들이 찬양 속에서 하나로 뭉친다. 이렇게 하여 이것은 살아계신 하나님께 대한 경험을 나누며 즐거워하는 진정한 방법이었던 것이다. "나타나신 하나님을 즐거워하는 환호와 충동이 마치 전기처럼 선지자들과 제사장들, 시편 저자들, 음악가들, 춤추는 이들을 통해서 '시온의 가족' 모두에게 빠르게 전달되어 갔다."[14] 더구나 이것은 이스라엘 문화 가운데 순전히 흥미있는 역사적 항목이 되어버리고만 것이 아니다.

최근에 나는 예수 그리스도 안에서 함께 생활을 나누는데서부터

---

13) 시 68 : 11 하반절 영어판에서 사용한 성경은 RSV(영어 개역 성경) 인데 여기에는 11절 하반절이 *"great is the host of those who bore the tidings"*로 소식을 전하는 이가 여자들임이 나타나 있지 않으나 한글판 개역성경에는 "소식을 공포하는 여자가 큰 무리라"로 번역되어 있고, 이것이 히브리 원문에 뜻이 보다 가깝다 —역자주.

14) J.H. Eaton의 *Worship and Dance*에 수록된 에세이에서 발췌. 이 책은 J.G. Davies가 편집한 것으로 버밍함 대학(the University of Birmingham)에서 있었던 심포지움을 엮은 것이다.

솟아나는 한데 뭉쳐진 노래와 춤을 통하여 같은 하나님의 성령께서 움직이시는 경우를 수없이 보아왔다. 이것은 단지 하나님의 백성들로 예배하고 찬양하도록 자극할 뿐 아니라, 확고한 믿음이 전혀 없는 외인(外人)들 조차도 자주——아마도 그들이 첫번째로 경험하는 것일 수도 있다——살아계신 하나님의 임재와 기쁨이 어떠한 것임을 맛볼 수 있도록 해준다.

그러므로 해서 예배는 우리들의 몸과 우리들의 찬양을 포함한다.

세째로 우리들의 소유물로서 드리는 예배가 있다. "오직 선을 행함과 서로 나누어 주기를 잊지 말라. 이같은 제사는 하나님이 기뻐하시느니라."[15] 신약시대의 교회는 크게 나누어 주는 활수(滑手)함으로 유명했었으며, 이것은 교회생활(敎會生活) 가운데 주신바 하나님의 은혜에 대한 가장 분명한 표식 중의 하나였다.

바울은 마게도냐에 있는 그리스도인들의 놀라운 연보에 대하여 설명하면서 이렇게 쓰고있다. "환란의 많은 시련 가운데서 저희 넘치는 기쁨과 극한 가난이 저희로 풍성한 연보를 넘치도록 하게 하였으니라. 내가 증거하노니 저희가 힘대로 할 뿐 아니라 힘에 지나도록 자원하여 이 일들에 참여하였도다."[16] 바울은 이 예를 고린도 교인들로 하여금 "이 은혜에도 풍성하게 하도록" 자극하기 위해서 사용하고 있다. 왜냐하면, 그가 계속 언급하고 있는 것과 같이 "이 직무로 증거를 삼아 너희의 그리스도의 복음을 진실히 믿고 복종하는 것과 저희와 모든 사람을 섬기는 너희의 후한 연보를 인하여 하나님께 영광을 돌리고, 또 저희가 너희를 위하여 간구하며 하나님이 너희에게 주신 지극한 은혜를 인하여 너희를 사모하기 때문이다."[17] (여기서 사용되고 있는 '직무'라는 단어의 헬라어는 레이투르기아⟨λειτουργία⟩인데 여기에서 영어의 '예배의식'을 의미하는 리터르

---

15) 히 13:16.
16) 고후 8:2f.
17) 고후 9:12f.

지(liturgy)가 파생되었다). 한번은 어떤 교회에 대한 강력한 비판자가 말하기를 자기를 불신자의 하나로 확고하게 만든 것은, "교회가 사회의 비결을 결코 배운 적이 없었기 때문이다"라고 설명한 적도 있었다. 그러나 이 일은 의심할 여지없이 신약교회가 깊은 호소력을 지닐 수 있었던 중요한 부분 가운데 하나였다. 그들은 한 마음과 한 영혼이었다. 그리고 그들은 자기의 소유물에 집착하지 않았으며 오히려 "그 중에 궁핍한 사람이 없을"정도로 모든 것을 함께 나누어 가졌다.

그리스도 안에서의 그들의 사랑에 넘치는 교제는 복음이 가진 진리에 대한 가장 분명한 증거가 되었다. 이러한 이유로 해서 그리스도께서는 상호간의 사랑이 그가 제자들에게 가르친 새로운 계명이라고 강조했던 것이며, 이것이 그들을 구별되게 해주는 바로 그 중요한 면이었다. 그리스도와 형제인 그리스도인들을 위한 빛나는 사랑은 성령께서 임재하심에 대한 가장 확실한 증거였다. 왜냐하면 사랑은 하나님께로서 나오는 것이기 때문이다. 고통과 아픔, 시련과 시험 속을 걸었던 것이 틀림없었으나 그러한 가운데서 참된 사랑의 사회를 이룩한 그리스도인들의 친교보다 무엇이 더욱 강력(强力)한 증거가 될 수 있겠는가?

이것에 대한 한 가지 분명한 표현이 확대가족(extended family)이다. 이것은 단지 서로 돌보아 주는 사회의 표현이거나 아니면, 모든 사람들을 위한 최선의 표본이 아니라, 그리스도인들로서 살아나가는 선하고 확실한 방법이며 실제로 어떤 교회들 가운데서 무르익어 가고있는 삶의 한 방법이다.

아마도 이것들 가운데서는 텍사스 휴스톤에 있는 거룩하신 구속자의 교회(Church of the Holy Redeemer in Houston, Texas)에서의 발전이[18] 가장 유명할 것이다. 그러나 다른 여러 교회들과 여러 단

---

18) M. Harper의 *A New Way of Living* (Hodder & Stoughton)에 잘 설명되어 있다. 그리고 Dave와 Neta Jackson의 *Living Together in a World Falling Apart* (Creation House)도 참고하라.

체들 역시 이 특별한 생활양식의 놀라운 가치를 몇가지 위험성과 아울러 체험해왔다. 보통 수많은 독신자들이나 이혼한 남녀와 과부들이 한 핵가족과 함께 그들의 인생을 나누려고 합류한다. 그렇지 않으면 아마도 독신자 몇명이 함께 모일 수도 있고 두 세 가정이 합세할 수도 있다.

이런 방식으로 그 확대가족은 훨씬 더 간단하고 생활비를 적게 들이는 생활을 이끌어 나갈 수 있게 된다(어떤 가족의 식구들은 돈을 모아 함께 관리하는 공동지갑제도의 원리를 발전시킬 수도 있다). 그리고 이 요소는 하나님의 나라를 위한 일에 필요한 돈과 인력을 모두 방출하게 된다. 한 가족의 몇몇 사람은 생활비를 버는 사람이 되어 다른이들로 하여금 교회에서 모든 시간을 바쳐 일하도록 해 줄 수가 있다. 이것은 서로가 서로에게 의탁한다는 것이라든가 봉사정신과 같은 그리스도의 몸에 관한 기본적인 교육을 습득하는 방법으로서도 매우 우수한 것이다.

그것은 당면한 목회사역에 종사하는 사람들과 특별한 필요들을 위해 종사하고 있는 사람들에게 모두 후원을 제공한다. 그것은 엄청난 잠재적인 치료 능력을 갖고 있으며, 교회 내에 있어서의 봉사활동을 위해 개인들의 능력을 강화하는 것에 도움을 줄 수도 있다. 그리하여 그것은 세상에 대하여 그리스도의 실체와 사랑을 능력있게 말할 수 있는 것이다. 그러나 그러한 모임의 성장에 그리스도인들이 한 지붕 밑에 함께 모여 사는 것이 포함되건 그렇지 않건 간에, 우리가 가진 것을 다른 사람과 더불어 나누어 쓴다는 것은 하나의 '하나님을 기쁘시게 하는' 제물이 될 수가 있고, 그러므로 그것은 예배의 한 가지 요소인 것이다.

이와 같이 복음의 전도와 효과적인 전달에 있어서 중요한 위치를 차지할 수 있는 참된 예배는 이렇게 하여 완전한 것이 된다. 위대(偉大)한 찬양이 만일 우리의 삶을 내어드림과 우리의 소유물을 나누어 쓰는 것에서 유리된다면, 그것은 피상적인 것이요, 기만적인 것이 될 것이다. 그래서 그것은 그리스도가 가지신 어느 것도 반영할 수 없게 될 것이다. 그리고 희생적인 봉사와 후히 베푸는 일도 그리스도의 사랑에 대한 무엇이 전달되기 앞서 진정한 사랑의 따스함이 요구된다. 이 모든 예배의 세 가지 요소는 전부다 중요하다. 더우기 예배가 성경 속에서 얼마나 자주 하나님의 능력을 드러내는 일과 직접적으로 연관되어 있는지를 주목하는 것 또한 매우 중요하다. 예를 들어 성전을 건축함에 있어서 다윗 왕은 하나님의 백성들로 하여금 그들의 재물들과 그들의 생활에 대한 어느 정도는 대단히 희생적인 헌물을 "성심으로 여호와께 즐거이 바치도록"[19] 했었다.

그러므로 그들의 예배의 기초로서 이것과 더불어 성전을 위한 헌납에 있어 찬양의 제사가 여호와의 능력과 영광을 발산한 것이 놀랄만한 일이 아니었다. "나팔 부는 자와 노래하는 자가 일제히 소리를 발하여 여호와를 찬송하며 감사하는데, 나팔불고 제금치고 모든 악기를 울리며 소리를 높여 여호와를 찬송하여 가로되 선하시도다 그 자비하심이 영원히 있도다 하매, 그 때에 여호와의 전에 구름이 가득한지라 제사장이 그 구름으로 인하여 능히 서서 섬기지 못하였으니 이는 여호와의 영광이 하나님의 전에 가득함이었더라."[20]

그리고 또 여호사밧의 통치 하에서 이스라엘 자손들이 그들을 대적하여 나아오는 압도적인 능력을 가진 군대들을 직면했을 때, 그들의 생명을 하나님께 드리는 것에는 의문의 여지가 없었다. 그들은 하나님을 위하여 그들의 생명을 기꺼이 드리고자 했었다. 그러나 그들은 여호와 앞에 거꾸러져서 여호와께 예배를 드렸다. 그들은 하나님께서 그의 승리에 관해 약속하신 것을 믿음과 하나님께 대한 그들의 확신을 보여주는 노래로 여호와를 계속 찬미할 노래하는 자들을 군대의 선두에 배치하였다. 그렇게 하고 나아가며 "그 노래와 찬양을 시작했을 때" 여호와께서 놀라운 그의 능력을 나타내시어 적들을 두들겨 부수셨던 것이다.[21]

---

19) 대상 29장.
20) 대하 5 : 13f.
21) 대하 20장.

신약에 와보면 교회의 복음전도 사역과 더불은 찬양의 동일한 효과를 발견하게 된다. 우리는 이미 앞에서 오순절날에 나타났던 분명한 실례를 사도행전 2장 가운데서 살펴본 바 있다. 그리고 사도행전 4장에서 베드로와 요한이 예수님을 살해했던 동일한 통치자들로부터 더 이상 그의 이름으로 가르치지 말라는 경고를 받았을 때, 그들은 다른 사도들과 합하여 기도시간을 갖기 위해 모였었다. 그들이 드린 기도의 본질적인 의도는 주권적인 여호와를 확실하게 믿는다는 것을 주제로 하고 있었다.

그들은 여호와께서 창조의 하나님이시고, 계시의 하나님이시며, 역사의 하나님이시라고 그를 높이 찬양했다. 그들은 또 심지어 예수님의 엄청난 힘을 가진 대적들 조차도 예수님의 손과 예수님의 계획이 일어나도록 예정한 것들 이외에는 아무 것도 할 수 없음을 들어 그를 찬양했다. 그러나 그들은 그것을 단지 찬양의 시간 속에 파묻어 놓지 않았다. 더우기 그들은 안전을 구하지도 않았고 그들이 처한 위험스러운 환경에 하나님께서 직접적으로 극적인 간섭을 해주시기를 구한 것도 아니었다. 오히려 그들은 그것 대신에 하나님께서 그들이 하나님의 말씀을 담대하게 전할 수 있도록 도와주시기를 간구했다. 그러한 간구와 더불어 그들은 하나님께서 손길을 뻗치시어 병든 자들을 고침으로 그들의 말을 이적과 기사들로서 확증하고 계심을 분명하게 믿고 있었다. 그러므로 그들은 성령이 충만하여 담대하게 하나님의 말씀을 전했다.

더군다나 그들은 그들이 나누고 있던 사랑에 넘치는 교제 속에서, 돈과 소유물을 서로 나누어 주었다. 실로 그들은 모든 것을 공유했었다. 다른 말로 해서 여기에는 그들의 찬양과 그들의 생명과 그들의 소유물로 드리는 예배의 놀라운 실례가 있는 것이다. 그러므로 그러한 환경 속에서 '사도들이 큰 권능으로 주 예수의 부활을 증거했다'는 것은 하나도 놀랄 일이 아니다.

우리는 사도행전 13장에서 아주 비슷한 상황을 다시 발견한다. 성령께서 안디옥에 모인 교사들과 선지자들에게 그들이 다음의 선교를 위해 이동해야 할 일에 관한 말씀을 주셨던 것은 바로 그들이 주님께 예배를 드리며 금식하던 중이었다. 그들은 그들의 삶을 산 제사로 드리는 일의 일부로서 즉각적으로 순종하였다. 그들은 금식을 조금 더 계속하면서 기도한 후에, 하나님께서 그들에게 명하신 그 일을 위하여 바나바와 사울을 따로 구별하여 세웠던 것이다. 그것은 단지 바나바와 사울 만을 위한 제물이 아니라 그들의 친교에 있어 그와 같은 핵심적 지도자들을 즐거운 마음으로 보내기로 결정한 안디옥 교회를 위한 제물이기도 했다.

하나님께서 그와 같은 예배를 계속하여 영화롭게 하시어 어느 한 곳에서는 "온 성이 거의 다 하나님 말씀을 듣자 하여 모였을"정도로 그들이 그리스도를 위하여 행한 일의 결과는 실로 엄청난 것이었다. 뿐만 아니라, 사도행전 16장에서는 바울과 실라가 한밤중에 옥중에서 하나님을 향해서 기도하고 찬송을 부르는 것을 볼 수 있다. 그들이 실컷 많은 매로 고통을 당했으며 그들의 발은 착고에 묶여있는 신세임을 볼 때, 이것은 실로 놀라운 찬양의 제사임에 틀림없다. 그러나 하나님께서 그들의 찬양을 영광되게 하셨다. 그러므로 '큰 지진이 일어나' 전체를 혼란 속으로 몰아넣었을 때, 두려움으로 가득차서 바울과 실라를 찾던 간수가 도리어 그들을 향해서, "내가 어떻게 하여야 구원을 얻으리이까"라고 물었던 것은 납득될 수 있는 일이다. 이것은 결코 그 상황을 이 복음전도의 기회가 부분적으로 찬양의 한 결과로서 온 것이라는 점을 이야기하기 위해서 깊게 확대하는 것이 아니다.

예배를 복음전도를 위한 하나의 수단으로 이용한다면 그것은 분명히 잘못된 것이다. 비록 예배의 표현이 베품과 바친다는 의미에서 볼 때 분명히 다른 인간들께 상당히 많은 축복을 가져다 주기도 한다. 그러나 진정한 예배는 항상 그것의 방향성에 있어서 무엇보다 먼저 하나님을 향한 것이어야만 한다.

그러나 우리가 예배와 관련을 맺게 되고, 우리가 하나님을 사랑하며 또 서로서로를 사랑한다는 사실에 대해 부끄러워 하지 않게 되었을 때, 그것은 아주 힘있는 것이 될 것이다.

　오늘날의 세계는 사랑에 굶주리고, 말에 의해서 질식당하고, 기쁨을 빼앗긴 사랑이 결핍된 세계다. 그러므로 "찬양하는 단체는 그것의 찬양으로 인하여 제기되는 질문들을 해답하는 일을 전파하는" 것이다. 오늘날 너무나도 자주 복음전도가 편만한 무감동으로 인해서 활동불능이 되곤한다. 비교적 극히 소수의 사람들만이, 하나님에 대한 심각한 질문들을 묻고 있다. 이것은 부분적으로 그들이 보고 듣는 것들 가운데 그들로 하여금 하나님의 실체에 대한 어떤 느낌이라도 갖도록 일깨워 주는 것이 적거나 전혀 없다는 사실에서 기인된 것이다.

　그러나 그리스도인들이 진정으로 하나님을 예배하고, 그를 사랑하고, 그를 섬기며, 그와 더불어 즐거워하는 것이 발견되어질 때에 그리고 그들의 예배가 그들을 사랑으로 서로 돌보아 주는 사회로 만들어 줄 때, 비로소 예수 그리스도에 대한 좋은 소식을 나눌 수 있는 훌륭한 기회들로 이끌어지면서, 그 질문들이 확실하게 대답될 수 있을 것이다.

제 10 장

복음전도와 성령

(The Spirit in Evangelism)

    사도행전은 1세기의 그리스도 교회가 보여준 놀라운 성장율(成長率)을 기록하고 있다. 도대체 어떻게 다락방에 단지 기도하기 위해 모여 있었던 그와 같이 평범하고, 오히려 어떤 면에 있어서는 겁많던 120명의 제자들이, 심지어는 그 최고도로 혹심했던 핍박 조차도 말살시킬 수 없었을 정도로 강력한 영적인 혁명을 출발시킬 수 있었을까? 도리어 그것이 박멸되는 것이 아니라, 어마어마하게 많은 무리들이 예수 그리스도를 믿는 믿음으로 들어올 뿐만 아니었다. 2세기 후에는 황제 자신이 개종하기까지 점점 더 힘을 늘려가며 막강한 로마제국 속으로 침투해 들어갔던 것이다.

    그러면 이처럼 놀라운 복음전도의 폭발을 가져온 원인은 무엇인가? 그리고 왜 다른 시대, 다른 곳에서도 교회가 예수 그리스도의 복음과 함께 적어도 그것에 흡사한 충격을 보여주며 내려 왔는가? 그리고 한편으로는 교회가 무능함과 부적당함을 보여 주고 있는 것도 모두 사실이라면, 교회가 잃어버린 요소는 도대체 무엇일까?

    교회의 그 첫세대에서는 사도적(使徒的)인 증거의 독특성과 모든 그리스도 교회의 기초가 놓여지는 시기를 위한 하나님의 은혜가 특별히 예외적으로 분명히 넘치고 있었다는 점을 잊어서는 안된다. 바울은 하나님의 가정이 "사도들과 선지자들의 터 위에 세우심을 입은 것이며, 그리스도 예수께서 친히 모퉁이 돌이 되셨느니라"[1]라고 기록했다.

그러므로 "사도들의 손으로 인간에 표적과 기사가 많이 되었음으로" 인해서 병든 사람들을 메고 거리에 나가 혹시 베드로가 지날 때에 그 그림자라도 뉘게 덮일까 하고 바랄 정도가 되었었다.[2] 뿐만 아니라 심지어는 누가 조차도 이것들이 결코 '보통의' 표적이 아니라는 것을 깨달을 정도로, "하나님이 바울의 손으로 희한한 능을 행하게 하시어 심지어 사람들이 바울의 몸에서 손수건이나 앞치마를 가져다가 병든 사람에게 얹으면 그 병이 떠나고 악귀도 나갈 정도였다."[3]

그러나 이것들과 똑같이 놀라운 능력을 모든 세대의 모든 그리스도인들이 가질 수 있다고 생각해서는 안된다. 물론 그의 주권 안에서 하나님께서는 어느 때에나 정말 놀라운 표적들과 기사를 내리실 수도 있다. 오늘날에 이르기 까지의 그리스도 교회의 역사(歷史)도 결연한 회의론자 이외의 모든 사람들에게 설득력 있는 치유와 기적들과 그보다는 보다 더 희귀한 성령의 은사들이 결코 사도들과 더불어 사라지지 않았음을 보여준다. 그러나 거기에는 주님 예수의 부활에 대한 사도들의 증언을 둘러 싸는 특별하고도 보통 볼 수 없는 무수한 이적들이 있었음에 틀림없다.

이 모든 것들이 말해 주는 것은 신약시대 교회에 그토록 풍성하게 과시된 하나님의 분명한 능력은 물론 성령의 능력이었다는 점이다. 사도행전 1장부터 13장 사이에는 성령에 대해서 특별히 언급하고 있는 구절들이 무려 40개 이상 나온다. 만일 누가의 두번째 책이 올바른 제목을 가지려면, 그것이 대부분 사도들의 여러가지 활동들을 설명하는 것이므로, 보다 더 충분하고 정확한 제목은 "성령의 능력을 통한 사도들의 행전"이 될 수 있을 것이다.

---

1) 엡 2 : 20.
2) 행 5 : 12—16.
3) 행 19 : 11f.

— 제10장 복음전도와 성령 —

그러면 이제 복음전도와 관계된 성령의 사역이 가지는 여러가지 면모들을 살펴보기로 하자.

I. 성령과 지상명령

하나님의 성령은 본질적으로 증거의 영이시다. 예수님께서는 "그가 나를 증거하실 것이요, 너희도 또한 증인들이라"[4]고 말씀하셨다. 그리고 예수님께서는 덧붙여 "내가 그를 너희에게로 보내리니 그가 와서 죄에 대하여, 의에 대하여, 심판에 대하여 세상을 책망하시리라"[5]라고 하셨다.

이것이 바로 우리에게 그의 성령의 하나님의 은사를 주시는 위대한 목적——우리들로 하여금 증거하는 일과 복음전도에 있어서 보다 효과적(效果的)이 되게끔 하시기 위한 것——이다. "오직 성령이 너희에게 임하시면 너희가 권능을 받고 예루살렘과 온 유대와 사마리아와 땅끝까지 이르러 내 증인이 되리라."[6] 실로 언제, 어느 곳에서든지 성령께서 능력 가운데 임하시는 경우에는 교회의 복음전도 사역이 자연히 그리고 자동적으로 흘러나올 것이다.

> 복음을 증거하려는 충동은 교회가 타고난 것이며, 그것은 교회의 본질과 그 존재 자체에 주어진 것이다. 교회는 증거하지 않을 수 없다. 교회는 그 속에 거하시는 성령 때문에 그와 같은 존재가 되어 왔다. 오순절에 증거하시는 성령께서 그 자신을 교회와 동일시 하시어 그 지상명령을 교회의 생명의 법칙으로 만드셨기 때문에, 그 오순절이 교회로 증거하는 교회가 되게 만들었던 것이다…… 그 후로 부터 지금까지 교회의 존재에 대한 그 법칙에 교회가 바쳐온 순종은 자연적인 순종이요, 무조건적인, 자발적인 순종이었다. 그것은 하나의 건전한 유기체가 자신의 생명의 법칙에 따르는 것과도 같은 응답이었다. 사도행전 4장 20

---

4) 요 15 : 26f.
5) 요 16 : 7f.
6) 행 1 : 8.

절은 "우리는 보고 들은 것을 말하지 않을 수 없다"라고 하고 있다. 성령께서 영향을 미치시는 법칙에 대해서 교회는 그토록 자발적인 반응을 행함으로써…… 그리스도의 명령을 순종해야 할 필요를 의식적으로는 느끼지 못했다…… 그러한 필요는 교회가 가진 동기 가운데 어떤 부분도 이루고 있지 못했다.[7]

이러한 것으로 미루어 보아 지상명령에 대해 강조하는 것과 사람들로 하여금 복음을 증거하도록 촉구하는 것은 결코 영적인 생활을 나타내 주는 표식(表識)이 아니요, 오히려 영적 타락을 여실히 증거해 주는 것이라고 말할 수 있다.

복음전도는 분명히 오순절 이후로 불가피하게 일어났다. 대제사장들이 그리스도교회의 지도자들에게 "너희가 너희 교를 예루살렘에 가득하게 하였도다"[8]라고 정죄하기 시작한 일은 얼마 지나지 않아 금방 일어났다. 그러나 그럼에도 불구하고 초대교회에서는 지상명령에 대한 언급을 전혀 찾아 볼 수가 없다.

누가는 어디서도 초대교회의 그리스도인들이 서로서로 '나가서 복음을 전파하자'라고 깨우치거나 권면했다는 사실을 암시하지 않는다. 심지어 이방인들을 향한 복음에 대하여 일시적인 논쟁이 거론되고 있는 사도행전 11장과 15장에서 조차도, 누가는 그리스도의 지상명령에 문제를 호소하지 않는다. 그는 단지 이방인들 가운데서 성령께서 너무도 분명하게 역사하시므로 교회는 하나님께서 분명히 행하신 일을 인정해야 한다는 사실에 문제의 해결을 호소하고 있을 뿐이다. 증거하시는 성령께서 그들 가운데서 그토록 강력하게 역사하시는 때에 복음전도를 위해 촉구하는 일은 불필요한 것이었다. 교회의 불가항력적인 선교의 팽창은 성령께서 그 다락방에 모여 있던 제자들 위에 임하신 바로 그 순간부터 불가피한 일이었다.

오늘날 교회의 지도자들이 외치고 있는 선교에 대한 다양한 촉구 속에 나타나고 있는 후속적 복음전도의 외견적인 큰 무능성은 주로

---

7) H. Boer, *Pentecost and Missions*(Lutterworth, 1961), 122, 128.
8) 행 5:28.

— 제10장 복음전도와 성령 —

성령의 능력을 적합하게 적용하지 못하는 실패에서 기인된다고 볼 수 있다. 오직 성령께서 만이 영적인 생명을 불어 넣어 주실 수 있다. 그리고 생명이 없다면, 복음에 대한 정말 강력한 전파란 있을 수 없을 것이다. 복음에 대한 강력한 전파가 없는 곳에서는 이 생명이 다른 사람들에게 전달되는 일도 있을 수 없을 것이다.

이와 같은 파국에서 벗어날 수 있는 유일의 방법은 성령의 능력을 바라보며 간구하여 그것을 받는 것이다. 복음전도에 대한 어떠한 권면도, 선교에 대한 어떠한 부름도, 지상명령에 대한 어떠한 기억의 촉구도 증거하시는 성령의 새로운 힘을 주어 역동케 하는 역사를 대체할 수 있는 것이 되지 못한다.

Ⅱ. 성령과 능력

예수님께서는 그가 승천하시기 바로 직전에 그의 제자들에게 다음과 같이 말씀하셨다.

> 이같이 그리스도가 고난을 받고 제삼일에 죽은 자 가운데서 살아나실 것과 또 그의 이름으로 죄 사함을 얻게 하는 회개가 예루살렘으로 부터 시작하여 모든 족속에게 전파될 것이 기록되었으니 너희는 이 모든 일의 증인이라, 볼지어다 내가 내 아버지의 약속하신 것을 너희에게 보내리니 너희는 위로부터 능력을 입히울 때까지 이 성에 유하라."[9]

예수님의 명령에 순종(順從)하자면, 그의 성령의 능력이 없이 그리스도를 증거하고자 노력하는 것은 소용없는 일이다. 마음에 가득한 것이 입을 통해서 말해지기 마련이다. 예를 들어 만일 당신이 컵에 하나 가득히 어떤 액체를 채워가지고 가는데 내가 당신에게 부딪쳤다면, 뭐가 쏟아지겠는가? 말할 것도 없이 그 컵에 담겨 있던 것이 아니겠는가. 마찬가지로 사람들이 우리를 거리에서, 상점

---

9) 눅 24 : 46—49.

에서, 사무실에서, 강의실에서, 또는 병원에서 날마다 부딪칠 때에 무엇이 우리의 마음 속에서부터 쏟아져 나올 것인가? 분명히 우리 마음 속에 담겨 있던 그것이 쏟아져 나올 것이다.

제자들이 그들의 마음 속에 성령의 충만함을 받기까지 기다리도록 명령받은 것은 바로 이러한 이유에서였다. 이것 없이는 그들이 그리스도를 전달할 능력도 없고 공허할 것이기 때문이었다. 그러나 오순절의 성령강림이 앞으로 닥쳐올 모든 일에 있어 그들에게 충분한 것은 아니었다. 잠시 후에 핍박의 위협 아래 그들의 약함을 절감한 제자들은 하나님께 담대함을 간구하였다. 그리해서 "그들은 다 성령이 충만하여 담대히 하나님의 말씀을 전했으며…… 사도들이 큰 권능으로 주 예수의 부활을 증거했던"[10] 것이다.

실로 성령의 능력은 복음의 전파에 있어 필요불가결하다. 누구라도 말로서 설교할 수는 있고, 몇몇 사람은 확신있고 수긍이 가며, 설득력있게 설교할 수 있으나 오직 생을 변화시킬 수 있는 분은 하나님 한 분 뿐이시다. 바울은 이것의 절대적인 중요성을 깊이 인식했었다. 죄악으로 가득찬 고린도로 건너간 바울은 후에 이렇게 적었다. "내가 너희 가운데 거할 때에 약하며 두려워하며 심히 떨었노라. 내 말과 내 전도함이 지혜의 권하는 말로 하지 아니하고 다만 성령의 나타남과 능력으로 하여 너희 믿음이 사람의 지혜에 있지 아니하고 다만, 하나님의 능력에 있게 하려 하였노라."[11]

그리고 또 데살로니가 교회의 그리스도인들에게 편지하기를 "우리 복음이 말로만 너희에게 이른 것이 아니라 오직 능력과 성령과 큰 확신(플레로포리아, $\pi\lambda\eta\rho o\phi o\rho\iota\alpha$)으로 된 것이니"[12]라고 했다. 플레로포리아란 말은 매우 재미있는 말이다. 끝없이 주절거리는 잡담과 이교세계의 공허한 궤변과는 대조적으로 바울의 메시지는 적합하여 조리있고 진실한 것일 뿐 아니라, 확실하게 하나님의 성령이 가득

---

10) 행 4 : 31, 33.
11) 고전 2 : 3—5.
12) 살전 1 : 5.

― 제10장 복음전도와 성령 ―

찬 것이기도 했다. 그것은 하나님 자신의 권위와 능력을 지닌 것이었다. 이런 가운데 사도들은 진정한 그리스도의 대사들이었다. 왜냐하면 그는 그가 말하는 것의 권위로 말미암아 그의 청중들을 번번히 놀라게 했었기 때문이다.

누가는 여러번 성령의 능력을 하나님께 대한 순종과 연관시키고 있다. 천부께서는 구하는 자에게 성령을 주시지만,[13] 이 은사의 능력은 오직 우리가 그에게 복종할 때에만 방출될 수 있다. 예수님께서 광야에 시험받으러 가실 때, 그는 성령으로 충만해 있으셨다. 그러나 그의 아버지께 순종하여 그 6주간에 거친 혹독한 시험을 대항하심으로써, 그는 "성령의 능력으로 돌아오시어", 곧 놀라운 그의 사역에 착수하셨다.[14]

사도들 역시 그들의 선생의 죽음을 이끌어 냈던 바로 그 공회 앞에 끌려나와 그의 이름으로 가르치지 말라는 질책을 당했을 때, 베드로는 담대하게 대답하기를, "사람보다 하나님을 순종하는 것이 마땅하니라"고 말했다. 그리고는 복음을 간단하게 요약하여 언급한 다음, 계속해서 말하기를 "우리는 이 일에 증인이요, 하나님이 자기를 순종하는 사람들에게 주신 성령도 그러하니라"라고 했다.

이 문맥에서 순종이란 말의 뜻은 어느 누가 어떤 말을 하든지 간에 그리스도께 대한 증거를 전파함으로 하나님께 순종하는 것을 말한다. 물론 공회의 몇 사람들은 이 말로 인해서 대단히 격분케 되었다. 그들은 사도들을 불러들여 채찍질하며, 예수의 이름으로 말하는 것을 금하고 놓아 주었다. 그러나 사도들은 "그 이름을 위하여 능욕 받는 일에 합당한 자로 여기심을 기뻐하면서 공회 앞을 떠나 갔다. 저희들은 날마다 성전에 있든지 집에 있든지 예수는 그리스도라 가르치기와 전도하기를 쉬지 않았던"것이다.[15] 하나님의 능력이 그들과 함께 있었다는 것은 결코 놀랄만한 일이 아니었다!

---

13) 눅 11 : 13.
14) 눅 4 : 1, 14.
15) 행 5 : 27—42.

그리고 그 뿐만 아니라 우리가 바로 그 구절 뒤에서 "하나님의 말씀이 점점 흥왕하여 예루살렘에 있는 제자의 수가 더 심히 많아지고 허다한 제사장의 무리도 이 도에 복종하니라"[16]는 기록을 읽게 되는 것 역시 조금도 이상할 것이 없다. 스데반 역시 그가 실로 죽음에 즐거이 순종할 정도로 "은혜와 권능이 충만했었다." 죽거나, 혹은 살거나 간에 그의 최고의 열망은 그리스도를 영화롭게 하는 것이었다. 그의 얼굴이 천사의 얼굴과 같았다는 것은 하나도 놀랄 일이 아니다! 물론 하나님의 능력이 그와 더불어 강력하게 있었다. 비록 그가 처음에는 과부들의 실질적(實質的)인 필요들을 돌봐 줄 일곱 사람 가운데 하나로 선출되었으나, 하나님께서는 그리스도께 대한 그의 사명을 그가 "큰 기사와 표적을 민간에 행할"[17] 정도로 높여 주셨었다.

이 사람들은 개인적인 지위(地位)에 관계없이 전적으로 서로가 서로에게 의지하고 전적으로 그리스도께 의탁하고 있었으므로, 모든 경우에 있어서 성령의 능력은 명백하게 나타나고 있었다. 대체로 오늘날의 교회들은 이 점이 결여되어 있다. 그러므로 결과적으로 교회가 복음전도에 이르러 능력이 그처럼 적거나 심지어는 하고자 하는 동기마저 그토록 적은 것이다. 하나의 전체로서 교회를 살펴 볼 때, 교회가 그리스도께나 그리스도의 몸에 대한 우리의 참여에 이르러 생각해 보면, 우리는 일치하고 있지 못하다.

우리가 많은 흥미들과 야망들을 갖고 있으며 하나님의 나라가 그것들 가운데 하나일 경우, 교회는 단지 우리들이 속해 있는 하나의 클럽이 되어 버리고 만다. 우리들의 참가는 그 때의 기분에 의해서 결정되고 말거나 아니면 그리스도의 몸에 대한 참여가 아닌 그리스도에 대한 개인적이고 사적인 형식으로의 참여를 행할 뿐이 되고 만다. 우리는 개인주의자로 남게 된다. 그리하여 개인주의자로 남겨진 우리는 성령으로 충만한 직접적인 관여를 주고 받는 존재들

---

16) 행 6 : 7.
17) 행 6 : 8ff.

— 제10장 복음전도와 성령 —

가운데 하나가 되는 것, 즉 "그리스도를 경외함으로 피차 복종하는"[18] 것을 피하게 된다. 그러나 하나님의 능력은 하나님의 백성들을 위한 것이다. "무리가 모두 큰 은혜를 얻었던"것은 그 제자들이 "일심으로 하나님께 소리를 높이고", "한 마음과 한 뜻이 되어", "모든 물건을 서로 통용할"[19]때 일어났던 일이었다.

Ⅲ. 성령과 복음의 전달

성령은 종교적인 체험과 첫째로 관련이 있는 것이 아니라, 그리스도의 복음이 가진 진리와 하나님 말씀의 진리에 가장 중요하게 관련되어 있다. 예수님께서는 성령을 가리켜 제자들을 모든 진리 가운데로 인도하실 진리(眞理)의 성령이라고 부르셨다.[20]

이제 그 진리는 성령께서 함께 하시지 않을 때, 죽음 가운데서 억압되고 손상을 입을 수 있다. 그러나 그 성령께서는 ――성령이 아니라 영적인 체험들은―― 진리가 함께 하시지 않을 때, 모든 종류의 지나침과 과도한 남용과 허위로 재빨리 이끌어져 떨어질 수가 있다. "성령은 그 말씀에 결속되어 있다…… 말씀과의 연관을 저버리고 단지 성령께만 의존하려고 하는 교회는 온갖 종류의 악한 교령술적(交靈術的) 열심의 먹이로 떨어지고 만다. 그와는 반대로 말씀에만 의존하려고 하면서 말씀에서 성령을 삭감하려고 노력하는 교회는 온갖 종류의 악한 문자주의적(文字主義的) 열심의 먹이로 떨어지고 만다."[21]

도날드 지(Donald Gee)는 똑같은 것을 보다 간단하고도 주목할 만하게 다음과 같이 말했다. "말씀이 전부이고 성령이 없다면――우리는 말라 비틀어지고, 성령이 전부고 말씀이 없다면――우리는 터져

---

18) 엡 5 : 18, 21.
19) 행 4 : 24―33.
20) 요 15 : 26; 16 : 13.
21) Hans Küng, *The Church*(Search Press, 1968) 202f.

버리고 만다. 말씀과 성령이 함께 있을 때—— 우리는 성장한다."

교회사(敎會史)는 영향력 있는 복음전도 속으로 흘러넘치는 성령의 능력있고 지속적인 새로움이 있는 곳에서는 특히 설교와 가르치는 일에 있어서와, 소규모적인 가정 모임의 성장에 있어서 하나님 말씀의 진리에 대한 확고한 강조가 또한 있었다는 사실을 반복적으로 보여주고 있다. "실제로 그리스도교의 교회에 있어서 영적인 부흥에 대한 모든 중요한 운동들은 소규모적인 모임에로의 복귀와, 성경공부와 기도, 믿음에 대한 토론을 위한 개인적인 가정에서의 그와 같은 모임의 증식에 의하여 수행되어 왔다."[22]

이것과는 반대적으로 몇개의 비극적인 진지한 성령운동들은 갑자기 사라지거나 괴상하게 변하거나 이단적인 것으로 되어 버리곤 했었다. 이것은 그들이 하나님의 말씀을 무시했기 때문에 일어난 일이었다. 요한복음 14장에서 16장에 나오는 보혜사의 구절들은 성령께서는 제자들과 함께 있어 그리스도에 대해 증거해 주고 죄악의 세계로 죄과를 깨닫게 하시기 위하여 오신 분이시고, 그는 진리의 성령이 되심으로써 그 일을 행하실 것임을 분명히 말해 준다. 성령의 사역 가운데서 가르치시는 것과 증거하시는 면모를 분리한다는 것은 전혀 불가능하다.

그러나 사도 요한이 그 '진리'에 대하여 기록할 때, 그는 예수 그리스도 자신이 지닌 인격의 실체에 관한 신학적인 명제적(命題的) 진술들에 대해서는 그다지 깊이 생각하고 있지 않았다. 예수님께서는 '내가 곧 진리'[23]라고 말씀하셨다. 은혜와 진리는 예수 그리스도로 말미암아 온 것이다.[24] 그러므로 예수님께서 그 진리에 대해 말씀하시고 또 그 진리에 대해 증거하시는 것이다.[25] 이와 같이 여기서 요한이 말하고 있는 바, 그 진리란 그리스도의 무시간적(無時

---

22) H. Snyder in *Let the Earth Hear His Voice*, 340.
23) 요 14 : 6.
24) 요 1 : 17.
25) 요 8 : 40, 45; 18 : 37.

— 제10장 복음전도와 성령 —

間的) 실체이다. 바로 이 진리가 그것을 영접하는 자 모두에게 생명을 가져다 주는 진리이다. 따라서 진리의 성령도 마찬가지로 생명의 성령이다. 만일 성령께서 그 생명을 전달함에 있어 활발히 활동하시지 않는다면, 사람은 하나님의 나라를 볼 수도 없고 거기에 들어갈 수도 없다.[26]

우리는 이미 3장에서 하나님께서는 모든 다양한 방법들로 자기 자신을 우리에게 전달하셨다는 사실을 보았었다. 그리고 우리는 비록 대중적이거나 사사로운 가르침의 사역에 막중한 강조가 항상 주어져야 하지만, 교회는 마땅히 그리스도의 실체를 들려 주는 것은 물론 보여 줄 수 있기 전에 하나님의 성령으로 말미암아 조정되고 능력을 부여받은 증거하는 모임이 되어야만 한다는 사실도 앞에서 이미 보았다.

이와 같은 이유로 해서 서신들 가운데에는 증거하는 교회를 위한 성령의 능력에 관한 구절을 거의 찾아보기 힘들다. 이같은 사실은 지극히 당연한 일이다. 오히려 성령께서는 교회에 다양한 은사를 나누어 주시는 분으로서,[27] 그 다양한 은사, 즉 우리의 기업에 보증이 되시며,[28] 아버지께로 나아감을 얻게 하는 수단이며,[29] 하나님의 사랑이 우리 마음에 부은바 됨이며,[30] 성화의 방편이시며,[31] 하나되게 하는 근거이고,[32] 사랑과 희락과 화평과 오래 참음과 자비와 양선과 충성과 온유와 절제를 만드시는 분이[33] 되신다.

여기에서 성령의 사역에 관한 강조가 복음을 전파하는 능력으로부터 지역 교회들에 있어서 부활하신 그리스도의 생명이 보여 주는

---

26) 요 3 : 3—7.
27) 고전 12장, 히 2 : 4.
28) 엡 1 : 14.
29) 엡 2 : 18.
30) 롬 5 : 5.
31) 벧전 1 : 2.
32) 엡 4 : 3.
33) 갈 5 : 33f.

점증적인 표현으로 옮겨간다. 그런데 이 점증하는 표현이 없다면, 모든 복음전파는 순식간에 '소리만 커서 왁자지껄하되 아무런 의미도 없는' 허튼소리로 전락하고 말 것이다.

Ⅳ. 성령과 회심

복음전도에 관한 서적이라면 어느 책이나 이 세상에 있어서 하나님의 도구로서 우리가 무엇을 해야만 하는가를 크게 강조해야할 필요를 가질 것이다. 복음을 전파하는 것은 우리에게 달린 것이고, 현대사회에 적절하게 되어야 하는 것도 우리다. 심지어 '회심'이란 단어도 주로 인간의 행위를 말한다. 즉 우리가 그리스도께 향해 돌아와야만 하고 또 다른 사람들로 하여금 그리스도께 돌아오도록 도와야 한다는 것이다. 세례 요한이 받았던 사명은 "저희를 주님께 많이 돌아오게 하는" 일이었다.[34]

예수님께서는 우리들을 향하여 "돌이켜 어린 아이들과 같이 되지 아니하면 결단코 천국에 들어가지 못하리라"[35]라고 경고하신다. 바울은 "저희로 어두움에서 빛으로, 사단의 권세에서 하나님께로 돌아가게 하기 위하여"[36] 그리스도에 의하여 이방인들에게 보냄을 받았다. 신약의 모든 참고 구절들을 볼 때, '회심한다' 또는 '돌아온다'는 말은 우리가 해야 할 어떤 일로서, 그것은 인간의 책임이다. 아마도 이러한 이유로 인해서 오늘날과 같은 기술의 시대 속에서 복음전도도 그토록 자주 하나의 기술로서——즉 만일 당신의 결과를 얻고자 하면 이 원칙들을 따르라 라는 식의——제시되는 듯하다.

여기서 이야기 하고 있는 것은 소위 당신이 거의 누구나를 단 10분 이내에 그리스도께로 인도할 수 있다고 하는 복음전도 프로그램들과 대화의 방식들을 말함이다. 짐 페커(Jim Packer)박사는 부흥에

---
34) 눅 1:16.
35) 마 18:3.
36) 행 26:18; 9:35; 11:21; 26:20을 보라.

— 제10장 복음전도와 성령 —

관한 한 논문에서 이와 같은 현대적 추세에 대해 다음과 같이 밝히 강조한 바 있었다.

부흥은 결코 인간에 의해서 조작되거나 계획될 수 없다. 이전에 나는 한 번 미국의 잡지에서 큰 활자로 "부흥을 계획하지 말라"라고 시작한 광고를 읽어본 일이 있었다. 나는 이것을 보고 얼마나 훌륭하고 바른 생각인가 하고 감탄해 마지 않았다. 그러나 아뿔싸 그 광고는 작은 활자로 계속하기를 "단 뭘가 달라지기를 바라지만 일반회계 예산으로 운영해야만 하는 교회를 위해 특별히 계획된 이 천연색 광고물의 무료 견본을 받으시기 이전에 한해서 말입니다"라고 쓰여 있었다. [36]

이 기계적인 시대(時代)속의 현대인들이 가지고 있는 오만한 자신감과는 정반대로, 최초의 그리스도인들은 성령의 능력이 없다면 그들이 사람들을 흑암에서부터 하나님의 영광스러운 빛 속으로 돌아오게 시작할 수 없다는 점을 잘 알고 있었다. 그들은 홀로 영적으로 장님된 눈들을 여실 수 있고, 막힌 귀를 여실 수 있으며, 차거운 마음을 따사로이 덮힐 수 있고, 오만한 의지들을 굽힐 수 있으신 성령께 겸손하게 의지하는 가운데 행했었다.

성령께서 생명을 가져 오시지 않는다면, 남자나 여자 할 것 없이 모두가 "허물과 죄로 죽은"[38] 자들이다. 성령과 능력이 분명하게 나타나지 않는다면, 믿는 자들의 신앙은 하나님의 능력에 있는 것이 아니라 사람의 지혜에 있게 된다.[39] 이것은 그들이 뵙기를 소망하는 하나님을 위한 모든 종류의 진정한 사역을 파멸로 빠뜨리고 말 것이다.

그러나 존 스타트(John Stott)는 그의 『현대 세계에 있어서 그리스도교의 선교』(Christian Mission in the Modern World)[40]라는 책에서

---

37) *The Christian Graduate*, December 1971.
38) 엡 2:1.
39) 고전 2:4f.
40) (Falcon), 1975.

복음전도와 관련하여 성령께 올바로 의지하는 자세가 아닌 것들 몇 가지를 조심스럽게 설명하고 있다.
 첫째로 그것은 설교하기 앞서 준비할 필요가 없다는 의미가 아니다. 물론 예수님께서는 그의 제자들이 어떻게 말할 것인가를 '미리 연구할' 필요가 없도록 '구재(口才)와 지혜'를 주시겠다고 약속하셨다. 그러나 예수님께서는 박해의 시기에 법정에 끌려 갔을 경우를 말씀하고 계셨던 것이다.[41] 그 약속은 강단에서 선포되는 설교와는 하등의 관계가 없다. 실로, 대개의 내 경험으로는, 내가 자기는 항상 '성령이 인도하시는 대로 자동적으로' 설교한다고 주장하는 사람들의 설교를 들었을 때, 거의 언제나 그가 이전에 신중하게 준비하는 가운데 성령의 인도하심을 받게 해 달라고 간구하는 수고와 시간을 갖었더라면 하고 생각하곤 했다. 아마도 똑같은 기본적인 내용이 그 시간의 절반이면 두 배나 보다 분명하게 설교될 수 있었을 것임에 틀림없다.
 둘째로 성령께 의존한다는 것은 반지성적(反知性的)인 것이 된다는 의미가 아니다. 바울이 고린도에 말과 지혜의 아름다운 것으로가 아니라 성령의 능력으로 나아갔다고 말했을 때, 그는 자신의 복음 설교 가운데 담겨져 있는 참된 이성적인 내용들을 멸시하고 있는 것이 아니었다. 이 점에 대해서는 그의 마음을 움직이는 서신들이 분명하게 해 준다. 흔히 바울은 복음의 진리를 사람들에게 '납득시키고자' 노력했으며 그와 같은 설득과정 속에는 얼마간의 확고한 논리도 포함되어 있었을 것이라는 점을 의심하기 어렵다. 오히려 그는 그것이 예수 그리스도와 그가 못박히셨다는 영원한 진리에 도달하면, 헬라의 논쟁가(論爭家)들이 사용하는 현란한 웅변과 수사학적인 재간들을 사용하는 일을 일체 거부하였다. 하나님께서 그의 능력을 부어 주셨다는, 겉보기에 우매한 메시지가 여기에 담겨있다.

---

41) 눅 21 : 12—15.

— 제10장 복음전도와 성령 — 233

　세째로 성령께 의존한다는 것은 부조리하게 된다는 뜻이 아니다. 가끔 성령께서 확신있는 기도에 응답하심으로 역사하신다는 생각으로, 거의 모든 말과 모든 번역의 성경들과 모든 형태의 메시지가 그렇게 하리라는 인상을 받는다. 성령께서 거기에 임재하실 때, 전달은 불가피한 것이다. 물론 성령께서는 가끔 가장 조잡한 설교와 가장 뒤떨어진 형식을 사용하시어 놀라운 능력으로 더불어 사람들을 그리스도께로 인도하시기도 한다. 그의 주권 가운데 그가 그것을 사용하실 수 없는 상황이란 존재하지 않는다. 그리고 그와는 정반대로 복음에 대한 가장 현대적인 선포가 성령께서 함께 하심이 없다면, 값싼 말재간처럼 보일 수가 있다. 그러나 게으름에는 변명의 여지가 없다. 그리스도인들은 그들이 살면서 일하고 있던 사회 속에서 복음을 조리있는 적절한 것으로 만들고자 노력했던 바울과 다른 사도들의 선례(先例)를 본받아야 할 필요가 있다. 그것은 오늘날 무엇을 전달할 것인가? 어떻게 하면 그토록 복음에 대하여 무지하고 교회로부터 멀어진 세대 속에서 사람들의 마음과 가슴 속에 도달할 수 있을까?

　네째로 성령을 의지한다는 것은 우리의 인간적 개성(個性)을 억압한다는 뜻이 아니다. 그리스도께서 나타나 보여지기 위해 '감추어진' 욕망들은 삶의 창조자를 거의 칭송하지 못하거나 그가 주시기로 약속한 풍성한 삶을 거의 찬송하지 못할 멋없는 그리스도인의 삶으로 떨어질 수가 있다. 성경의 기록들은 하나님께서는 항상 인간의 개성들을 통하여 역사하시고, 성령을 통하여 창조하시고 형성하시고 영감하신다는 것을 보여준다. 사도들이나 선지자들의 강하고도 다양한 개성들을 생각해보라. 훨훨 날듯이 시내산을 단숨에 내려와서는 황금 송아지를 박살내버린 모세를 생각해보라. 그러나 그는 '온유함이 지면의 모든 사람보다 승하더라'고 소문이 나있지 않았던가! 오순절의 베드로나 마르스 언덕에 선 바울, 또는 사마리아에서의 빌립이나 공회 앞에 선 스데반을 생각해보라. 존 스타트(John Stott)는 그의 책에서 다음과 같이 바른 결론을 맺고 있다.

― 복 음 전 도 ―

　　성경이 우리에게 부과하는 것은 겸손과 인간성의 적절한 조화가 필요하다는 것이다. 즉 하나님께서 만이 홀로 눈먼 자에게 광명을, 죽은 자에게 생명을 주실 수 있다는 사실을 인정함으로써 하나님께서 하나님이 되시도록 하는 겸손과 그가 우리를 지으신 것은 우리의 인격적인 개성을 억압하기 위함이 아니라 하나님께서 주신 은사들을 사용하며, 우리들 자신을 그의 손에 잡힌 의(義)의 도구로서 드리기 위함이었던 것과 같이 우리들 자신에 대하여 인간성을 갖도록 하는 것이 필요하다. 나는 현대의 시대 속에서 그리스도인들이 선교하는 일에 있어서 우리가 성령의 능력을 의존하는 가운데 겸손과 인간성이 이와 같이 건전한 결합을 이룬다면 그 이외에 무엇이 더 필요할 것인가 의아스럽게 생각한다. [42]

　　더 나아가서 성령께서는 단지 회심(悔心)의 역사에만 불가결하신 것이 아니고 복음의 각종 여러 부분에서도 그러하다. 무리들이 베드로에게 "우리가 어찌할꼬"라고 물었을 때, 그는 그들에게 회개하여 각각 예수 그리스도의 이름으로 세례를 받으면 "성령을 선물로 받을 것이라"고 대답했다. [43] 사마리아에서는 백성들이 하나님의 말씀을 받아들인 것과 세례받은 것만으로는 충분하지 않았으므로 베드로와 요한은 그들을 위하여 특별히 그들이 성령을 받을 수 있도록 기도했다. [44] 아나니아는 다소의 사울에게 자기가 사울로 하여금 "다시 보게 하시고 성령으로 충만하게 하시기 위해서" 하나님의 보내심을 받았노라고 설명했다. [45] 바울이 에베소에서 어떤 제자들을 만났을 때, 그들을 향한 그의 첫 질문은 "너희가 믿을 때에 성령을 받았느냐"는 것이었다.

　　비록 움직일 수 없는 공식이 있어서는 안되겠으나, 대개 회심의 시기에 성령의 인격에 대한 어떤 사실이 언급된다고 보는 것이 현명하고 성경적으로도 타당하다. 몇몇의 유명한 복음전도용 소책자들은 성령에 대해 단 한 구절도 언급하고 있지 않다. 이러한 것들

---

42) *Op. cit.*, 128.
43) 행 2 : 38.
44) 행 8 : 14―17.
45) 행 9 : 17.

이 회심의 그 시간과 그 후에 일어나는 성령의 역사를 둘러싸고 있는 혼란을 야기하고 있음에는 의심의 여지가 전혀 없다.

V. 성령과 인도하심

복음전도는 오늘날의 교회에서 그리스도인들의 게으름을 통해서가 아니라, 그리스도인들이 잘못된 방향으로 바쁘게 움직임으로 말미암아 자주 장애를 만난다. 내가 아는 많은 목사들이 그들의 모든 해야 할 일에 그다지 자주 나타나지 못하는 경우가 종종 있으면서도 매우 지치고 심하게 억압되고 과로한 상태에 있다. 그러나 1세기 교회의 가장 독특한 모습 가운데 하나는 교회가 성령의 인도아래 움직이고 행동했다는 점이다.

이러한 모범으로부터 우리가 배울 수 있는 것이 무엇인가?

첫째로 인도는 대개 자연적이라는 점이다. 바울이 데살로니가로 건너갔을 때, 그는 '자기의 규례대로' 곧장 회당으로 갔다. 그리고는 3주일 동안 그들과 더불어 성경에서 시작하여 예수 그리스도에 대하여 강론했다.[46] 분명하고 특별한 인도가 결여된 상황과는 반대로 바울은 하나님을 믿는 사람들을 만날 확실한 장소로 나아갔었다. 거기에서의 복음에 대한 반응은, 특히 어떤 경건한 헬라인들과 몇 명의 유대인들에게서 상당히 컸었다. 그보다 앞서서 베드로와 요한은 약 2천명의 회심자를 가져온 앉은뱅이를 고친 사건에서 하나님의 사용하심을 입었다. 사실상 이 모든 사건들은 그들이 '기도 시간에 성전에 올라갔을 때'에 일어났던 것인데, 그것은 의심할 나위없이 그들의 일상적(一常的)인 습관이었다.[47] 다른 말로 해서 하나님께서는, 대개의 경우 철저하게 이성적으로 인도하시기 때문에 우리의 마음과 상식을 사용하시기 원하신다는 말이다.

우리는 성령께 의지하는 중에라도 하나님의 인도가 항상 비정상적인

---
46) 행 17 : 2.
47) 행 3 : 1—10.

것으로 나타나기를 희구하는 지나친 영적 감정을 조심해야만 한다.

둘째로 인도하심은 대개 협동적이다. 그것은 개인적인 사건이 아니다. 바울과 베드로는 복음이 유대인들 뿐만 아니라, 이방인들도 위한 것이라는 사실을 확실하게 해 준 여러가지 환상과 계시를 받은 후에도 여전히 이 혁명적인 견해를 예루살렘 교회의 지도자들에게 굴복시키고 있었다. 거기에는 상당한 논의가 일어났는데, 그들은 베드로와 바울과 바나바로부터 "하나님이 자기들로 말미암아 이방인 중에서 행하신 표적들과 기사를 고하는" 것을 주의깊게 들었다. 결국 그들은 안디옥 교회에 그들의 결론을 보내어 그것이 성령과 우리에게 ……가한 줄 알았노니라고 설명해 주었다.[48] 이것은 정말 철저하게 민주적인 논의요, 결정이었다. 비록 누가는 이 점에 대해서 특별히 언급하고 있지 않으나 그들이 전반적인 사건에 대하여 함께 기도했을 것이라는 점은 의심의 여지가 없다. 그리하여 그 날이 저물 무렵에 그들은 자신들의 협동적인 결론이 역시 성령의 인도하심이라는 사실을 확신하게 되었던 것이다.

세째로 인도하심이 간혹 특별한 것일 때도 있다. 천사가 빌립을 이끌어 하나님을 향해 굶주려 있던 구스의 국고를 맡은 내시를 찾아 가사의 광야로 내려 가도록 한 일과 내시가 그리스도 안에서 혼연히 떠나갈 바로 그 때에 주의 성령께서 빌립을 다시 취하여 가신 일이 바로 이러한 경우였다.[49] 또한 하나님께서는 아나니아에게 환상을 통하여 말씀하시면서 특별하게 인도하셨다. 그리고 그에게 지식과 지혜와 예언과 믿음과 병고치는 은사도 주셨는데 이것들은 모두 사울에게 하나님의 사자의 역할을 하기 위한 것이었다.[50] 그리고 하나님의 성령께서는 베드로로 하여금 이방인인 고넬료의 집으로 가도록 하기 위해서 환상과 여러가지 다른 영적인 은사들로 인도하셨다.[51] 이 두 가지 경우에 있어서 공통적으로, 하나님께서는

---

48) 행 15장.
49) 행 8 : 26—39.
50) 행 9 : 10—19.

── 제10장 복음전도와 성령 ──

사울에 대해 아나니아가 가졌던 것과 이방인에 대해 베드로가 가졌던 깊숙히 뿌리박힌 편견을 극복하셨다. 그럼으로 해서 그들을 인도하심에 있어 어떤 특별한 모습들이 오로지 기대될 수 있었던 것이다.

사도행전 13장에서는 선지자적인 인도가 한동안 금식하며 여호와께 예배드린 끝 무렵에 안디옥의 선지자들과 교사들에게 그들의 다음 선교진로에 대하여 지시하기 위해서 임했었다. 사도행전 16장에서 바울과 그의 동역자들은 인도의 문제가 실로 혼란을 주고 있다는 상황에 봉착했었다. 누가는 그들이 아시아로 가는 것을 막았던 것이 환상이었는지 아니면 예언이었는지 또는 상황이 그렇게 했었는지를 기록하고 있지는 않다. 어쨌든 그들은 "성령이 아시아에서 말씀을 전하지 못하게 하심을" 받았다. 그 후에 다시 비두니아로 가고자 했으나 "예수의 영이 허락하지 않았다." 그러나 그 때, 바울은 밤에 그들을 마게도냐로 부르는 환상을 보았다. 누가는 "우리가 곧 마게도냐로 떠나기를 힘쓰니 이는 하나님이 저 사람들에게 복음을 전하라고 우리를 부르신 줄로 인정함이러라"라고 기록하고 있다.[52] 그러나 인도하심이 자주 그러하듯이 그것은 다소 당황하게 만들고 혼란에 부딪치게 하는 시간이었음에 틀림없다.

그럼에도 불구하고 하나님의 뜻과 계획에 대한 이해없이는 그토록 많은 우리의 노고(勞苦)와 복음전도란 '허공을 치는 것'보다 조금도 나을 것이 없다. 내가 1965년에 내 아내와 더불어 요크(York)로 이사했을 때, 우리는 덩치만 클 뿐, 회중도 적고 재정도 핍절한 교회와 빅토리아조의 덩그렇게 크고 습기찬 지저분한 사택을 맞이하여야만 했다. 실로 우리는 뭘해야 할지, 어디서부터 시작해야 할지 전혀 종잡을 수 없었다.

확실히 우리는 교구 내의 가정들을 차례로 심방하는 확연하고도 자연스러운 방법으로 시작했었는데, 그것 이외에는 별다른 도리가

---

51) 행 10—11장.
52) 행 16 : 6—10.

전혀 없었다. 그러나 한동안의 어려움을 겪고 난 후 우리 두 사람은 하나님께서 우리를 어디로 인도하시는지 그리고 그가 우리들이 무엇을 하기 원하시는지를 발견하기 위하여 한 주간에 하루의 가장 적당한 때를 정하여 따로 떨어져 금식하며 기도하기로 합의했다. 시작한 첫째 주간이 지나간 후에, 우리는 네 사람이 그들의 생애를 그리스도께 의탁해 오는 것을 보았고, 시작한 첫 일년 동안에 그 당시의 기도의 결과로서 앞으로 닥쳐올 모든 풍성한 결실들의 거의 모든 출발을 볼 수 있었다.

나는 종종 하루 밤새도록 한 마리의 고기도 잡지 못했으나 그리스도의 뜻에 따라 순종함으로써 시몬 베드로가 놀랄만큼 많은 고기를 잡았던 사실과 그가 그것으로부터 배웠으나 그 후에도 거듭거듭 배워야만 했던 단순한 교훈 한 가지를 생각하였다. 그것은 하나님의 뜻을 알아 그것에 순종하는 것이 우리들 자신의 능력에 의지하여 끊없는 수고를 행하는 것보다 무한히 가치있는 것이라는 교훈이다. 우리로 하나님의 뜻이 무엇인지 알게 하고, 또 그것을 행할 수 있는 능력을 우리에게 주시려 하는 것이 바로 성령께서 원하시는 일이다.

Ⅵ. 성령과 기도

패커(J. I. Packer)박사는 "우리가 의식적으로 하나님을 의지하지 않는다면, 우리는 불가피하게 우리들 자신을 의존하게 마련이다. 그러나 자기 신뢰의 정신은 복음전도에 있어 장애가 된다"[53]라고 서술한 적이 있다. 특별하게 말해서 하나님께 대한 의식적인 신뢰는 한 가지 본질적인 요소를 포함하고 있다. 즉 그것은 많이 기도하는 일이다. 복음전도에 있어서 파악되는 가장 중요한 교훈 가운데 하나는 우리가 치열한 영적 전쟁에 참여하고 있다는 사실이다.

오늘날에 있어서 우리에게도 마찬가지이지만 바울이 당시 그토록

---

53) *Evangelism and the Sovereignty of God* (I. V. P.), 29.

— 제10장 복음전도와 성령 —

극복하기 어렵게 여겼던 무감동한 마음의 이면에는 불신자들로 하여금 그리스도의 영광의 복음의 광채를 볼 수 없도록 그들의 마음을 혼미케 하는 이 세상 신들이 있는 것이다.[54] 그러므로 우리가 그것을 깨닫든지 그렇지 않든지간에, 우리는 우리가 사람들로 하여금 흑암에서 광명으로, 그리고 사단의 권세에서 하나님께로 돌아오라고 촉구할 때에 이미 보이지 않는 사단적 힘과 싸움을 벌이고 있는 중이다.

바울은 이것에 대해서 에베소서 6장에서 가장 분명하게 말하고 있는데, 그는 거기서 "우리의 씨름은 혈과 육에 대한 것이 아니오, 정사와 권세와 이 어두움의 세상 주관자들과 하늘에 있는 악의 영들에게 대함이기 때문에" 주 안에서와 그 힘의 능력으로 강건하여 지고 하나님의 전신갑주를 입어야 할 필요가 있다고 역설했다. 그리고 나서 에베소 그리스도인들로 하여금 복음의 전신갑주를 일일이 입도록 권고하면서, 그는 그들에게 이렇게 말하고 있다. "모든 기도와 간구로 하되 무시로 성령 안에서 기도하라." 또한 그는 그들에게 자기를 위해서 기도하되 "내게 말씀을 주사 나로 입을 벌려 복음의 비밀을 담대히 알게 하옵소서"라고 특별히 부탁했다. 바울은 성령의 감동을 받은 기도가 없이는 복음을 선포하려고 노력하는 일, 그 자체가 지극히 어리석은 일임을 잘 알고 있었다.

많은 기도와 금식까지라도 하지 않고서, 어떻게 새로운 생명이 태어나는 기적을 바랄 수 있겠는가? 우리가 겸손하게 우리의 전적인 연약성을 인정하고 하나님께 그의 능력을 부음받기 위해서 간구하지않는다면, 어떻게 사람들을 사단의 왕국에서 하나님의 나라로 옮길 수 있겠는가? 고린도 그리스도인들에게 편지를 쓰면서 바울은 그들에게 "우리가 육체에 있어 행하나 육체대로 싸우지 아니하노니, 우리의 싸우는 병기는 육체에 속한 것이 아니요, 오직 하나님 앞에서 견고한 진을 파하는 강력이라. 모든 이론을 파하며 하나

---

54) 고후 4 : 4.

님 아는 것을 대적하여 높아진 것을 다 파하고 모든 생각을 사로잡아 그리스도에게 복종케 하노라"라고 상기시켰다.[55] 그리고 에베소서 6장에서 볼 때 바울이 발견한 "견고한 진을 파하는 강력"을 지닌 주된 무기는 바로 성령의 검, 곧 하나님의 말씀과 기도였다.

실제적으로 이제까지 내가 참여했던 모든 복음전도 활동에 있어서, 만일 내가 시작할 그 시간으로부터 이 점에 대해서 적절한 고려를 하지 않고 시작했을 경우에는 언제나, 조만간에 이것이 영적인 전쟁이라는 사실을 강제로 상기케 되었다. 하나님께서는 우리들에게 선교(宣敎)의 중도에서 아무런 성과도 나타나지 않는 것 같이 보임으로 인해서 보다 열렬하고 보다 적극적으로 기도하게 만드시는 일이 자주 있다. 복음전도의 사역을 한참 하는 도중에 가정에 급한 사건들이 벌어지는 일도 가끔 있었다.

일년 가량이 지나면서 나는 점차로 우리들이 열었던 특별 초청예배가 거의 항상 국내적인 혼란이나 질병이 따라 다닌다는 사실을 깨닫게 되었다. 그 뿐 아니라, 이 일들로 인해서 특별 기도회를 가지면 대개 그와 같은 혼란들은 종식되곤 했었다. 분명히 거기에는 전쟁이 있을 것이다. 그러나 우리는 이것이 본질적으로 영적인 충돌일 것이라는 점을 이해해야 할 필요가 있다. 또한 하나님께서는 우리에게 마귀가 우리를 피해서 도망하기까지 저항하는데 필요한 모든 정보와 장비들을 제공하여 주신다. 70인이 기뻐하며 돌아와 '모든 귀신들이' 그리스도의 이름으로 그들에게 항복했던 흥미진진한 보고를 예수님께 드렸을 때, 예수님께서는 대답하시기를 "사단이 하늘로서 번개 같이 떨어지는 것을 내가 보았노라. 보라 내가 너희에게 뱀과 전갈을 밟으며 원수의 모든 능력을 제어할 권세를 주었으니 너희를 해할 자가 결단코 없으리라"[56]고 말씀하셨다.

분명히 다른 무엇보다도 제자들로 하여금 자동적(自動的)인 복음전도 속으로 들어가게 하고, 그들로 성령의 검을 효과적으로 사용

---

55) 고후 10:3—5.
56) 눅 10:18f.

— 제10장 복음전도와 성령 —

하게 만들어 주며, 또 그들로 성령 안에서 기도할 수 있게 해준 한 가지 요소는 하나님의 성령이 충만했던 것이었다. 그리스도인들이 진정하게 계속적으로 성령의 충만하심을 받았을 때, 하나님께서는 그들 가운데 하실 수 있는 일에 제한이 없게 된다. 던컨 캄벨(Duncan Campbell)이 한 번은 하나님의 나라는 교회가 사람들로 충만해짐에 의해서가 아니라 사람들이 성령의 충만해짐에 의해서 앞당겨질 것이므로 이것이야 말로 그 시대에 가장 필요한 것이라고 말한 적이 있다. 의심할 나위없이 이것이 이전 세대에 속한 복음전도자들에게 강력한 힘을 제공했던 요소이다.

무디(D.L. Moody)는 "뉴욕에서의 지난 어느날, 오! 얼마나 놀라운 날이었던가! 나는 그 날에 대해 설명할 수 조차 없을 정도이다. 그 날의 경험은 너무도 거룩해서 이름조차 붙일 수 없을 정도이다. 나는 단지 하나님께서 그 자신을 내게 보여 주셨고, 그렇게 해서 나는 그의 손길을 제발 내게서 거두지 마시도록 간구해야만 했던 그의 사랑을 경험했노라고 말할 수 있을 뿐이다"라고 썼다. 토레이(R.A. Torrey)나 피니(Charles G. Finney) 그리고 피어슨(A.T. Pierson) 등도 그들을 풍성한 열매를 가진 복음전도 사역을 위해 장비시켜 주었던 그것과 비슷한 경험들을 이야기 했다.

18세기의 미국에서 일한 부흥사 죠나단 에드워드(Jonathan Edwards)는 사실상 소위 '위력적인' 설교의 모든 규칙들을 별로 문제삼지 않았다. 그는 자기가 설교할 내용의 거의 전부를 한 자도 빠짐없이 적어 가지고는 강단에 올라 갔다. 근시안이었던 그는 한 손에 그 설교 노트를 들고, 다른 한 손에는 촛불을 든채 강단에 서곤 했다. 그러나 그가 자기의 노트를 힐끗힐끗 쳐다 보면서 설교 원고를 읽어내려 갔을 때, 거기에서 나오는 성령의 능력이 어찌나 특별하고 강했던지 많은 사람으로 회심하게 했을 뿐만 아니라, 심지어 어떤 사람들은 땅 바닥에 꿇어 엎드릴 정도였다.

오늘날에도 하나님께서는 세계 도처에서 많은 수의 그리스도인들에게 비슷한 축복을 베풀어 주고 계신다. 그러나 사용되는 용어

(用語)들은 다르다. 그리고 어떤 모임에 있어서는 영적인 부흥을 체험한다는 사실에 대한 훨씬 더 분명한 성경적 이해가 요구되고 있다. 그렇지만 거기에 실체가 존재한다. 어떤 한 C.M.S.의 선교사가 이렇게 쓴 적이 있었다. "나는 속박에서 벗어나 사랑과 마음 속 깊은 곳에서 저절로 솟아나는 기쁨과 찬미의 노래로 해방되었다. 내게 있어서 그것은 믿을 수 없이 은혜로운 하나님의 선물이었고, 성령의 세례가 주는 의미였다."

유감스럽게도 성령의 충만을 받았다는 모든 주장들이 복음전도에 있어서의 증가로 유도되지 않고 있다. 그러므로 거기에는 진정한 것들을 혼란시키는 수많은 가짜들이 있었음에 틀림없다. 그러나 오늘날을 위해서는 무디나 토레이, 또는 피니 같은 뛰어난 개인적 복음전도자들을 일으키는 것이 필수적인 것이 아니고, 오히려 회중들을 새롭게 해서, 모든 은사들과 봉사가 그들 가운데 존재케 되며, 이 여러가지 은사 가운데서 오직 한 가지 은사가 특별히 복음전도자의 은사로 나타나는 지역교회의 생활로 이끌어 나가는 것이 이 시대를 향한 하나님의 뜻일 수도 있다. 여기에 하나님의 성령으로 말미암아 능력을 받으면, 가장 효과적으로 그리스도를 전달할 바로 그 그리스도인의 몸 전체가 있다.

우리는 또한 사도행전 2장과 4장에서는 성령께서 모든 제자들을 다 함께 충만케 하셨다는 사실도 기억해야만 한다. 그리고 바울이 "오직 성령의 충만을 받으라"[57]라고 썼을 때, 그는 에베소 그리스도인 전체에게 자신의 말을 전하고 있는 것이지 결코 특별한 한 두 사람의 그리스도인들에게 우선적으로 말하고 있는 것이 아니었다. 복음 전도에 있어서 우리에게 어느 무엇보다도 필요한 것이 바로 이와 같은 성령에 의한 우리들의 협동적(協動的)인 조정이다.

그러면 어떻게 우리는 성령의 충만을 입을 수 있으며, 그의 일을 성취하기 위하여 하나님의 능력으로 무장될 수 있을까?

첫째로 우리가 모든 알고 있는 죄를 회개해야만 한다. 왜냐하면

---

57) 엡 5 : 18.

— 제10장 복음전도와 성령 —

성령의 충만하심을 입는다는 것은 우리의 생이 가지는 모든 영역을 주관하실 하나님의 성령을 간구한다는 것과 같은 뜻이며, 만일 우리가 그의 손길 속에 우리 생이 지닌 어떤 영역을 맡기는 것에 대해 즐거워 하지 않는다면, 우리는 그것을 진정으로 간구할 수 없게 되기 때문이다. 그러므로 우리가 좀 더 앞으로 나아가기 앞서, 다루어져야 할 필요가 있는 우리 생이 가진 어떤 국면들을 우리에게 보여 주실 수 있도록, 성령께서 우리의 마음 속을 살피시게 하는 것은 꼭 필요한 일이다. 우리가 우리들 자신을 거룩하게 만들 수 없다는 것은 확실하다. 그러나 우리는 성령을 슬프시게 해서, 그가 우리의 생을 하나님의 사랑과 능력으로 충만케 하는 것을 방해할 수 있는 것들을 특별히 회개할 수는 있고, 또 그렇게 해야만 한다. 어떤 이들에게는 조사용 질문 목록을 가지고 그 일을 하는 것도 도움이 될 수 있다. 존 웨슬리(John Wesley)와 하나님께서 사용하셨던 다른 많은 사람들은 이 일이 얼마나 중요하다는 것을 잘 알고 있었다. 알렌 레드펠(Alan Redpath)은 그의 책인 『재난에서 받는 축복들』(Blessings out of Buffetings) 속에서 기록하기를, 그는 다음과 같은 질문들을 '적어도 일주일에 한 번씩, 혹은 더욱 자주 매일 마다' 스스로에게 사용했노라고 썼다.

    나는 실제의 나 보다 훌륭한 사람인 듯한 인상을 주려고 의식적으로나 무의식적으로 노력하지나 않았는가? 즉 다른 말로 해서, 나는 위선자가 아닌가?
    나는 내가 행한 모든 행동과 언동에 있어서 정직했던가, 아니면 과장했던가?
    비밀로 들었던 이야기를 은밀하게 남에게 옮긴 일은 없었는가?
    나는 믿을 수 있는 사람인가?
    내가 옷이나 친구, 일, 습관 따위에 매여있는 노예가 아닌가?
    나는 자의식이 강력한 인물이 아닌가? 아니면 자기연민에 빠져 있지나 않는가? 혹시 자기 합리화에 젖어 있지는 않는가?
    성경이 오늘 나에게 살아있는 말씀이었는가?

나는 날마다 성경이 내게 말씀하시도록 시간을 드리고 있는가?

나는 기도하는 것을 즐거워 하는가?

다른 사람과 이야기 하고 있었을 때, 나는 그 사람을 그리스도께 인도할 목적으로 노력하며 이야기 했던가?

나는 다른 사람들과 더불어 교제하고, 그들을 주의 영광을 위해 사용하고 있는가?

나는 내가 쓰는 돈에 대하여 기도하고 있는가?

나는 제시간에 자고 제시간에 일어나는가?

내가 하나님께 뭔가를 불순종하지나 않았던가?

나는 양심의 가책을 느끼는 어떤 일을 하겠다고 고집하고 있지나 않는가?

나는 내 인생의 어떤 부분에서 시기하고, 불순하며, 흠잡기를 좋아하며, 쉽게 흥분하며 날뛰거나 성마르게 행동하며, 자신감 없이 행동하는 실패를 겪고 있지 않는가?

나는 내 여가의 시간을 어떻게 보내고 있는가?

내가 교만하지 않은가?

나는 내가 다른 사람들과는 같지 않은 것처럼, 특히 세리를 멸시하는 바리새인과 같이 하나님께 감사하지 않았는가?

내가 두려워하거나, 싫어하거나, 관계를 절단하거나, 헐뜯거나, 분함을 품고 있거나, 경시하고 있는 사람이 있지 않은가? 만약 그렇다면 그것에 대해서 내가 하고 있는 행동은 무엇인가?

나는 항상 불만과 불평으로 가득차 있지나 않는가?

내게 있어 그리스도가 실재(實在)하시는가?[58]

이것들에 덧붙여 우리에게 도움이 될만한 다른 질문들로는 다음과 같다. 남을 사랑하며 섬기는 일에 관한 것이다. 서로가 서로에게 의탁하는 일에 관한 것이다. 또한 하나님께서 선택하신 방법이 무엇이건 간에 그 가운데서 즐거운 마음으로 하나님의 쓰임을 받는 것에 대한 것이요, 그리스도를 경외함으로 피차 복종하는 것 등이 있을 수 있다. 그러나 우리가 이와 같은 목록을 가지고 기도한 끝

---

58) *Op. cit.* (Pickering & Inglis), 235f.

— 제10장 복음전도와 성령 — 245

에 받은 점수가 100점 만점에 0점이었다 하더라도, 그것이 우리가
하나님의 성령충만을 받는 일에 있어 전혀 자격이 없다는 것을 의
미하지는 않는다. 왜냐하면 누구도 하나님의 선물을 받을만한 자
격을 가지고 시작할 수는 없기 때문이다. 오히려 성령께서는 그와
같은 질문들을 사용하시어 우리들의 부족한 점과 실패를 보여 주시
어 우리로 하여금 회개하도록 만들 수 있다. 만일 우리가 회개하기
를 즐겨하지 않는다면, 이 일은 얼마간의 시간을 요할 수도 있다.
그렇지만 우리가 알고 있는 모든 죄를 의식적으로 회개하기만 하면
그 즉시, 우리는 성령의 충만하심을 입는 중요한 첫 발자국을 내딛
는 것이다.

　둘째로 우리는 하나님께서 인도하는 대로 어느 곳에나 순종하며
즐거이 따라갈 수 있어야 한다. 성령께서 오순절에 제자들에게 임
했을 때, 그것은 하룻밤 사이에 그들이 가진 모든 문제를 해결해
주는 영광스러운 여행의 출발로서 임한 것이 아니었다. 어떤 측면
에서 보면 그들의 문제는 지금 막 시작되었을 따름이었다. 머지않
아 그들은 그들로 하여금 숨막히게 만들었던 수 없는 압박과 염려
를 가져온 끊임없는 위험 속에서 옥에 갇히고, 채찍질당하고, 핍
박당하고, 그들의 고향에서 흩어져 쫓겨나고, 돌로 침을 당하고, 파
선과 추위와 배고픔과 쇠진함의 고통을 당했던 것이다.[59] 바울은
그가 "사방으로 우겨쌈을 당했으며…… 답답한 일을 당했으며…껴
꾸러뜨림을 당했으며…… 항상 예수 죽인 것을 몸에 짊어졌노라"[60]
고 기록하였다. 이러한 것들이 그들에게 있어서 성령의 충만하심을
받는 일의 의미였다. 그러나 그들은 그들이 지불해야 했던 것이 무
엇이었던 간에 기꺼이 하나님께 순종했기 때문에 성령의 능력이 그
들 가운데서 명백하게 나타났었다. 토져(A.W. Tozer)가 한 번은 다
음과 같은 깊이 생각해 만드는 글을 쓴 적이 있었다.

---

59) 고후 11 : 23—29를 보라.
60) 고후 4 : 7—12.

당신은 당신의 삶의 주님이 되심을 주장하실 순결하고 부드럽고 지혜로운 성령에 의해 붙잡힌바 되기를 간절히 소원하고 있는가? 당신은 기록된 말씀에 순종할 것을 요구하실 그분에게와, 당신의 인생 가운데 있는 어떠한 이기주의와 방종 같은 자범죄들도 용납하시지 않을 그분에게 당신의 개성을 맡기기 간절하게 소원하고 있는가? 당신은 뽐내거나 자랑하거나 과시하는 일을 허용하지 않으실 그분에게 당신의 개성을 맡기기 간절하게 소원하고 있는가? 그리고 당신은 당신에게서 생애의 방향을 취하시어 당신을 시험하고 또 훈련시킬 주권적인 권리를 갖게되실 그분에게 당신의 개성을 맡기기 간절히 소원하고 있는가? 만일 이 모든 질문들에 대해서 간절한 마음으로 '예'라고 대답할 수 없다면, 실상 당신은 성령의 충만을 원하지 않는 것이다. 당신은 흥분되는 사건이나 승리 또는 능력을 원하는 것이지 성령으로 충만함을 받는 것을 진실로 원하고 있지 않다는 말이다.

세째로 우리는 의의 생명이 하나님의 목전에 있으므로 주님을 향하여 주리고 목말라야만 한다. 우리가 성령으로 충만되기를 간구할 수 있는 것은 바로 우리가 하나님께서 우리의 삶 가운데서 영광을 받으셔야만 한다는 것을 깊이 서원하면서, 우리의 헛됨과 능력없음에 대해서 깊이 번민하고 있을 때이다. 하나님께서 오직 우리들로부터 뿐만 아니라 아직도 전혀 하나님을 알지 못하는 이들을 포함해서 우리 주변의 사람들에 의해서, 예배를 받으시고, 칭송을 받으시며, 사랑과 봉사를 받으시며, 하나님으로서의 영광을 받게 되는 것은 무엇보다도 우리가 그것을 간절히 바랄 때 일어나는 일이다. 바로 그 때에 우리는 성령의 충만하심을 입을 준비를 갖추게 된다. 우리는 우리의 믿음과 영적인 상태가 일반적으로 연약함을 느낄 수도 있다. 그러나 진실로 굶주리고 목마른 사람이라면 그 자신을 스스로 강하고 건강한 사람이라고 생각하지 않을 것이다. 그럼에도 불구하고 예수님께서는 우리가 그를 가장 절대적인 필요 속에서 의식하고 있을 때, 가장 인자한 모습으로 우리에게 오신다. 그리하여 예수님께서는 그러한 상황 속에 있는 자들에게 "누구든지 목마르거

— 제10장 복음전도와 성령 —

든 내게로 와서 마시라. 나를 믿는 자는 성경에 이름과 같이 그 배에서 생수의 강이 흘러 나리라"[61]고 말씀해 주신다. 그러면 우리는 아주 간단하게 와서 마셔야 한다. 그것이 바로 우리가 그의 사랑으로 넓게 문을 열어 우리의 마음이 예수의 피로 말미암아 깨끗함을 받았을 때, 하나님께서 언제나 우리에게 주시고자 소원하시는 그 은사들을 구하여 믿음으로 받은 것이다.

더우기 그와 같은 초대 속에 나오는 모든 동사의 시제가 현재형으로 쓰였는데, 그것은 성령의 충만이 결코 한번에 일괄거래되는 일이 아님을 뜻한다. 도리어 그와는 반대로 우리는 결코 다 이루었노라고 주장할 수 없기 때문에, 항상 계속해서 목말라 해야만 한다. 비록 우리의 질그릇이 최선의 경우에는 하나님의 초월적인 능력으로 가득채워질 수 있다 하더라도, 우리는 결코 '질그릇' 이상의 무엇이 아니다. 그러므로 우리는 계속해서 예수님께로 나아가, 계속해서 그로부터 받아 마셔야만 한다. 오로지 그렇게 할 때에만, 우리의 가장 깊은 곳으로부터 그와 같은 생수의 강이 흘러나올 수 있을 것이다.

그리스도께서 오늘날에는 하늘에서 다스리고 계신다. 언젠가는 예수의 이름 앞에 모든 무릎이 꺾여지고 모든 혀들이 예수 그리스도가 주님이심을 고백할 날이 있을 것이다. 영광(榮光)스럽고 두려운 그 날이 오기까지, 예수님께서는 자신을 주님이요, 구세주로서 세계에 선포할 책임을 우리에게 위임하셨다. 또 우리가 그 일을 수행하는데 필요한 모든 것으로 공급해 주신다. "이 예수를 하나님이 살리신지라, 우리가 다 이 일에 증인이로다. 하나님이 오른 손으로 예수를 높이시매 그가 약속하신 성령을 아버지께 받아서 너희 보고 듣는 이것을 보여 주셨느니라."[62] 그렇게 해서 베드로는 오순절에 복음을 전파할 수 있었다. 만일 복음전도를 믿는 우리의 믿음

---

61) 요 7 : 37f.
62) 행 2 : 32f.

이 열매를 맺으려면, 오늘날 우리에게는 바로 그 때와 똑같은 살아 계신 하나님의 성령께서 새로이 임하셔야 할 필요가 있다.
　하나님께서는 그의 은사나 그의 약속을 철회하신 일이 없으셨다. 하나님께서는 그의 자녀인 우리들이 모든 우리들의 명백한 필요들로 더불어 그에게 나아오기를 기다리고 계신다.
　우리가 하나님께 나아올 때에, 그는 자기에게 구하는 자들에게 성령을 선물로 주실 것이다.

—할렐루야 · 아멘—

복음전도 *I believe in Evangelism*

1980년 3월 15일 초판 발행
2014년 4월 25일 초판 5쇄 발행

지은이 | 데이비드 왓슨
옮긴이 | 박영호

편 집 | 백승현
디자인 | 김복심
펴낸곳 | 사) 기독교문서선교회
등 록 | 제16-25호(1980. 1. 18)
주 소 | 서울시 서초구 방배로 68
전 화 | 02) 586-8761~3(본사) 031) 942-8761(영업부)
팩 스 | 02) 523-0131(본사) 031) 942-8763(영업부)
홈페이지 | www.clcbook.com
이메일 | clckor@gmail.com
온라인 | 기업은행 073-000308-04-020, 국민은행 043-01-0379-646
　　　　　예금주: 사)기독교문서선교회

ISBN 978-89-341-1378-2(93230)

* 낙장·파본은 교환해 드립니다.